Johann Wilhelm Schaefer

Zur deutschen Literaturgeschichte

Kleine Schriften

Johann Wilhelm Schaefer

Zur deutschen Literaturgeschichte
Kleine Schriften

ISBN/EAN: 9783743684997

Hergestellt in Europa, USA, Kanada, Australien, Japan

Cover: Foto ©ninafisch / pixelio.de

Weitere Bücher finden Sie auf **www.hansebooks.com**

Zur

deutschen Literaturgeschichte.

Kleine Schriften

von

J. W. Schaefer.

Bremen.

Verlag von A. D. Geisler.

1864.

J. W. Schaefer,

zur deutschen Literaturgeschichte.

Inhaltsverzeichniß.

Vorwort.

Wenn man, wie der Verfasser, auf eine über mehrere Decennien ausgedehnte schriftstellerische Laufbahn zurückblickt und das eine oder andere Werk in neuen Auflagen verjüngt vor sich sieht, so regt sich unwillkürlich eine Theilnahme für die kleineren Schriften, welche theils als vereinzelte Vorlesungen zur Unterhaltung weniger Zuhörer gedient haben, theils als in sich abgeschlossene Abhandlungen und Schilderungen, in Zeitschriften hin und wieder zerstreut, nur einem engeren Kreise von Lesern bekannt geworden sind.

Mehrfach aufgefordert, sie in einer Sammlung zusammenzustellen, habe ich mich zunächst auf eine Herausgabe derjenigen beschränkt, welche

eine allgemein wissenschaftliche Bedeutung zu
haben schienen und weniger von dem Moment
abhängig waren, der sie hervorgerufen hatte;
mehrere waren bisher ungedruckt. Das Jahr
der Abfassung ist überall beigefügt, um dem
einsichtsvollen Leser zum Fingerzeig über Ein-
zelnes zu dienen und in manchen Fällen den
Verfasser zu rechtfertigen.

Das vorliegende Bändchen bringt eine Reihe
literarhistorischer Abhandlungen, sowohl allgemeinere Charakteristiken als Erörterungen einzelner kritischer Fragen der Literaturgeschichte,
welche als Früchte specieller Studien vorzugsweise eine Erneuerung verdienen dürften. Möchte
ich mich darin nicht getäuscht haben und die
anspruchslose Sammlung eine freundliche Aufnahme finden!

Bremen, den 15. Mai 1864.

. J. W. Schaefer.

Die
Epochen der deutschen Literatur.

Eine Vorlesung.

1846.

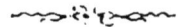

Es ist kaum ein Menschenalter vergangen, seit die Geschichte der deutschen Literatur in den Kreis der historischen Wissenschaften eingetreten ist. Zuvor mußte die deutsche Nation in Zeiten tiefer Erniedrigung anfangen, aus der Betrachtung vergangener Größe Trost zu schöpfen, zuvor mußte die Verehrung des Ausländischen der Achtung vor der eigenen Nationalität Platz machen, damit wir des selbsterworbenen Besitzthums inne und froh würden; eine glänzende Periode unserer Literatur mußte sich zum Abschluß neigen, um es uns zum Bedürfniß zu machen, in die Vergangenheit zurückzugehen und die Entwicklung der nationalen Literatur bis zu ihren ersten Anfängen zu verfolgen. Was man früher Literaturgeschichte nannte, war entweder eine kahle Notizensammlung, eine Aufzählung und Registrirung literarischer Erzeugnisse, so daß in dies Gewirr kein Strahl des Geistes fiel: oder man führte, um den tieferen historischen Zusammenhang unbekümmert, nur die glanzvollsten Erscheinungen vor und unterwarf sie einer ästhetischen Kritik, über deren Endergebniß nur allzu oft die Launen und Liebhabereien der Richtenden entschieden. Allein einen echteren Genuß, als das Anstaunen des Fertigen, eine gründlichere Einsicht, als die geschickteste Zergliederung einzelner meisterhafter Leistungen, gewährt es uns zu beobachten, wie in dem geistigen

1*

Organismus der Keim treibt, der Stamm sich bildet
und festigt, und an diesen Zweig an Zweig, Blatt an
Blatt sich legt, bis endlich das Ganze als eine in sich
vollendete Schöpfung dasteht. Eben dadurch wird die
Literaturgeschichte etwas Besseres, als eine angewandte
Aesthetik: sie wird eine Culturgeschichte, sie geht
den in der Literatur offenbar werdenden Fäden des
geistigen Lebens bis zu den entlegensten Puncten nach,
um alle Gänge dieses Labyrinthes wie Grundzüge eines
Risses zu überschauen. Welche Wissenschaft wäre wür-
diger, aus der Enge der Gelehrtenwelt in den Kreis
aller Gebildeten zu treten! welche mehr berufen, die
wissenschaftliche Forschung mit dem Leben der Nation
zu verschmelzen!

Indeß ist die Zahl derer nicht klein, welche, wie
hoch sie den Werth unserer neueren Literatur anschlagen, wie sehr sie das historische Verständniß derselben
als ein Object allgemeiner Humanitätsbildung anerkennen, dennoch die Geschichte der älteren Literatur
lediglich der gelehrten Forschung zuweisen und den Weg
auf dieses Gebiet hinüber für bedenklicher und minder
lohnend halten, als wo es sich um gleich entlegene
Perioden politischer Geschichte handelt. Wäre die
ältere Periode unserer Literatur nur eine Zeit roher Versuche, von denen der ästhetisch verfeinerte Sinn unserer
Zeit sich abwendet, so möchte allerdings die Frage auf-
zuwerfen sein, ob für den, welcher um eine allgemeine
geistige Bildung sich bemüht, der Weg durch diese Vorhalle lohnend sei. Allein wir sind auch in dieser
Hinsicht glücklicher, als manche andere Nation, die sich
eines goldenen Zeitalters ihrer Literatur rühmt und

uns Deutschen in dem Heerzug der Geister nur eine
Stelle unter den letzten Nachzüglern gönnen möchte.
Wenn wir diejenige Literaturperiode, welche, von
reichem Geistes- und Gemüthsleben erfüllt, dies Feuer,
in einem Brennpunct vereint, in poetischen Schöpfungen ausströmen läßt und zugleich für den vorhandenen Stoff die angemessenste Form zu finden weiß —
wenn wir diese eine classische nennen dürfen, so
hatten wir Deutschen schon vor länger als einem
halben Jahrtausend, schon im Mittelalter eine classische Poesie: auch dort erkennen wir den heimischen
Boden wieder, auch von dort rauscht uns der Flügelschlag ebenderselben Poesie, die sich im letzten Jahrhundert mit neuerwachter Gesangeslust emporhob.

Es ist ein Zeugniß von der höhern Culturstufe
unserer Zeit, daß wir den Werth der Dichtungen irgend einer Zeitperiode nicht nach dem sie begleitenden
Grade wissenschaftlicher Aufklärung bemessen.
Eine solche Ansicht mochte das in einseitiger Verstan-
descultur beschränkte vorige Jahrhundert ziemlich allgemein hegen, wo z. B. Herder's Liebe zu alten Volksliedern von der Berliner Philosophenschule belächelt
und bespöttelt ward. Unsere Zeit hat es längst erkannt, daß ein lieblicher Duft der Poesie die Wiege
der Völker umschwebt, daß die Poesie die Freundin
der Jugend, nicht bloß der Individuen, sondern auch
der Nationen ist, daß in den ungekünstelten Natur-
lauten, in der Sagenwelt der Urzeit der Völker eine
Fülle reiner Dichtung wohnt, welche noch gealterte Nationen zu erquicken und ihre Poesie zu verjüngen vermag.
Das bekannte Wort, welches auch noch in Zeiten, wo

es ganz bedeutungslos geworden war, häufig wieder=
holt ward, daß nämlich der Dichter g e b o r e n werde,
hat keinen andern Sinn, als daß die Poesie nicht eine
durch Kasten= und Schulweisheit überlieferte Kunst —
daß sie vielmehr die uralte, ewige Sprache der M e n s ch=
h e i t sei, überall sich regend, wo das Bewußtsein des
Menschlichen in der Brust erwacht, und daher, wie
unvollkommen auch manchmal die Formen noch sein
mögen, stets der Ausdruck des Reinmenschlichen, die
Blüthe des geistigen Daseins, unvergänglich, wie der
göttliche Funke, der in unsre Seele gelegt ist, und
stets sein redendes Zeugniß. In ihre Tiefen führt nicht
das Sinnen und Berechnen des Denkers; — nur das
Herz, welches die geheimnißvollen Kräfte, die das Ge=
müth des Menschen, das Leben der Menschheit be=
wegen, in sich nachempfindet, der Genius, dem die
innere Welt ein Spiegelbild der Menschheit wird.
Daher bringt sie auch ihr Verständniß wieder
der ganzen Menschheit entgegen. Die echte Poesie
wendet sich nicht an Coterien und Schulen, sondern
an Alle, welche für die Freuden und Leiden des
menschlichen Geschlechts Mitgefühl haben. Die Wissen=
schaft dagegen ist der mühsame Bau von Jahrhun=
derten und Jahrtausenden; zu ihren Schätzen dringt
der Forscher auf verschlungenen, oft dunkeln Wegen;
aber auch sie sind heilige Schätze, gleich denen der
Poesie; auch von ihnen aus strömt fort und fort eine
belebende Kraft dem Geistesleben der Nation zu. Das
eben ist das Eigenthümliche der jüngsten Culturstufe,
daß sich die Poesie inniger mit der Wissenschaft ver=
mählt hat. Sie haben sich endlich als ebenbürtige

Schwestern ansehen lernen; es hegen und nähren beide, als die geweihten Priesterinnen, die heilige, himmlische Flamme auf dem Altar der Menschheit.

Weil unsere Poesie und Philosophie am Schluß des vorigen Jahrhunderts mit ihrem Glanze die Schmach unserer politischen Ohnmacht verhüllte, so möchten Manche geneigt sein, statt diese namhaften Factoren unserer Geistesbildung in einer engen Beziehung zu unsern politischen Zuständen zu denken, ihnen außerhalb des übrigen Nationallebens eine Stelle anzuweisen. Es lehrt jedoch die Erwägung aller auf die Gestaltung einer neuen Literaturepoche einwirkenden Momente, daß sie nur durch eine das gesammte Volksleben ergreifende politische Bewegung herbeigeführt wurden. Nur dürfen wir dabei unser Augenmerk nicht bloß auf die Vorgänge innerhalb der Grenzen unsers deutschen Vaterlandes richten. Deutschland verdient in vielfachem Sinne das Herz Europa's zu heißen. War es dies in glanzvollen Zeiten dadurch, daß von ihm Leben und Wärme in die Glieder des europäischen Staatenkörpers ausströmte, so ist es dies in trüben Tagen noch dadurch geblieben, daß es jeden Pulsschlag frischen Lebens, wo dasselbe sich auch regen mochte, mitempfand und nie sich ausschloß von dem Ringen der Gesammtheit, auch wenn es, von außen und innen gehemmt, statt thätigen Mitwirkens auf eine ideale Betheiligung verwiesen war. Weil wir das Leben der Völker in unserm Innern mitzuempfinden und im Reich der Ideen nachzuleben verstanden, blieb uns auch nach dem Verlust unserer Nationaleinheit und politischen Bedeutsamkeit die Fülle wissenschaftlichen Lebens und Strebens,

Samen streuend für ein zukünftiges Deutschland, wel=
ches die Stellung wieder einnehmen wird, die ihm
seine natürliche Lage und seine Geschichte anweisen.

Wenn wir uns diese Wechselwirkung zwischen Ge=
schichte und Literatur recht anschaulich machen wollen,
so haben wir die drei großen Völkerbewegungen des
Abendlandes, welche unsre Geschichte gestaltet haben,
zugleich als die Hauptepochen unserer geistigen Cultur,
unserer Literatur anzusehen, die Völkerwande=
rung, die Kreuzzüge, die Reformation. Auch
die erstere war nicht bloß ein Hin= und Herwogen
vorwärts gedrängter Völkermassen, sie war zugleich
eine geistige Umwälzung: die altgermanische Cultur,
die wir uns hüten müssen, weil sie heidnisch war, allzu
gering anzuschlagen, ward aus ihren Fugen gerissen
und von der geistigen Gewalt des Christenthums über=
wunden; die Keime nationaler Poesie, welche der Götter=
mythus und die ihm sich anschließende Heldensage
barg, wurden verstreut und von einer neuen Schicht,
welche die fremdartige Bildung des Südens darüber
breitete, erdrückt oder doch für lange Zeit überdeckt.

Die Kreuzzüge sind eben so sehr eine Folge
der poetischen Erregung des Zeitalters, als sie diese
wiederum gefördert, belebt und mit neuem Inhalt er=
füllt haben; sie waren der zur That gewordene in=
nere Drang eines in den Tiefen des Gemüths mächtig
aufgeregten Zeitalters, das den Damm der Gewöhn=
lichkeit nach allen Seiten überfluthend durchbricht.
Nur in dieser universalhistorischen Bedeutung dürfen
sie aufgefaßt werden, und nur die Poesie, welche ihnen
voran und zur Seite ging, lehrt sie uns verstehen.

In gleichem Maße würde es eine engherzige Auffassung der **Reformation** sein, sähen wir sie lediglich als eine Verbesserung kirchlicher Dogmen und
Liturgieen an, und nicht vielmehr als den Beginn
eines großen Läuterungsprozesses der europäischen
Menschheit. Das, wofür in ihrer Jugendzeit die
edelsten Geister kämpften, waren eben dieselben Ideen,
für welche spätere Generationen stets von neuem die
Waffen erhoben haben: die Rechte des Geistes gegenüber der Willkür und Autorität. Was die neuere
Literatur Schönstes und Herrlichstes hat, ist aus diesem
Kampfe hervorgegangen und wird ferner aus ihm
hervorgehen. Das Reformationswerk ist noch nicht
vollendet; noch immer beschwören wir den Geist eines
Luther und Hutten.

Man könnte auf den ersten Blick zu der Annahme
versucht werden, die Umgestaltung, welche durch diese
epochemachenden Begebenheiten hervorgerufen worden,
nur in dem stofflichen Gehalt der Literatur zu suchen.
Wie tief sie aber in die gesammte Geistescultur der
Nation eingegriffen haben, wird man erst recht inne,
wenn man auch die Ausbildung der Sprache und
überhaupt der Formen, unter denen die Literatur erscheint, einer nähern Betrachtung unterwirft. Die
Sprache, die nur das äußere Organ des Geistes zu
sein scheint, gestaltet sich nach Bildungsgesetzen, die
das Wirken und Schaffen des Geistes in ihrem innersten Organismus beurkunden. Jede neue Epoche
der Literatur bringt daher auch eine neue Sprachbildung mit. Lange mag eine nüchterne und erschlaffte
Zeit sich mit den alten abgegriffenen Münzen des

Sprachschatzes begnügen; aber die von neuer Ideen=
fülle durchglühte Zeit schmelzt das Metall um und
prägt es von neuem.

Aus der asiatischen Heimat, vom Fuß der Ge=
birge Hochasiens, brachten die Germanen in die neuen
Wohnsitze eine Sprache mit, deren Züge noch jetzt die
gemeinsame Mutter verrathen: keine rohe Sprache,
sondern, was jetzt wohl außer allem Zweifel gestellt
ist, eine geschmeidige und wohlorganisirte. Haben wir
auch nur schwache Spuren von der ältesten Organi=
sation der deutschen Sprache, so dürfen wir doch dem
Schluß, den der größte Forscher auf dem Gebiete
germanischer Sprachbildung, Jacob Grimm, aus
dem spätern Verlauf der Gestaltungen unserer Mutter=
sprache zieht, nicht mißtrauen, daß nämlich die Sprache,
wie sie die deutschen Völker im ersten Jahrhundert
geredet haben, selbst die gothische, die älteste Mundart,
die uns in Schriftdenkmälern vorliegt, an reineren
Formen übertroffen haben werde.

Kurz und schlagend — dafür haben wir hin=
reichende Zeugnisse — war der Ausdruck in den älte=
sten Volksgesängen, diesem entsprechend die Bindung
der Worte durch die Alliteration, den Gleichklang
der Anfangsbuchstaben der starkbetonten Wörter; sie
gestattet kein Ausmalen, kein Verweilen, weil sie eine
Reihe hervorgehobener Wörter verlangt; sie eilt in
raschem Schritt, oft sprungweise, durch kühne Wen=
dungen und Uebergänge der Hauptsache zu. Zu der
christlich=romanischen Bildung eignete sie sich nicht
n gleichem Maße. Diese strebte dahin, den Geist
von der sinnlichen Welt abzuziehen und für die Em=

pfindung, die Contemplation eines übersinnlichen Jen=
seits zu gewinnen. Daher verlor die Sprache, je
mehr die Welt der subjectiven Empfindung erschlossen
ward, ihre sinnliche Schärfe und Bestimmtheit; ihre
Formen wurden weicher, die Alliteration ward un=
brauchbar, überdies war sie den christlichen Dichtern
verhaßt, weil sie in den heidnischen Liedern herrschte,
welche sie zu verdrängen bemüht waren. Es war
mithin eine innere Nothwendigkeit, wodurch die christ=
lichen Dichter auf den in lateinischen Kirchengesängen
bereits üblichen E n d r e i m hingedrängt wurden, mochte
auch der Uebergang nur allmählich geschehen. Erst
als die Dichtung mit Endreimen sich ausgebildet hatte,
war an die Stelle der gedrängten Darstellung die ge=
müthlich verweilende, ausmalende Schilderung getreten,
welche der subjectiven Gemüthswelt religiöser Be=
schaulichkeit entsprach.

Am auffallendsten erscheint die Sprachumwälzung,
welche im zwölften Jahrhundert aus dem Althoch=
deutschen in das Mittelhochdeutsche hinüberführte, eine
Sprachbildung, wie sie nur aus dem Boden einer von
den sanftesten Empfindungen und heitersten Phantasieen
erfüllten Gemüthswelt emporwachsen konnte. Der
R e i m gelangte hier zur ausgedehntesten Herrschaft,
weil die Musik des Herzens nach entsprechenden Tönen
verlangte.

Daß endlich die R e f o r m a t i o n unsere Sprache
nicht bloß geregelt, sondern mit einem neuen Geiste
durchhaucht hat, das hat wohl am schönsten Jakob
Grimm ausgesprochen, wenn er von dieser neuhoch=
deutschen Sprachbildung sagt: „Man darf das Neu-

hochdeutsche in der That als den protestantischen Dialekt
bezeichnen, dessen Freiheit athmende Natur längst
schon, ihnen unbewußt, Dichter und Schriftsteller des
katholischen Glaubens überwältigte."

Einem ähnlichen Wechsel sind auch die Formen
der Darstellung unterworfen, in denen das Ideenleben
eines Zeitalters zu einem entsprechenden Ausdruck
seiner Totalität gelangt. Die bekannte Eintheilung
der Poesie in epische, lyrische, dramatische
Gattung, als deren Hauptformen (denn die didak-
tische bildet zu jeder derselben einen Anhang, den
Uebergang zur Prosa vermittelnd), hat eben so
sehr einen historischen als philosophischen
Grund, und es fragt sich, ob nicht die Aesthetik die
Gattungsunterschiede eben so sehr von den Erscheinungen im Gebiete der Literatur abstrahirt, als aus der
Nothwendigkeit des Princips deducirt habe.

Die epische Gattung ist der Anfang aller Poesie;
sie ist des Volkes älteste Sprache und hat daher den
einfachsten Ausdruck, der von dem Gegensatz einer
Prosa, die durch poetische Darstellung zu überflügeln
wäre, noch nicht weiß. Das echte Epos findet sich
nicht bei allen Völkern, nicht bei denen, welche die
Ueberlieferungen der Urzeit in Folge einer aus der
Fremde hereingebrachten übermächtigen Cultur verloren
haben; denn die Keime des nationalen Epos liegen
in dem dunkeln Schooße uralter Sage, welche von
Geschlecht zu Geschlecht fortwächst. Ist diese Sagenwelt nicht mehr im Volksbewußtsein lebendig, so sind
alle späteren epischen Dichtungen nur Reproductionen
des Vorhandenen, welche den Verlust an epischem

Reiz durch anderweitigen poetischen Glanz zu ersetzen suchen.

Wenn der Mensch sich von den sinnlichen Erscheinungen in die innere Gemüthswelt zurückzuziehen
anfängt, wenn die Subjectivität sich den Objecten
gegenüber geltend macht und sie in ihren Bereich
zieht: so entsteht die lyrische Poesie, das Kind einer
jüngeren Zeit, einer späteren Culturstufe. Das Epos
kann sich jedoch eine Zeit lang noch im Bunde mit
der Lyrik erhalten, indem der Dichter die Begebenheiten
durch subjective Auffassung näher an sich heranzieht
und seine Persönlichkeit in die Erzählung einmischt.
Dadurch ist der Unterschied bezeichnet, welcher zwischen
dem eigentlichen Nationalepos, wie wir es z. B. in
dem Liede von den Nibelungen kennen lernen, und
dem romantischen Epos eines Wolfram von Eschenbach
oder Gottfried von Straßburg obwaltet. Darin indeß
ist dieses jüngere romantische Epos von den modernen
epischen Versuchen verschieden, daß der Dichter mit
seinem Stoffe Eins ist und von keinem Gegensatze
weiß; der Glaube an das Ueberlieferte tritt vermittelnd ein und verschmilzt Episches und Lyrisches
zu schöner Harmonie. Mit dem Zweifel erstirbt
das wahre Epos; selbst die Kunst eines Ariost und
Tasso vermag nicht ihn zu überwinden, und Klopstock
bleibt trotz der enthusiastischen Hingebung an seinen
Gegenstand nichts übrig, als aus dem epischen Stoff
in die Region der Hymnen und Elegieen zu flüchten.

Muß somit die neuere Poesie im Epos den
Wettkampf mit der alten Zeit aufgeben, so hat auch
sie dagegen eine unverächtliche Frucht ihrer reiferen

geiſtigen Durchbildung aufzuweiſen, das Drama. Das Drama, als der Gipfel aller poetiſchen Kunſt, iſt das Ziel, zu welchem die poetiſche Literatur der cultivirteſten Nationen hinſtrebt; es iſt der Stamm, an den ſich unſre geſammte moderne Poeſie wie Zweige und Blätter anlehnt. Romanzen und Balladen ſind uns vom Epos übrig geblieben, weil ſie dramatiſch ſind. Dramatiſch iſt ſelbſt unſere Lyrik, wie die des Mittelalters epiſch iſt. Erſt das Zeitalter der Refor= mation konnte das wahre Drama hervorrufen; der Gedanke ringt ſich zur Freiheit empor, er fühlt ſich im Kampf und ſtrebt nach Verſöhnung. Wie der Geiſt des Proteſtantismus Freiheit iſt, ſo iſt auch Freiheit die Seele des Drama's.

––––––––––

Unterwerfen wir nach dieſen allgemeinen Andeu= tungen die Hauptepochen unſerer Literatur einer nähern Betrachtung.

Wenn wir unter „Literatur" im ſtrengen Ver= ſtande des Wortes nur die uns überbliebenen Schrift= denkmäler begreifen, ſo würde die gothiſche Bibel= überſetzung des Biſchofs Ulfila der Anfangspunct der deutſchen Literatur ſein. Alsdann würden wir zuge= ſtehen, erſt mit dem Eindringen des Chriſtenthums und der griechiſch=römiſchen Bildung ſei eine Literatur unter uns möglich geworden, ſie ſei von vorn herein ein fremdes Gewächs. Wenn wir aber den Begriff derſelben in einem weiteren und höheren Sinne auf= faſſen, als die Geſammtheit der in der Sprache nie= dergelegten Geiſteserzeugniſſe, ſo eröffnet ſich uns eine Vorhalle, die uns um ſo ehrwürdiger und ahnungs=

voller umgiebt, je spärlicher das Licht ist, das ihre
Räume mehr durchschimmert, als erhellt. Wie in der
griechischen Urzeit epische Gesänge von Mund zu Mund
gingen, lange bevor die Homerischen Gedichte durch
die Schrift feste Gestalt gewannen, so gab es auch im
alten Germanien Jahrhunderte hindurch eine unge=
schriebene, gerade deshalb um so lebendigere Poesie.

Die Cultur der Germanen war in der vorchrist=
lichen Zeit keineswegs so roh, wie Manche sich ein=
gebildet haben, die einer Parallele mit den sogenannten
„Wilden" sich nicht abgeneigt zeigten. Die Zeit liegt
glücklicherweise hinter uns, wo man die Frage auf=
werfen konnte *), ob sie zu Cäsars Zeit wohl noch
Menschenfresser gewesen seien. Nicht bloß die Helden=
kraft unserer Vorfahren ist zu rühmen, mit der sie
den Kelten und Finnen, die vor ihnen den germani=
schen Boden inne hatten, die neuen Wohnsitze abge=
wannen und sie zum Widerstand gegen die kriegs=
geübten Heere der Römer fähig machte: vor Allem
sind sie groß durch die edle Sitte, das sinnvolle Recht,
die Tiefe des Gemüths. Dies erkennen wir auch
in den edlen Vorstellungen von höheren Wesen, in
den religiösen Ahnungen, welche selbst die Hülle des
heidnischen Cultus in sich schließt, in jenem zarten
Naturgefühl, das im Geriesel der Quellen, im Brausen
des Sturms, im Rauschen der Wälder ein Höheres
und Göttliches empfand und in heiligen Hainen, an
heiligen Seen die Nähe der Gottheit fühlte. Nur

---

*) J. Chr. Adelung's älteste Geschichte der Deutschen. Leipzig,
1806. S. 302.

ein so tiefes Gemüth vermochte neben der Heldenkraft, die es auch seinen Göttern lieh, zugleich die stille Größe der weiblichen Seele anzuerkennen, wovon uns die ältesten Sagen eben so rührende als anmuthige Züge vorführen.

Diese Grundsätze des Rechts und der Sitte in geheiligten Formeln, die Thaten der Götter und Helden in überlieferten Gesängen dem Gedächtnisse einzuprägen, darin bestand die Bildung eines jeden Freien. War dies nicht eine Literatur, so war es doch Poesie zu nennen: eine Fülle epischen Lebens durchströmte die gedrängten balladenartigen Lieder, welche die ältesten Weisen deutscher Poesie waren. Obgleich die Deutschen auch in der heidnischen Zeit mit Buchstabenschrift nicht ganz unbekannt waren, sondern Runen (von rûna, Geheimniß) hatten, von denen in den ältesten Alphabeten noch einige Spuren geblieben sind, so sind sie doch schwerlich zur Aufzeichnung von Liedern gebraucht worden; vielmehr pflanzten diese sich durch Tradition fort. Wie groß die Gedächtnißkraft im Jugendalter der Völker ist, davon giebt uns die Geschichte der Poesie viele staunenerregende Beispiele; man braucht nur daran zu erinnern, welch eine Masse epischer Gesänge noch jetzt, z. B. in Finnland und Serbien, im Munde des Volkes ohne Hülfe der Schrift fortlebt. Indeß darf man sich diese Tradition nicht bloß in passivem Verhältniß zur Sage denken: die Sage selbst wächst durch Tradition. So lange das Volksleben jung und frisch, so lange es wahrhaft episch ist, setzt die Sage fort und fort neuen Stoff an, verschmilzt Altes und Neues und gestaltet es nach

der Weltanschauung einer andern Zeit um. Woher
der erste Keim, das entzieht sich allem menschlichen
Scharfsinn: und wenn ein namhafter Sagenforscher
geneigt ist, den Haupthelden unsers Volksepos, Sieg-
fried, aus der asiatischen Urheimat der Germanen
mit herüberziehen zu lassen, so räumt er damit nur
ein, daß die Sage weiter und weiter in die Urzeit
hinaufweist, und daß überhaupt niemand den Punct
zu finden vermag, wo die erste Schneeflocke sich löste,
welche, zur Lawine angewachsen, ins Thal niederstürzt.
Ein hypothesenreiches Geschäft ist es, die Zusammen-
fügung der Elemente der Sage nachzuweisen und die
Gebiete des uralten Mythus und der historischen Erinnerung zu sondern. Wo der Eine nur Götter und
mythische Helden sieht, findet der Andere nichts als
historische Personen. Von den Anhängern der historischen Auslegung wird der Punct am häufigsten
übersehen, daß die Sage, welche neben der Geschichte
sich bildet und sie überall als ihr Schatten begleitet,
nicht bloß durch Entstellung und phantasievolles Aus-
schmücken der Thatsachen entsteht, sondern eben so sehr
durch Uebertragung älterer Sage auf Personen einer
späteren Zeit.

Die älteste mythisch-religiöse Gestalt der Sage
bleibt daher ihr Kern, trotz aller historischen Zuthaten;
diese gestalten sich nach jener um, nicht aber umgekehrt, und am wenigsten kann man einräumen, daß
es eine Zeit gegeben habe, wo die ältesten deutschen
Sagen in Vergessenheit gerathen seien und aus den
geschichtlichen Ereignissen eine neue Sage sich gebildet
habe, die weiter und weiter von dem Thatsächlichen

abgewichen sei. Im Gegentheil, wir können uns die
Sage nicht alt genug denken. Sie ist da, sobald das
Volk aus der bewußtlos dahinbrütenden Dumpfheit
und Stumpfheit des Sinnes erwacht. Völker, wie
die Lappen, haben keine Sage; gleichgültig spinnen
sich ihre Tage fort, einer ist wie der andere, ein
Jahrhundert wie das andere. Eine solche Existenz
haben die Germanen niemals gekannt, am wenigsten
seitdem sie sich ihre Wohnsitze in Europa erobert
hatten. Sollten nicht Erinnerungen aus jenen ältesten
Wanderfahrten und Kämpfen in der Sage fortgelebt
haben? Sollten wir nicht in den Riesen- und Dra-
chenkämpfen, von denen die vorhandenen Heldensagen
voll sind, Spuren der ältesten Culturzustände des
Volkes erkennen, das den Boden erst mühsam der
feindlich widerstrebenden Natur und den Unthieren der
Wildniß abgewinnen mußte?

Die Völkerbewegungen, die wir unter dem Namen
der großen Völkerwanderung zusammenfassen, waren
für die Sage ganz besonders productiv und gaben ihr
neuen Trieb des Wachsthums, so daß sie auch für die
Sagenbildung Epoche machten. Es eröffnete sich eine
größere Bühne der Weltgeschicke und der Heldenthaten, rasch erhoben sich mächtige Reiche und stürzten
wiederum unter großen Erschütterungen zusammen.
Jahrhunderte hindurch ward gesungen von Attila, von
Dietrich und Alboin, den gewaltigen Herrschern, ja der
poetische Schimmer dieser Lieder hat noch seinen Widerschein in den Erzählungen der Geschichtsbücher. Wir
dürfen annehmen, daß die nationale Heldensage zu der
Zeit, als Karl der Große epische Lieder sammeln ließ,

ihrem Stoffe nach abgeschlossen war. Sammlungen sind überall in der Literatur ein Rechnungsabschluß mit der Vergangenheit; sie stehen an den Endpuncten der Literaturperioden. Die schriftliche Aufzeichnung ist ein Beweis, daß der lebendige Bildungstrieb der Sage aufgehört hatte, und man nun bemüht war das Vorhandene zu erhalten. Wenn dazu die Schrift allerdings beigetragen hat, so sind doch auch die Nachtheile, die sie der Sage brachte, nicht unerheblich. An die Stelle des lebendigen Gesanges trat mehr und mehr das Vorlesen sowie das stumme Lesen; die Erweiterung und Umgestaltung der Sage war nicht mehr die fast unbewußte That der Phantasie des begeisterten Sängers, sondern in einsamer Zelle ward sie ausgesonnen, sicherlich nicht zur Verbesserung der Sage. Geistliche, die sich etwa noch mit den Heldensagen beschäftigten, waren vornehmlich bemüht, die Anklänge an das Heidenthum zu tilgen. Aus übergroßem christlichen Eifer oder beschränkter sittlicher Weltansicht zerstörten sie manche schöne Züge oder erweiterten die Sage durch unpassende Einschiebsel, so daß Widersprüche und Nachlässigkeiten sich einschlichen, welche auch die besten Bearbeitungen der deutschen Heldensage in der späteren Zeit, z. B. das Lied von den Nibelungen, entstellen.

Zu derselben Zeit nämlich, als der Strom der Wanderungen sich von Norden und Osten nach Süden und Westen wälzte, zog ihm die neue Lehre des Christenthums entgegen, welche ausersehen war, im Bunde mit germanischer Sitte die europäische Menschheit zu einer neuen geistig-sittlichen Cultur-

2 *

entwicklung hinzuführen. Daß das Heidenthum nur allmählich und langsam dem Christenthum wich, kann nur die Beschränktheit auf Rechnung eines rohen, wilden Sinnes, der diesem nicht zugänglich gewesen sei, schreiben wollen. Der Grund liegt darin, daß die alte Sitte, das alte Recht und die Volksfreiheit mit der Religion der Väter emporgewachsen waren; der alte Glaube war ein geheiligtes Erbtheil, weil mit ihm die Erinnerung an die Thaten der Vorfahren, der Heldengesang, der in Aller Munde lebte, aufs innigste verknüpft waren. Diese Anhänglichkeit an das, was den Altvordern für heilig gegolten hatte, äußert sich oft auf rührende Weise; nur wo der Knechtsinn herrschte, wie z. B. in Litthauen, mochte das Versprechen eines neuen Rockes hinreichen, das Volk schaarenweise in die Kirche zu treiben. Glaubensboten und Geistliche behandelten daher in Germanien das Heidnische möglichst schonend und suchten das Profane durch christliche Einkleidung und Deutung mehr zu verhüllen, als zu vernichten: wovon die Geschichte der Literatur nicht minder zahlreiche Beispiele vorführt, als die Geschichte der Kirche.

Zugleich griff man seit dem Beginn der Verbreitung des Christenthums zu dem edelsten Bekehrungsmittel, durch die geistige Macht einer christlichen Literatur auf Ueberzeugung und Bildung des Volkes einzuwirken. Hiemit tritt die deutsche Literatur in ihr zweites Stadium, die geistliche und kirchliche Literatur, die wir indeß nur in parallelem Fortlauf neben der Volkspoesie zu fassen haben. Von Ulfila bis zu den geistlichen Dichtern des zwölften Jahrhunderts

breitet sie sich über den weiten Raum von Jahrhun=
derten aus. Bibelübersetzungen, Auslegungen, Gebete
sind Productionen dieser Literaturgattung. Nur ein=
mal, in Folge der erneuten Liebe zum epischen Volks=
gesange, welche Karl der Große hervorrief, berührte
sie sich inniger mit dem Volksepos. Diesem entlehnte
die geistliche Dichtung die Kunst epischer Erzählung
und ließ sich in einen Wettkampf ein, dem wir nament=
lich das altsächsische Evangelienbuch, den sogenannten
Heliand (gegen 840), sowie die Bearbeitung evange=
lischer Geschichte von Otfried (gegen 870) verdanken.
In dem Bruchstück einer Dichtung vom Weltende und
selbst im Heliand erkennen wir, daß die Annähe=
rung sich über die Form hinaus auch auf Anschauung
und Inhalt erstreckte. Nach der karolingischen Zeit
gehen beide Literaturrichtungen wieder aus einander.
Eine weite Kluft trennte die Schreibenden vom Volke.
Die lateinische Sprache war mit geringer Ausnahme
die Sprache der Literatur: sie paßte zu ihrer klöster=
lichen Abgeschiedenheit und Abgestorbenheit.

Wenngleich die Geschichte der Literatur an den
beiden Jahrhunderten der sächsischen und fränkischen
Kaiser rasch vorübergeht, so waren sie doch für
Deutschlands Cultur keine verlorne Zeit. Als nach der
verworrenen kaiserlosen Zeit, welche bis auf Heinrich I.
Deutschland den Verheerungen der Normannen und Ma=
gyaren preisgab, die innere Ordnung des Reiches herge=
stellt und das abendländische Kaiserthum wieder als erste
Macht der Christenheit zur Machtentfaltung und An=
erkennung gelangt war, trat auch das geistige Leben
der Nation in eine neue Entwickelungsperiode. Die

Verbindung mit Italien, dem Hauptsitz gelehrter Bil=
dung, mit Burgund und dadurch mit dem südlichen
Frankreich, wo Ritterthum und ritterliche Poesie ihre
erste Heimat gefunden haben, machte mehr und mehr
ihren Einfluß nicht allein bei der Geistlichkeit, sondern
auch bei den bevorrechteten weltlichen Ständen geltend.
Die Umgestaltung vollendet sich mit einer überraschenden
Schnelligkeit: es erscheint ein neues Zeitalter, erfüllt
von einer andern Ideenwelt, welche noch langsam und
mühsam nach dem rechten Worte sucht und eine neue
Sprache sich erst schaffen muß. Einen solchen Um=
schwung macht nicht die Literatur durch sich selbst; sie
zeigt sich hier in ihrer Abhängigkeit von dem geschicht=
lichen Proceß, der auf andern Gebieten des National=
lebens entschieden wird. Nur von diesem Standpuncte
aus läßt sich begreifen, wie nach einer dürftigen Lite=
raturperiode unsere Poesie im Zeitalter der hohen=
staufischen Kaiser ihre Flügel so herrlich entfalten und
sich so rasch zu einer Höhe aufschwingen konnte, auf der
sie noch die Bewunderung der fernsten Nachwelt erregt.

Als das Centrum dieser neuen Lebensregungen
haben wir die Kreuzzüge anzusehen: nicht, als
hätten wir alles Hohe, was die Zeit hervorbringt,
Alles, was sie im Tiefsten erregt, lediglich auf ihre
Rechnung zu setzen: allein es steht im engsten Zu=
sammenhange mit ihnen, so daß man eben so be=
rechtigt ist, die Kreuzzüge als den Abschluß schon
eingeleiteter Bestrebungen und Bewegungen zu be=
zeichnen. Das Große in der Geschichte, die Begei=
sterung der Völker bedarf einer langen und stillen
Vorbereitung, so kurz auch die schönsten Momente im

Völkerleben sein mögen; denn nur allzu rasch ge-
räth es wieder in das träge Gleis der Alltäglichkeit.
Lassen wir uns jedoch durch das Zauberlicht, womit
die Phantasie jene Zeiten schmückt, nicht verleiten,
eine Wiederherstellung ihrer Verhältnisse zu wünschen
oder zu versuchen: es hieße die Entwickelungsgeschichte
der Menschheit verkennen, wollte man glauben, aus
dem Grabe der Vergangenheit die Leichen verschwunde-
ner Zeiten wiedererwecken zu können. Erst die selbststän-
dige, ursprüngliche Begeisterung eines Zeitalters für
das, was es als das Höchste, als das Göttliche erkannt hat, die Hingebung an ein Streben für ein
Edleres und Höheres, als das eigennützige Wirken des
Tages, dies erst ist der belebende Odem, der über
den Gräbern der Zeit weht. Weil die Kreuzzüge
nicht das Heergebot eines Eroberers waren, weil sie
einer Idee galten, die mehr als ein Traum war
— denn nichts verdient so zu heißen, wofür große
Männer lebten und starben —: dadurch verbreitete
sich ihre geistige Einwirkung bis in die untersten
Schichten des Volkes. Tausende von Heerschaaren
traten aus dem Einerlei der engumgrenzten Heimat;
der Orient eröffnete eine ungekannte Welt der Wunder, und das Neue wirkte auf die schon durch die
Ahnung erregte Phantasie mit aller Stärke des ersten
frischen Eindruckes. Was in Sagen und Geschichten
aus ferner Vergangenheit nachklang, sah man hier zu
wahrhafter Erscheinung werden. Die Grenze zwischen
dem Natürlichen und Wunderbaren war aufgehoben,
der Himmel schien auf die Erde niederzusteigen, seine
Heerschaar in die Reihen der Kämpfer zu treten

und den frommen Beter zu umschweben, der mit be=
neidenswerther Inbrunst am heiligen Grabe nieder=
sank. Wer nicht mitgezogen war, hing doch an den
Erzählungen der Heimgekehrten und richtete mit seinen
Gebeten seine Sehnsucht nach der heiligen Stätte und
jener Welt der Thaten, welche sie glänzend umgab.

Standen gleich die Deutschen an ritterlich=roman=
tischer Erregbarkeit ihren westlichen Nachbarn nach,
so hatten sie dagegen das erhabene Bewußtsein, dem
ersten Reiche der Christenheit anzugehören, die welt=
gebietende Nation zu sein.

Und nicht bloß nach außen war das Reich mächtig
und geehrt: auch im Innern bestand eine wohlge=
gliederte Einheit. Städte blühten auf, in denen ein
thatkräftiger, gewerbfleißiger Bürgerstand emporstrebte;
die Aristokratie des Ritterstandes und der Geistlichkeit
war zugleich eine Aristokratie des Geistes, sie wider=
strebten nicht den Ideen der Zeit, sondern waren ihre
Vertreter und Förderer. Auch die Geistlichen haben
an der neuen Literaturepoche großen Antheil; sie be=
reiten sie vor und leiten sie ein. Noch bis um die
Mitte der Regierungszeit Friedrich I. haben die uns
überlieferten Gedichte Geistliche zu Verfassern. Da
gleichzeitig die Volkspoesie mit dem neuerwachten Volks=
leben neuen Aufschwung nahm und die „fahrenden
Sänger" die alten Sagen wieder lebendig werden
ließen, so trat wiederum die wohlthätige Berührung
zwischen Volkspoesie und geistlicher Dichtung ein. Die
Geistlichen lernten von der Erzählungskunst der fah=
renden Volkssänger; statt biblischer Erzählungen und
erbaulicher Betrachtungen brachten sie einen Vorrath

von Legenden und belehrenden Erzählungen, größtentheils nach lateinischen Unterhaltungsbüchern, an denen Italien damals Ueberfluß hatte.

Bald nach 1170 erfolgte eine gänzliche Umgestaltung in Folge des Eindringens der französischen Rittergedichte, an denen einige deutsche Fürsten und Ritter anfingen Gefallen zu finden. Anfangs waren es auch hier die Geistlichen, welche sich als Uebersetzer und Bearbeiter den Fürsten gefällig erwiesen. Als Heinrich der Löwe 1173 von seiner Kreuzfahrt heimgekehrt war, bearbeitete der Pfaff Konrad ihm zu Liebe das Rolandslied nach einem französischen Originale, die Erzählung von dem Zuge Karls gegen die Ungläubigen und dem Heldentode Rolands im Paß von Roncebal. Als aber Heinrich von Veldeke 1190 seine Aeneide vollendet und dadurch den Anstoß zur deutschen ritterlichen Poesie gegeben hatte, sahen die Geistlichen sich von den Laien überflügelt und wagten auf diesem Gebiete nicht länger den Wettkampf. Heinrich von Veldeke ist somit der Verkündiger einer neuen Literaturperiode: „er impfte“, sagt Gottfried von Straßburg, „das erste Reis in deutscher Zungen:“ dermaßen, daß alles Frühere über ihm vergessen ward. Seine Aeneide hatte mithin für ihre Zeit dieselbe Bedeutung für die Literatur, wie vor hundert Jahren das Erscheinen der ersten Gesänge von Klopstocks Messiade; sie war gleichfalls die Morgenröthe eines neuen Tages. Ist auch der poetische Werth seines Gedichtes im Vergleich zu den Leistungen seiner größeren Nachfolger, Hartmanns von Aue, Gottfriebs von Straßburg, Wolframs von Eschenbach, nicht hoch anzuschlagen,

so hat es doch schon alle Grundzüge, die man später
als das Wesen der ritterlichen Dichtung festhielt,
Rittersitte und ritterliche „Minne," welche hier Held
Aeneas mit allem Anstand eines wohlerzogenen Rit-
ters der Lavinia darbringt. Veldeke beginnt somit die
Reihe der eigentlichen „höfischen" Dichter, welche von
jetzt an die höchste Stelle unter den Dichtern in Anspruch nehmen. Doch blieben auch dem Volke seine
Dichter, wenn auch jene vornehm auf sie herabsahen;
ja gerade diese Volkssänger haben ein Verdienst voraus, das Festhalten an deutscher Heldensage, während
die höfischen Dichter den aus Frankreich herübergekom-
menen Rittersagen huldigten. Die höfische Poesie
zieht übrigens insoweit die Volkspoesie nach sich, daß
die Besseren unter den Volkssängern sich die gebil-
detere Dichtersprache der Dichter der Höfe zu eigen
machten; aus den Händen solcher Sänger erhielten wir
z. B. das Nibelungenlied, das an Reinheit der Sprache
keinem der Rittergedichte nachsteht. Auf diesem Wege
bildete sich um 1200 eine Allen gemeinsame Dichtersprache — das Mittelhochdeutsche — aus den süd-
deutschen Mundarten Schwabens, Bayerns und Oestreichs, derjenigen Landschaften, in welchen Rittersitte
und Rittergesang auf lange eine Stätte fanden. Daß
in der Ritterdichtung das lyrische Element überwie-
gend war, erklärt sich aus dem Gefühls- und Phanta-
sieleben jener Zeiten, welches eine reine Objectivität
des Epos nicht mehr gestattete und in dem Minne-
gesange die Lyrik als besondern Zweig der Dichtung
neben die erzählende Poesie stellte. Wenn auch die
ältere Volkspoesie schon Liebeslieder hatte, so gestaltete

sich doch etwas ganz Anderes daraus, als die Poesie der Höfe die Liebesromantik, den ritterlichen Frauendienst zum Mittelpunct der lyrischen Empfindung machte; die höfische Lyrik tritt uns plötzlich wie ein blühender Frühling entgegen, den Feengärten gleich, welche, nach der Erzählung romantischer Sage, auf einen Wink entstehen. Diese Lieder sind die zarten Blüthen eines geheimnißvollen Gefühlslebens: es sinnt nicht nach über die Lösung seiner Räthsel, es sucht außer sich nach einem Widerhall, einem Abbild. In dem weiblichen Auge sieht das Gemüth des Dichters Alles widergespiegelt, was er Höchstes kennt und nennt; die mit den Reizen des Frühlings geschmückte Natur giebt dem Herzen Antwort; ihre Blumen, ihre Vögelchöre deuten die Träume der Sehnsucht. Dies liebevolle Versenken, dies mystische Schwelgen in der heitern Frühlingswelt ist vornehmlich dem Minnegesang der besten Zeit eigen. Nach der Mitte des dreizehnten Jahrhunderts ist seine rege Lebensfülle bereits verschwunden; mit Ulrich von Liechtenstein, dem anmuthigsten der spätern Minnesänger, der in den ersten Jahren der Regierung Rudolfs von Habsburg starb (1275 oder 1276), ist auch seine Blüthe dahin. „Welt! du trauerst allzu sehr!" so ruft Ulrich mit letztem Klagelaut aus: „Lieblichkeit war deine Krone, da man rang nach Weibes Lohne: die hast du geworfen ab!"

Die Geschichte ist die große Elegie der Menschheit. Auf allen ihren Blättern lehrt sie uns die Flüchtigkeit und Vergänglichkeit irdischer Erscheinungen. Allein wie der wunderthätige Speer, von dem die

griechische Sage erzählt, heilt sie auch die Wunde, die
sie schlägt; sie giebt uns zugleich die tröstende Lehre,
daß, ob auch blüthenvolle und fruchtreiche Cultur=
perioden welken und dahinschwinden, doch der göttliche
Geist, welcher die Menschheit beseelt, immer wieder
zu neuen Bildungsformen fortarbeitet. Wie langsam
auch und in wie unscheinbarer Stille seine Pflanzung
sich zur Reife vollende: es geht doch kein Keim ver=
loren, der nur überhaupt Lebenskraft in sich getragen.
Durch Windungen, die dem irdischen Auge oft wie
Irrgänge oder gar Rückschritte erscheinen, geht der
Weg aufwärts zum Ziel. Obwohl alle Perioden der
Geschichte eigentlich Uebergangsperioden sind, weil es
in ihr keinen Stillstand giebt, so kommt diese Benen=
nung doch vorzugsweise den Zeitabschnitten zu, in
denen eine Cultur, welche einen bestimmten Charakter
harmonisch ausgebildet und daher ein geschlossenes
Ganzes dargestellt hatte, sich auflöst, und wo in Folge
der hinzutretenden neuen Bildungselemente neue Rich=
tungen und Zwecke sich geltend machen: bis endlich
auf die Gährung wieder die Klarheit folgt und jene
Harmonie hergestellt wird, welche dem Handeln Kraft
verleiht und die großen Epochen der Völkergeschichte
schafft. Eine solche Uebergangsperiode sind die beiden
letzten Jahrhunderte des Mittelalters, eine Zeit der
Zerrüttung der bisherigen Verhältnisse, welche von dem
Glanz der vorhergegangenen Periode nur einen schwa=
chen Schimmer bewahrte: eine Zeit, die auf den ersten
Blick als ein Chaos verworrener und vergeblicher
Bestrebungen erscheint. In der Regel haben die,
welche diese Zeit darstellten, ihr Antlitz nach der

Vergangenheit gewendet und schildern sie mit der me=
lancholischen Stimmung, welche der Anblick von Ruinen
in uns erweckt. Der Geschichtschreibung jedoch ge=
ziemt es mehr, in die Zeiten vorwärts zu schauen
und, von dem Reiz des Untergehenden unbestochen,
die Keime einer neuen Bildungsepoche aufzusuchen
und deren verborgenes Wachsen und Gedeihen zu
verfolgen.

Richten wir vom Ausgang des Zeitalters der
Kreuzzüge den Blick vorwärts auf die werdende
Zeit, so zeigt sich uns der folgende Zeitabschnitt in
einem minder unerfreulichen Lichte; sogar mitten in
der Verwirrung der öffentlichen Zustände begrüßen
wir an manchem herrlichen Vorzeichen den Flügelschlag
der Freiheit einer neuen Zeit. Ein ruhmgekröntes
Ritterthum, eine Geist und Gemüth der Völker mächtig
erregende Hierarchie gehen unter in Verderbniß und
Rohheit; aber dafür erheben sich die von ihnen bis=
her niedergehaltenen und bevormundeten Stände um
so freier, und das strebsame Bürgerthum bildet
von jetzt an des Volkes edelsten Kern. Auch in der
Wissenschaft bricht sich ein freieres Streben Bahn;
und endlich, als sie die alten Fesseln sprengt und dem
tüchtigen Bürgersinn die Hand reicht, entsteht mit der
Reformation eine Bewegung des Nationalgeistes,
welche an Kraft der Begeisterung der Epoche der
Kreuzzüge vergleichbar ist. Dürfen wir noch fragen,
auf welcher Seite der höhere Zweck, das reichere gei=
stige Leben war? Nur die Oberflächlichkeit hat der
Reformation den Vorwurf machen können, daß sie
uns um unsere romantische Poesie gebracht habe.

Zuvörderst ließe sich erwidern, daß die Romantik zwar
herrlich und schön ist als Resultat einer enthusiastisch aufgeregten Zeit, daß sie aber verderblich wird,
wenn sie dauernd die Gesammtbildung des Volkes beherrschen will.   War die religiös=sittliche und wissenschaftliche Wiedergeburt nur mit dem Untergange der
romantischen Poesie zu erkaufen, so hat Deutschland
das bessere Theil erwählt.   Man kann übrigens mit
noch mehr Wahrheit behaupten, daß der Verfall der
ritterlichen Poesie den reformatorischen Bestrebungen
voranging und diese zuletzt nur die Schlingpflanzen
der Romantik, abergläubische Legenden und sittenlose
Romane, vernichteten.   Die Ueberreste des Meister-
gesangs hatten längst alle nationale Bedeutung verloren, so daß kaum zu begreifen ist, wie man diese
Literaturperiode die der Meistersänger hat nennen
können.   Es ist die Zeit der Volkspoesie, wie sie
das goldene Zeitalter des deutschen Bürgerthums ist.
Unmittelbar aus dem Volksleben entsprang eine frische
Quelle echter Poesie.   Volkslieder, belehrende Erzählungen, Fabeln und Schwänke sind der getreue Spiegel
beides der regen Thatkraft und der tiefen Gemüth-
lichkeit, welche die Mauern der deutschen Städte
in sich schlossen.   Der Reiz der Volkspoesie liegt in
der Naturwahrheit, an der es der Romantik so
oft gebricht.   Alles steht in Beziehung zum Leben:
Volkslieder begleiten uns durch die Wechselfälle des
menschlichen Daseins; Erzählungen der mannigfaltig-
sten Art führen uns in alle Verhältnisse der damaligen bürgerlichen Existenz ein und zeugen von dem
treuen Festhalten an Recht und biederer Sitte, von

einem klaren sittlichen Bewußtsein, das sich durch eine ausgebreitete Lebenserfahrung gebildet hatte. In den Schwänken und satirischen Volksdichtungen dämmert das Licht der heranziehenden helleren Zeit; sie decken die Verirrungen und Widersprüche des sittlichen Lebens mit derber Offenheit auf, und grade die gealterte Kirche mit ihrem scheinheiligen Ceremoniendienst, ihrem sündigen Pfaffenwesen wird von ihnen am wenigsten geschont. Theilweise sind sie daher Vorboten der sittlich-religiösen Umwälzung, welche die Reformation ins Leben rief, und sie begleiten daher auch deren Kämpfe.

Die deutsche Prosa endlich, welche jenes Zeitalter erst recht geschaffen hat, ist nicht minder eine Volksliteratur. Die Scholastik verschanzte sich hinter lateinischen Formeln; ans Volk aber wandten sich die begeisterten Volksredner, welche die Religion wieder als Sache des inwendigen Menschen auffaßten und durch deutsche Predigt, deutsche Erbauungs-schriften dem todten Formendienst, dem Verderbniß des kirchlichen Lebens entgegenarbeiteten.

Als nun endlich auch das wissenschaftliche Streben durch das neu belebte Studium des Alter-thums mit jugendlichem Eifer beseelt ward, als die Fackel geistiger Freiheit aus den dumpfen Räumen einer abgestorbenen Gelehrsamkeit das Dunkel ver-scheuchte und ihr altes Rüstzeug in seiner ganzen Arm-seligkeit erscheinen ließ: da gewannen die Männer des Fortschrittes einen weiten und weiteren Kreis im Volke, einen festeren Haltpunct. Das sechzehnte Jahrhundert brach unter heitern Aussichten an. „O Jahrhundert!"

rief Ulrich von Hutten entzückt aus: „die Geister er=
wachen! es ist eine Lust zu leben!" Dies neue Geistes=
leben hat die Reformation aus sich geboren; sie ist
nicht die Erfindung einzelner lebhafter Köpfe, die eine
neue Kirche an die Stelle der alten zu pflanzen unter=
nommen hätten — eine höchst beschränkte Ansicht!
Die Reformatoren sind nur die Träger des Geistes
ihres Jahrhunderts; noch unbewußt der unermeßlichen
Folgen ihrer ersten Schritte, werden sie von dem
aus diesem Geiste stammenden Drang des Innern auf
die Bahn hingeführt und von einem Schritt zum an=
dern gleichsam vorgeschoben.   Ihr Ruhm ist, den
Kampf männlich durchgekämpft und, von Eigennutz
und Selbstsucht fern, als getreue Arbeiter dem großen
Werk, zu dem sie berufen waren, ihr Leben, ihre
Kräfte rastlos gewidmet zu haben. Luther's Verdienst
ist nicht, neue Entdeckungen im Reich der Wissenschaft
gemacht oder Ansichten begründet zu haben, die kein
Denker vor ihm aufzustellen vermocht hätte; aber —
er ward der Mann des Volkes! Er hat das
Licht, das aus der Zelle des Gelehrten sich nur schüch=
tern hervorgewagt hatte, offen durch die Welt ge=
tragen, hat seine Strahlen auch in die niedere Hütte
dringen lassen und das gesammte Volk erleuchtet und
erwärmt. Die Schranken mußten fallen, die noch den
Gelehrten vom Volke trennten, der letzte Ueberrest
scholastischer Geheimnißkrämerei, die ausschließliche
Herrschaft lateinischer Gelehrtensprache mußte entfernt
werden. Die Muttersprache ward die Vermittlerin
zwischen der Gelehrsamkeit und der Volksbildung,
und zwar jene völkerbewegende Gewalt der Rede, die,

aus der innersten Seele hervorbringend, alle Herzen
mit sich fortreißt, der Ausdruck desjenigen, was Tausende dunkel fühlen und wollen, ohne des bezeichnen-
den Wortes inne geworden zu sein. Diese Gewalt
der Rede besaß Luther, wie selbst seine Widersacher
nicht zu bestreiten wagen. Sein Charakter, dessen
Kraft aus der Wahrheit stammte und durch die Liebe
erwärmt ward, beseelt seine Rede; auch in seine Bibelübersetzung ist er übergegangen, ja der ganzen Sprache
hat er ein neues Leben eingehaucht. Nach diesem
charaktervollen Streben ist Luther, sind die Reformatoren überhaupt zu beurtheilen. Sie waren bescheiden
den genug, eine Unfehlbarkeit für sich nicht in Anspruch
zu nehmen und weit davon entfernt, ihren Buchstaben
der Nachwelt aufdringen zu wollen. Das Recht der
freien Forschung ist das Prinzip des Protestantismus,
das, wenn auch eine Zeitlang die geistige Freiheit ab-
handen gekommen zu sein scheint, immer von neuem
das schlummernde Leben wieder erweckt hat und auch
künftig wecken wird.

Ungeachtet der ersten vielversprechenden Anfänge
hat uns die Reformation in ihrem ersten Stadium doch
keine classische Literatur gebracht; sie hat sie uns er-
setzt im verflossenen Jahrhundert, dessen Literatur
lediglich eine Frucht des Protestantismus ist. Im
sechzehnten Jahrhundert brachten uns nur eine vielseitige, geistbelebte Literatur vornehmlich die Streitig-
keiten der Theologen, in denen sich die geistige Kraft
anrieb. Die Ruhe, die am Ende des Jahrhunderts
eintrat, war nicht die bewußte Sammlung der neuge-
wonnenen geistigen Kraft, sondern eine geistige Ohn-

macht, welche sich durch starres Anklammern an die Loosungsworte der Partei zu verbergen suchte. Mit dem Sectengeiste wich der lebendige Hauch aus der protestantischen Literatur, während über den katholischen Theil Deutschlands der Jesuitismus seine dunkle Decke breitete. Für die Rückschritte ist nicht die Reformation als solche verantwortlich zu machen, sondern die ihr nicht ohne einzelne Erfolge entgegenarbeitende Reaction, deren Zweck die Sklaverei des Geistes, die Unterwerfung unter den todten Buchstaben war. Von der regen geistigen Bewegung blieben, auch bei den Protestanten, bald nur Formen übrig, aus denen der Geist ihrer Begründer gewichen war; ihre Errungenschaft ward ein von den Gelehrten bewachter todter Schatz, an dessen Besitz die Nation auf lange Zeit kaum betheiligt zu sein schien. Glück genug, daß die deutsche Bibel und das Gesangbuch, die beiden Stützen sittlich-religiöser Volksbildung, dem protestantischen Theil der Nation nicht wieder entzogen werden konnten!

Das Ergebniß des Reformationszeitalters macht es aufs neue offenbar, daß es unmöglich ist, ein Reich der Ideen dauerhaft zu gründen neben politischer Zerfallenheit und Schwäche. Woher sollte noch Erhebung des Nationalgeistes kommen, seitdem die Fürsten über kleinliche Interessen haderten, seit die blühenden Handelsstädte im Norden und Süden dahinsanken und, vom Reiche schutz- und hülflos gelassen, den mit frischer Kraft emporstrebenden Seestaaten des Westens den Welthandel überlassen mußten? Wo blieb die gepriesene Kraft und Hoheit der deutschen Nation, als ein verwüstender Krieg, angeschürt und

längst herbeigewünscht von Solchen, die für Deutschlands Wohl keine Liebe im Herzen trugen, sondern
nur für Rom und ihres Ordens Herrschaft — als
der dreißigjährige Krieg den letzten Rest deutschen
Wohlstandes zertrat? als Schaaren von Fremden das
Land ausbeuteten und des Volkes letzte Heiligthümer,
seine Sitte und seine Sprache, verunreinigten? Nur
an Kirchenliedern mochte jene Drangsalszeit ergiebig
sein, an Kreuz= und Trostliedern, an Grabgesängen,
in denen die lebensmüde Stimmung die Erde nur als
die Heimat des Jammers schildert und schon das Dasein dem Menschen als Sünde anrechnet.

Zu allen diesen allgemeinen Ursachen des Sinkens
der Volksbildung treten noch mehrere besondere hinzu,
die sich auch in andern Ländern Europas mehr oder
minder geltend machen. Die immer schärfer hervortretende Absonderung der Stände machte ein energisches Zu-
sammenwirken unmöglich; selbst die Gelehrten lebten
nicht mehr in und mit dem Volke, vielmehr blickten sie
gern nach oben und stellten sich dem Volke, als der unge-
bildeten, bevormundeten Masse, gegenüber. Die Büreau-
kratie, seit den Zeiten Philipps von Spanien Regie-
rungsmaxime, entzog dem Volke alle und jede Theilnahme an seinen eigenen Angelegenheiten; kein anderes
Interesse an dem, was vorging, blieb ihm, als die
Sorge um die Nothdurft des Lebens. Kein Wunder,
daß in solch einer Existenz des Volkes kein Funke von
Poesie blieb, daß solch ein Volksleben auch kein Stoff
mehr für den Dichter war. In den gelehrten Kreisen
und Hofcirkeln, wo man von der Dichtkunst redete,
ging es, wo möglich, noch unpoetischer zu; die steife

3 *

Sitte maß jeden Schritt, und selbst die Pulsschläge
des Herzens gewöhnten sich an ein geregeltes Tempo.
Auf Hochzeiten, Begräbnisse ꝛc. mochte man lieber
verfassen; was dagegen das eigene Herz bewegte,
ward durch die von der Etikette aufgedrungene Uniform
des gesammten Lebens eingeschnürt und verhüllt; nur
ausnahmsweise wagt ein Dichter in eigener Person
tiefe und erregtere Gefühle auszusprechen. Die Kriegszeit
ist noch die einzige Periode, wo dichterische Talente, wenn
auch vielfach beengt und mißleitet, zum Vorschein kommen; die hundert Jahre nach dem westphälischen Frieden
aber sind die jammervollste Periode unserer Poesie.

Als die Poesie aus dem Leben verschwunden
war, blieb die der Bücher übrig; nicht das Bedürfniß des Herzens erzeugt sie; sie wird Sache der
gelehrten Studien, der aus Büchern erlernten Regeln
und der technischen Fertigkeit. Auf diesem Wege war
die Gelehrtenpoesie bereits seit längerer Zeit,
wiewohl, so lange eine lebendige Volkspoesie noch daneben bestand, nur als lateinische Dichtung. Erst
als jene ausstarb und nach dem Tode des trefflichen
Fischart († 1589) mehrere Decennien hindurch,
außer Kirchenliedern, kaum ein nennenswerthes Gedicht
in deutscher Sprache verfaßt war, that man den Schritt
von der lateinischen zur deutschen Gelehrtenpoesie, so
daß man diese neue Poesie als auf dem Stamm der
neulateinischen Dichtung gewachsen anzusehen hat. Diese
lateinische Dichtung war jedoch in Wahrheit nur eine,
wenn auch mitunter mit großer Geschicklichkeit gehand-
habte Phrasenpoesie; sie steckte mit ihrem rhetorischen
Pomp die gesammte Literatur des westlichen Europa's

an. Italiener, Franzosen, Holländer waren darin den
Deutschen bereits vorangegangen. Die Deutschen wählten
sich hier ihre Muster und stellten unsere Literatur unter
die Herrschaft des Auslandes. Das entwürdigende
Anschließen an die mit servilen Lobeserhebungen gepriesenen Dichter der Fremde hält gleichen Schritt mit
dem Verfall unserer politischen Selbstständigkeit, mit der
Einführung fremder Sitte und Mode, welche, von den
Höfen und dem entnationalisirten Adel ausgehend, bald
alle Stände sich unterwürfig machte und das National-
gefühl vollends erstickte. Es kann daher nicht Wunder
nehmen, daß man ein Jahrhundert hindurch in der
Poesie nur eine Redeübung sah, welche sicher zum
Ziele führe, wenn man nur die Regeln sich einpräge
und nach den gefeierten Mustern sich schule. Da
demnach zu solcher poetischen Meisterschaft so wenig
erfordert ward, so war man mit gegenseitiger Lob-
preisung nicht sparsam und bestärkte sich dadurch in
der Selbstzufriedenheit und dem behaglichen Bewußtsein, daß kaum die Zukunft Herrlicheres werde her-
vorbringen können. Bis auf Gottsched's Zeit bilden
die Lobeserhebungen des Anhangs, der Dichterschule,
eine sichere Mauer, an der der Pfeil des Tadels,
wenn er ja gewagt wird, wirkungslos abprallt. Ein
solches Cliquenwesen ist stets der Literatur verderblich
gewesen; es schützt auch die verkehrtesten Richtungen,
ist tolerant auch gegen das Mittelmäßige und Schlechte,
wenn es nur auf der beliebten Bahn einhergeht.
Toleranz aber gegen das Schlechte gehört zu den
schlimmsten Feinden des Guten, in der Kunst so gut
wie in der Sittlichkeit.

Indeß was uns streng macht gegen das Jahr=
hundert, macht uns mild gegen den Einzelnen, der ein
Kind seines Jahrhunderts bleibt, wie reich auch die
Gaben seines Geistes sein mögen. Die Luft der Zeit,
in der wir leben, ist der Athem des Geistes; er
haucht sie aus, aber er zieht sie auch ein; niemand
kann geistig gesund sein in einer krankhaften Zeit.
Wenn wir auch zu dem Geständniß genöthigt sind,
daß bei den deutschen Dichtern des siebzehnten Jahr=
hunderts keine Poesie im edelsten Sinne des Worts
zu finden ist, so anerkennen wir doch ihr Verdienst
um Sprache und Versbau, das um so größer ist, je
schwerer es war, sich dem in die Prosa und die Con=
versation eindringenden Sprachverderbniß entgegenzu=
stellen. Dies Verdienst ist es einzig, wodurch Martin
Opitz, so wenig er ein Dichter im wahren Sinne
des Wortes ist, in der Geschichte unserer Literatur
Epoche macht. Wir werden auch die Lyrik Einzelner,
namentlich eines Paul Flemming und eines Paul
Gerhard, in Ehren halten und das tiefpoetische
Innere des Andreas Gryphius zu würdigen wissen,
wenn er gleich, um Vollendetes zu schaffen, zu wenig
Herrschaft über die poetischen Mittel besaß; er ist uns
ein Zeugniß, daß der Trieb der gesammten neueren
Literatur zum Drama auch von den deutschen Dich=
tern mitempfunden ward. Allein es blieb bei ein=
zelnen Ansätzen und Versuchen, weil das Drama ohne
einen Hintergrund im Nationalleben, ohne ein im Be=
wußtsein des Dichters lebendiges Gefühl nationaler
Kraft und Einheit bei keiner Nation jemals Gedeihen
gefunden hat.

Was in den nächsten funfzig Jahren nach Gry-phius in deutscher Poesie versucht ward, ist oft durch ausgezogene Proben lächerlich gemacht worden. Doch darf man dieser Geschmacksverirrungen nicht bloß zu diesem Zweck gedenken, so wenig wir sie sonst in Schutz zu nehmen gesonnen sein können. Auch sie gingen aus einem dunkeln, doch richtigen Gefühl hervor, daß die Poesie der Opitzischen Schule ohne Phantasie, daß ihre Sprache trocken und unmusikalisch sei. Nun strebte man darüber hinaus: aber bei ge-lähmter, schwungloser Phantasie konnte man es nur bis zu allegorischen Einkleidungen bringen, und zum Musikalischen war die Sprache vollends verdorben. So blieb nur der rhetorische Pomp übrig, um Effect zu machen: mit diesem malte Hoffmannswaldau die „er-lauchten Flammen" und setzte in seinen Heldenbriefen der sittlichen Versunkenheit der Höfe und des Adels ein Denkmal, von dem die keusche Muse der deutschen Poesie sich erröthend wegwendet, — lieferte Lohenstein, den rhetorischen Bombast auf die Höhe schraubend, in den Gemälden der Gräuel= und Blutscenen des römischen und türkischen Hofes effectvolle Reizmittel für die abge-stumpften Nerven der herzlosen Zeit, in der er dichtete.

Von der französischen Literatur des Zeitalters Ludwigs XIV. ging die heilsame Reaction gegen dies aufgedunsene Pathos aus. Gegen 1700 begann sie in Deutschland dieselbe Wirkung zu äußern, welche sie auf die Literaturen fast des ganzen Europa's ausübte. Der Gegensatz war auch in Frankreich ein ähnlicher; auch dort kämpfte die neuentstehende Literatur gegen den unnatürlichen Schwulst der älteren Schule. An

den französisch gebildeten Höfen zu Berlin und Dresden
fand dieser neue Geschmack am frühesten Eingang.
Indeß vergingen Jahrzehnte, ehe die deutsche Poesie
auf diesem Wege wirkliche Erfolge errang, ja bis auf
Hagedorn blieb sie nur eine wässerige Prosa in Rei-
men. Es war die Zeit der Dictatur Gottsched's,
das von ihm gepriesene goldene Zeitalter unserer
Poesie. Endlich erschien die langzögernde Morgenröthe des neuen Tages: das Jahr 1740 ist mit unvergänglichen Zügen auf die Tafel unsrer Literaturgeschichte eingegraben.

Nach zwei entgegengesetzten Grenzpuncten des
deutschen Landes wird unser Blick hingezogen, Hamburg und der Schweiz. — In Hamburg war ein
reges geistiges Leben, die Frucht des Weltverkehrs
und des freien Bürgersinnes, der verschiedene Richtungen neben einander aufkommen ließ. Eine servile
Hofpoesie konnte hier keine Stätte finden: vielmehr
ward Hamburg die Vermittlerin zwischen der viel-
seitig anregenden englischen Poesie. Brockes führte
die Naturmalerei der Engländer bei uns ein; Hagedorn ward der Dichter des Frohsinns in Liedern
und heitern Erzählungen, der Vater der Fabeln- und
Liederpoesie, welche den Anfang machte, das Volk
wieder zur Theilnahme an der Literatur heranzuziehen.

Die Schweiz hatte sich lange Zeit von dem
Mitwirken an deutscher Literatur ausgeschlossen. Von
der republikanischen Freiheit hatten die aristokratische
Willkürherrschaft, so wie kirchliche Engherzigkeit und
Obscurantismus nur noch den Namen übrig gelassen.
Doch es umweht die Höhen der Alpen eine Fülle der

Poesie, daß sie nicht aufhören kann an die Herzen derer zu klopfen, die zu ihnen hinaufschauen, und sie aus trägem Schlummer zu wecken. Aus dieser hehren Umgebung haben die Naturgemälde von Drollinger und Haller, eingekleidet in das Gewand religiös-sittlicher Betrachtung, das Leben und die Wärme empfangen, wodurch die Lehrdichtung der wahren Poesie genähert ward. Wie in Basel und Bern, regte sich auch in Zürich ein höheres geistiges Streben: Bodmer und Breitinger traten zu einem erfolgreichen literarischen Wirken zusammen, welches, anfangs in bescheidener Stille, seit 1740 seinen Einfluß über ganz Deutschland erstreckte. Sie hatten vornherein vor Gottsched das voraus, daß sie nicht frühzeitig mit sich abschlossen, sondern Allem, was neues Leben versprach, ihre Theilnahme widmeten und ihren Blick stets auf die Zukunft der Literatur gerichtet hatten. Das junge, noch schüchterne Talent ward von ihnen ermuntert und ermuthigt; Klopstock und Wieland fanden hier offene Arme, ehe die Nation sie ihnen öffnete. Weil sie ihre Hand am Pulse der Zeit hatten, so endete die berühmte Fehde, die sich zwischen ihnen und Gottsched entspann, mit dessen völliger Niederlage. Doch ist nicht bloß die geistige Beschränktheit Gottsched's schuld, daß er seine Stellung zur Literatur nicht behaupten konnte: es ist eben so sehr seine moralische Schwäche, die ihn um sein kunstrichterliches Ansehn brachte und der Nachwelt selbst die Anerkennung seines wirklichen Verdienstes erschwert. Dadurch, daß er die studirende Jugend, die sonst in lateinischer Phraseologie und scholastischem Formelwesen

verkam, für deutsche Dichtkunst gewann, hat auch er
Antheil an der neuen Literaturepoche; denn nur jugendliche Kraft und Frische vermögen eine gealterte
Literatur zu verjüngen. Freilich entsprach ein solch er Erfolg seinen Hoffnungen nicht.

Auch für Preußen brach ein neuer Tag an
mit der Thronbesteigung Friedrichs des Großen; sein
Geist wehte wie Frühlingsodem über sein in geistlosem
Zwange erstarrtes Land. Halle, Halberstadt, Berlin
wurden Mittelpuncte literarischer Kreise; die Wirksamkeit eines Gleim und Ramler dürfen wir nicht
nach ihren Poesien, über die das Urtheil der Nachwelt
nicht mehr schwankend sein kann, berechnen. — Ich
nannte die Stufen, auf denen Klopstock und Lessing,
die beiden Regeneratoren unserer Literatur, empor-
stiegen.

Dieser Umschwung der Poesie ward indeß nicht
von innen heraus, bloß durch sie selbst, hervorgebracht. Die Umgestaltung deutscher Wissenschaft wirkte
mächtig auf sie zurück. — Während des siebenzehnten
Jahrhunderts war die Wissenschaft nicht minder ge-
sunken, als die Poesie. Das geistige Leben war er-
starrt in den Fesseln einer Scholastik, welche der des
Mittelalters dem Wesen nach verwandt war; in dies
Gedächtnißwerk, in welchem man sich phlegmatisch fort-
bewegte, leuchtete nur selten das Licht des freien,
selbstständigen Gedankens hinein. In ihren fertigen
Systemen, welche die lateinische Sprache mit einer
Schutzwehr gegen die Zudringlichkeit der nicht zünftigen Masse umgab, befanden sich die Gelehrten wie in
einer unbezwinglichen Burg.

Frankreich und England fingen zuerst an, der Muttersprache ihr Recht zu wissenschaftlichen Darstellungen zurückzugeben und die Gebildeten außerhalb der Gelehrtenzunft an den Problemen der Wissenschaft mitzubetheiligen. In Frankreich sah sich die Wissenschaft in die Nähe des glanzvollen Hofes versetzt und konnte sich solcher Ehre nur durch elegantere Formen würdig machen. In England athmete nach der Vertreibung der Stuarts auch die Wissenschaft die Luft der Freiheit. Johann Locke machte die Rechte der Vernunft gegen die hergebrachte Scholastik, die sich für Philosophie ausgab, geltend, und Newton forschte nach den ewigen Gesetzen der Natur.

Auch in Deutschland fanden sich gegen das Ende des siebenzehnten Jahrhunderts Männer, welche den Kampf gegen Schulgelehrsamkeit und Geistesträgheit unternahmen: Männer von verschiedenen Richtungen, die zuletzt doch zu Einem Ziele zusammenwirkten. Zunächst muß in diesem Kampfe für Befreiung des Geistes der Pietismus genannt werden. Die Theologie, welche damals auf Kanzeln und Kathedern herrschte und für rechtgläubig galt, war nicht geeignet, die Herzen mit christlicher Liebe und Frömmigkeit zu erwärmen; es war eine Dogmatik ohne herzerhebende Ueberzeugung des lebendigen Glaubens. Spener war es, der die Gebrechen der Kirche zuerst aufdeckte und das vergessene Wort wieder aussprach, daß die Religion Sache des Herzens sei und sich in Thaten christlicher Liebe zu bewähren habe. Seine schüchterne Sprache lieh Dem Worte, was Tausende in sich fühlten. Durch die Anregungen, welche er und feine nächsten Anhänger gaben, ward die Orthodoxie durchbrochen; eine tiefe Innerlichkeit trat an die Stelle des geisttödtenden Mechanismus. Auch als der Pietismus aufhörte, den Weg des Fortschrittes zu gehen, setzte sich die Bewegung dennoch fort. Die Männer der Aufklärung hatte er gleich anfangs auf seine Seite gezogen. Christian Thomasius führte, mit den Pietisten verbündet, den Kampf gegen veraltete Formen. Aufgemuntert durch das Beispiel französischer Schriftsteller, empfahl er die Muttersprache für wissenschaftliche Vorträge und hielt selbst Vorlesungen in deutscher Sprache. Seine Verweisung aus Leipzig gab die erste Anregung zur Stiftung der Universität zu Halle, welche, wie junge Universitäten pflegen, ihre erste Stärke durch Beschützung der neuen wissenschaftlichen Richtungen gewann. Hier fuhr er fort, mit einer Freimüthigkeit, deren sich seit Wittenbergs Glanzperiode die Universitäten entwöhnt hatten, Mißbräuche in Theorie und Praxis zu bekämpfen und die deutsche Wissenschaft aus der gelehrten Clausur in das Leben des Volkes hinüberzuführen. Gleich ihm wirkte sein großer Zeitgenosse Leibnitz für die Befreiung der Wissenschaft aus scholastischen Formen, wenn auch die Früchte seines Wirkens dem Volke nur mittelbar zu Gute kamen. Was er bereits geäußert hatte, daß die deutsche Sprache sich mehr als irgend eine andere der neueren Sprachen für den Vortrag der Philosophie eigne, bewies Christian von Wolff durch die That, indem er die philosophischen Wissenschaften nach ihrem Gesamtumfange in deutschen Schriften darstellte. Hiermit that unsere Prosa den bedeutendsten

Schritt zu ihrer Selbstständigkeit. Wolff's Schriften
waren eine Encyclopädie des damaligen philosophischen Wissens; die leichtfaßliche Darstellung forderte
Klarheit des Denkens und setzte auch außerhalb
der gelehrten Kreise eine Masse von Kenntnissen in
Umlauf. Der Anregung des philosophischen Denkens
verdanken wir zunächst die Kritik auf dem Gebiete der
schönen Literatur, das erste Forschen nach den Grund-
sätzen des Schönen in Poesie und Kunst; selbst die
poetische Literatur ist zum Theil ein Nachhall jener
Philosophie, welche damals in unser gesammtes geistiges Leben eben so tief eingriff, wie an der Grenze
des Jahrhunderts die kritische Philosophie Kant's.
Seit Leibnitz und Wolff hat unsere Poesie sich den
wissenschaftlichen Richtungen dermaßen angeschlossen,
daß die auf ihrem Gebiete hervortretenden Bewegungen und Gegensätze größtentheils in ihnen ihre Er-
klärung finden.

Die Gegensätze zwischen Spener und Wolff wiederholen sich auf einer höhern Stufe in Klopstock
und Lessing. Der Zeit, in welcher wir leben,
mag uns wohl mahnen, den Blick ein Jahrhundert
zurückzuwenden und an die Wiege unserer seitdem zu
herrlicher Schönheitfülle erblühten Poesie, deren Besitz
uns jetzt stolz sein läßt, zu treten: im Jahre 1746
trafen die Jünglinge Klopstock und Lessing auf der
Universität Leipzig zusammen und waren in bescheid-
dener Verborgenheit, jener mit den ersten Hexametern
der Messiasdichtung, dieser mit seinen ersten dramatischen Versuchen, beschäftigt. Klopstock ward der
Schöpfer einer beseelteren Dichtersprache, der lyrische

Genius (denn auch die Messiade ist ein Erzeugniß
lyrischer Begeisterung), welcher der deutschen Poesie
die Welt des Gefühls zurückgab. Lessing bahnte dem
freien Gedanken neue Wege und schuf durch diesen
das deutsche Drama. Wieland sammelte die er-
rungenen Schätze der europäischen Literatur als ihr
gewandter, der Zeitläufe kundiger Verwalter, setzte sie
in raschen Umlauf und machte sie dadurch allgemeiner
nutzbar, daß er sie in kleinere Münzen umprägte.
Aus den Anregungen, die diese Männer gegeben hatten
(auch Wieland's Shakspeare sei unvergessen), ging eine
neue Lyrik, ein neues Drama und die Literaturkritik
Herder's hervor, die prophetische Stimme für eine
drangvolle Jugend. Die Poesie versuchte ins Leben
zu treten, es zu beherrschen; die Ideen strebten sich
zu gestalten in der Welt der Erscheinungen. Aeußer-
lich ist es so still in der langen Friedenszeit, welche
dem siebenjährigen Kriege folgte: aber auf den ver-
borgenen Gebieten des Geistes verkündigte sich das
Herannahen der Zeit der Völkerstürme, welche die
alten Formen erschüttern und zum großen Theil zer-
trümmern sollten. Lange schon war an den alten
Stützen gerüttelt, lange schon hatte die Literatur mit
dem Bestehenden gebrochen; man hatte angefangen,
die Einfalt der Natur den verweichlichten und verschrobenen Sitten, die Rechte des Menschen den Stan-
desvorrechten und der Machtwillkür, die Berechtigung
der Individualität der Beschränkung der Verhältnisse
entgegenzuhalten. Der Trieb nach Umgestaltung zuckte
durch ganz Europa, der Ruf nach Reformen ward die
Loosung, und die Fürsten stimmten vom Throne herab

ein. Da öffnete sich weiter und weiter die Kluft zwischen den Forderungen der Idee und den Zuständen der Gegenwart. Die fieberhafte und excentrische „Starkgeisterei“ und die sehnsuchtkranke Sentimentalität sind Pflanzen desselben Bodens. Der Shakspearische Hamlet, der es erkennt, daß die Welt aus den Fugen sei, und sich doch unfähig fühlt, sie wieder einzurichten, ist zugleich der Typus und das Idol der thatendurstigen und doch träumerisch zurücksinkenden Jugend. Neben den Götz, der die auseinanderfallenden alten Verhältnisse auf eigene Hand wieder einrichten und die Schäden des Gemeinwesens mit kräftiger Faust heilen möchte, tritt in der Seele des nämlichen Dichters der Werther mit dem zerrissenen Herzen, welcher aus der Welt scheidet, weil zwischen ihm und der Wirklichkeit keine Harmonie herzustellen ist. Manches Dichterleben jener Zeit ist solch ein schwerer Kampf mit der Welt und dem eigenen phantastischen Drange, manches dichterische Talent ist darin untergegangen: Lenz, der Jugendfreund Göthe's, endete im Wahnsinn; von allen Gaben der Poesie blieb ihm nichts als der Stolz in Armuth und Elend. Bürger ging denselben Weg, wenn auch nicht zum Wahnsinn, doch zum bittern Elend. Trotzdem war es für die Literatur kein vergeblicher Kampf. Ihre größten Genien gewannen aus der Gährung jener Jahre Kraft und Fülle des Geistes auch für ihre späteren Lebensepochen. Herder's Jugendfeuer ward zur mildleuchtenden Flamme auf dem Altare der Menschheit. Bei Goethe entwickelte sich aus dem Drange des Realen die ideale Klarheit und die plastische Ruhe,

die Frucht der Durchbildung seiner geistigen Individualität. Schiller, der letzte Epigone der „Sturm-
und Drangperiode," trat mit ungeschwächter geistiger
Elasticität in die Epoche der philosophischen und politischen Umwälzung; die philosophische Idee führte ihn
auf die Höhe seiner Poesie und wies ihm die Ziel-
puncte seines Sehnens und Strebens, welches begei-
sterungsvoll in die Zukunft der Menschheit griff.

Leicht täuschen wir uns über die Geistescultur
des achtzehnten Jahrhunderts, weil wir sie nach den
einzelnen großen Genien beurtheilen, die aus ihm
hervorgegangen sind; wir halten uns wohl gar zu
dem Schlusse berechtigt, daß unsere Bildung Rückschritte gemacht habe, weil uns Namen fehlen, wie
diejenigen, durch welche das vergangene Jahrhundert
glänzt. Allein auf welcher Culturstufe die große Masse
des lesenden und genießenden Publicums stand, davon
zeugen nicht Lessing, nicht Goethe oder Schiller: die
Werke eines Gellert, Wieland, Kotzebue sind weit ge-
nauere Barometer, selbst für den damals gebildetsten
Theil der Nation. Es steht vielmehr unsere gesammte
Volksbildung, auch die ästhetische, hoch über der des
vorigen Jahrhunderts. Lessing, Goethe und Schiller
gingen zwar aus diesem hervor, aber das Beste, was
sie geschaffen haben, gehört unserm Jahrhundert
an: erst dieses hat sich zu ihnen herangebildet, erst
für dieses sind sie Nationaldichter geworden.

Die Zeit der romantischen Schule war nur ein
Seitenweg, keine neue Literaturepoche. Man wollte
neben dem Leben eine Welt der Poesie künstlich er-
schaffen, und es schien gar lockend, mit dem Feuer zu

spielen, ohne selbst in Gluth zu gerathen. Die letzten
Decennien haben dieses Blendwerk, wie so manches
andere, zerstört. Wir haben erkannt, daß auch in
Poesie und Kunst die Wahrheit höchste Gesetzgeberin
und Richterin ist und ohne sie so wenig Schönheit
wie Sittlichkeit bestehen kann; das nie erschöpfte Buch
der Geschichte und des Lebens ist auch der Poesie
wieder geöffnet. Noch stehen wir erst auf den Stufen,
die uns zu dem Tempel einer neuen Poesie empor-
tragen werden. Wann wir ihn betreten werden, wer
vermag es zu sagen? Aber kommen wird die Zeit
gewiß, wo die Strömungen geistigen Lebens, die uns
jetzt umrauschen, sich wieder zu einem klaren, stolz
einherwogenden Strome der Poesie vereinigen werden.
Scheint uns manchmal der Bildungsgang der Nation
zu langsam vorwärts zu schreiten, so mögen wir auch
uns jenes erhabene Wort Lessings zurufen: „Geh
deinen unmerklichen Schritt, ewige Vorsehung! Nur
laß mich dieser Unmerklichkeit wegen an Dir nicht
verzweifeln! Laß mich an Dir nicht verzweifeln, wenn
selbst Deine Schritte mir scheinen sollten zurückzugehen!
Du hast auf Deinem Wege so viel mitzunehmen! so
viel Seitenschritte zu thun!" —

Die

Anfänge des deutschen Drama's.

1859.

4 *

Eine dramatische Poesie hatte sich in den Jahrhunderten, welche die Reformation vorbereiteten, noch nicht ausbilden können; das ganze Mittelalter hatte, streng genommen, kein Drama. Was darauf Bezug hat, gehört mehr in die Geschichte des gottesdienstlichen Cultus und der Sitte, als in die der Poesie. Immerhin sind es die Anfänge scenischer Darstellungen, an denen sich am Schluß des Mittelalters das Volk lebhaft betheiligte. Würde man weiter zurück gehen und auch die ersten Spuren von Schauspielkunst dahin rechnen, so könnte man deren schon in den ersten Jahrhunderten nachweisen, indem das Volk einen Possenreißer, der es durch Pantomimen und Verkleidungen belustigte, nie entbehren konnte. Wir wissen z. B., daß zur Zeit Karls des Großen den fahrenden Lustigmachern bei Leibesstrafe verboten war, ein Priester- oder Mönchskleid anzulegen, daß im zehnten Jahrhundert Mönche in Flandern die Sage vom Wolf und Fuchs pantomimisch darstellten. Im Parcival ist die Rede von der bunten Tracht der Lustigmacher.

Dies alles hat jedoch mit dem eigentlichen Drama
wenig oder gar nichts zu schaffen und beweist nur,
daß im Menschen der Trieb liegt, das Leben nach-
zuahmen und am Bilde sich zu erfreuen. Näher steht
dem Drama die mit der Zeit der Kreuzzüge allgemeiner
werdende Sitte, beim Gottesdienste an hohen Festen
dem Volke die in der Bibel erzählte Handlung durch
dramatischen Vortrag zu größerer Anschaulichkeit zu
bringen.

In der kirchlichen Liturgie liegt etwas Drama-
tisches. Am stärksten tritt dies in der Passionsgeschichte
hervor, wo die evangelische Geschichte mehrere Personen redend einführt. Bei Vertheilung des Textes
an mehrere Priester entstand eine dramatische Abwech-
selung, indem einer den zwischen den einzelnen Reden
stehenden erzählenden Text las. Solch ein feierlicher
Vortrag von dem Leiden und der Auferstehung des
Herrn fand am Charfreitag und in der Osternacht in
der Kirche statt. Bildliche Darstellung der Kreuzigung, Grablegung und Auferstehung ward häufig zu
Hülfe genommen. Diese Darstellungen nannte man
in Italien M y s t e r i e n, vielleicht mit einer Neben-
beziehung auf das Wort M i n i s t e r i e n oder gottes-
dienstliche Handlungen; das deutsche Volk nannte sie
kurzweg S p i e l e.

Bald fanden die Geistlichen an ihren Aufführungen
solches Wohlgefallen, daß sie den Text für den dramatischen Vortrag freier zu bearbeiten anfingen. Sie
traten nach und nach aus dem neutestamentlichen Gebiete heraus und gestalteten auch Erzählungen des
alten Testaments und Legenden dramatisch um. Lange

Zeit hielt man sich an die lateinische Sprache. Doch dem Volke zu Liebe ließ man allmählich sich so weit herab, deutsche Zwischenspiele einzuschalten. Um 1300 wurden die Stücke ganz deutsch.

Weil überall die scenischen Darstellungen der heiligen Geschichte sich von ihrem kirchlichen Zwecke mehr und mehr entfernten, so eiferten Päpste und Kirchenversammlungen wiederholt dagegen; aber das Volk ließ sie sich nicht wieder nehmen; sie wurden nur noch immer ausgelassener. Die Laien betheiligten sich mehr und mehr bei den öffentlichen Aufführungen und liebten es besonders, in Teufelsverkleidung einen großen Chor zu bilden. Die Kirche ward für ein so massenhaftes Schaugepränge zu klein; man spielte daher auf dem Kirchhofe oder den öffentlichen Plätzen der Stadt. Schon im vierzehnten Jahrhundert nahmen diese Spiele oft mehrere Tage hinter einander hin, und 2—300 Personen waren dabei beschäftigt. Die Aufführung geschah auf einem großen Gerüst, das drei Abtheilungen übereinander hatte, Hölle, Himmel und mitten zwischen diesen die Erde. Auf Leitern stiegen die mitspielenden Personen, je nachdem es die Handlung erforderte, von der einen Bühne zur andern.

So viel Zeugnisse auch von Zeitgenossen über die Aufführung solcher geistlichen Stücke aufbewahrt sind, so daß man annehmen muß, es seien dergleichen, zumal der Ostern- und Passionsspiele, sogar auf den Dörfern sehr gewöhnlich gespielt worden, so haben sich doch bisher nur sehr wenige vollständige Texte derselben auffinden lassen. Auch mochte es des Aufschreibens nicht sehr bedürfen. Nur die ausgeführteren

Partieen wurden vollständig aufgeschrieben; sonst bezeichnete man nur den Gang des Stücks und die Anfänge der durch Tradition feststehenden Reden. Eines
der ältesten ist das Mysterium von den klugen und
thörichten Jungfrauen, in welchem die säumigen Jungfrauen trotz den Fürbitten der Maria und der Heiligen
zu ewiger Höllenpein verdammt werden. Die Aufführung dieses Stücks zu Eisenach im Jahre 1322
erhielt eine besondere Bedeutung dadurch, daß der
Markgraf Friedrich der Freudige davon so tief er-
schüttert ward, daß er in Schwermuth sank, zu der
sich Schlaganfälle gesellten; er stand vom Siechbette
nicht wieder auf. In den späteren Spielen mischt
sich mehr und mehr das Komische bei, das vornehmlich durch die Teufelsrollen vertreten wird. In dem
uns erhaltenen Osterspiele aus dem 15. Jahrhundert
ist der Uebergang zur Volkskomödie schon vollendet.
Pilatus und Kaiphas erscheinen mit großem Gefolge:
Soldaten und Juden kommen in Handgemenge; in
der Hölle sind eine Menge Teufel mit Seelen der
Verdammten, welche Christus nach seiner Auferstehung
daraus befreit. Dieser Ausgelassenheit der Mysterien
machte der religiöse Ernst der Reformationszeit ein
Ende. Eine Abart derselben hat sich hin und wieder
in katholischen Ländern des südlichen Deutschlands
durch Tradition erhalten.

Eine noch weit größere Anlage zur Volkskomödie
hatten die Fastnachtsspiele, welche seit 1400 in
den größeren Städten beliebt wurden. Sie gingen
aus der Carnevalslust hervor, welche in der Verletzung des Herkömmlichen, der Umkehr der gewöhn-

lichen Verhältnisse bestand und daher einen Humor
des Lebens in sich trug, welcher der Keim zur eigentlichen Komödie sein konnte. Nürnberg war der Hauptsitz des deutschen Carnevals und daher auch des Fast-
nachtsspiels. Mit geringen Ausnahmen haben die auf
uns gekommenen Fastnachtsspiele Nürnberger Verfasser. Es sind dramatisirte, d. h. in Dialog gekleidete
Schwänke. An Verwickelung und Intrigue ist nicht zu
denken. Die bekanntesten Nürnberger Schwankdichter
um die Mitte des 15. Jahrhunderts, **Hans Rosen-
blut** und **Hans Folz**, sind zugleich die fruchtbarsten
Verfasser von Fastnachtsspielen. Unter diesen sind
die von Folz so geistlos und roh, daß sie kaum eine
Ahnung von dramatischer Behandlung verrathen. Dies
ist jedoch schon der Fall bei **Hans Sachs**, dessen
Fastnachtsspiele, z. B. vom Narrenschneiden, vom Teufel,
der ein altes Weib zur Ehe nahm, vom Weib im
Brunnen, von demselben Humor eingegeben sind, der
seine Schwänke belebt. In seinen sogenannten **Tra-
gödien** und **Komödien** — er schied diese Be-
nennungen nur, je nachdem der Ausgang mehr oder
minder traurig war — geht er über die ihm gezogenen Grenzen hinaus und versucht sich an den bedeutenderen Stoffen der Mythe und Geschichte, für die
ihm der rechte Sinn und der richtige Maßstab mangelte. Seine Nachfolger reichten jedoch nicht über
ihn hinaus, und selbst der gelehrte **Jacob Ayrer**,
kaiserlicher Notar und Gerichtsprocurator in Nürnberg, der gegen 1600 dichtete, lehnt sich nur an
ihn an und steht ihm an Feinheit des Witzes bedeu-
tend nach.

Außer diesen beiden dem Mittelalter entstammten Gattungen der dramatischen Poesie entstand kurz vor der Reformation noch eine dritte, welche man die Schulkomödie nennen kann. Als mit der Wieder= belebung des Studiums der alten Sprachen die Lust= spiele der römischen Dichter Plautus und Terentius in Aufnahme kamen, ahmten die gelehrten Latinisten, unter ihnen Reuchlin und Konrad Celtes, die elegante Sprache, gleich wie die Prosa eines Cicero und die Verse der römischen Elegiker, mit großem Eifer nach und fanden unter den Gelehrten viele Nach= folger. Studenten und Schüler brachten solche Stücke zur Aufführung, selbst die Fürsten sahen häufig den Vorstellungen zu. Es konnte nicht lange ausbleiben, daß man die lateinischen Komödien ins Deutsche über= setzte, damit die der alten Sprache unkundigen Bürger an den öffentlichen Aufführungen Theil nehmen könnten. Aus der Vergleichung solcher Uebersetzungen mit dem lateinischen Original sieht man am besten, wie weit noch die Ausbildung der deutschen Dichtersprache hinter der eleganten lateinischen Form, die man auf gelehrtem Wege gelernt hatte, zurückstand.

Die Stücke waren meistens von Predigern und Lehrern an den Schulen abgefaßt. Vorzugsweise wurden biblische Erzählungen zu den dramatischen Bearbeitungen gewählt, so daß die Schulkomödien an die Stelle der Mysterien traten. Auch in ihnen zeigt sich ein ähnlicher Uebergang von dem einfachen Zuschnitt der älteren Stücke zu immer größerem Schau= gepränge. Der Saul des Matthias Holzwart z. B. ward um 1600 zu Gabel in Böhmen von 100

redenden und 200 stummen Personen aufgeführt.
Mehrere dieser Stücke zogen auch die Bewegungen
der Reformationszeit in den Kreis dramatischer Darstellung. Martin Rinckhart, der bekannte Verfasser des Kirchenliedes „Nun danket Alle Gott,"
welcher im Beginn des folgenden Jahrhunderts dichtete,
verfaßte zu Luther's Verherrlichung das Drama der
eislebische christliche Ritter und einen Tho-
mas Münzer, der mit einem Ballet von Priestern,
Luther an der Spitze, schließt. Ueberhaupt erkennt
man das Band, das die Gelehrtenpoesie mit dem
Volksmäßigen verbindet, noch darin, daß das komische
Element selbst in den religiösen Stücken nicht ausgeschlossen wird; komische Scenen im Ton der Fastnachtsspiele sind häufig selbst den biblischen Darstellungen
angehängt. Ebenso wenig fand bei den Aufführungen
eine Absonderung der Stände statt. Aus Gelehrten
und gewerbtreibenden Bürgern bildeten sich Vereine
für die öffentliche Aufführung, und selbst Theologen
hielten es für vereinbar mit ihrer Würde. Damals
fiel es der protestantischen Geistlichkeit noch nicht ein,
gegen das Schauspiel zu eifern; an hohen Kirchen-
festen schien vielmehr die Aufführung eines Stücks
von biblischem Inhalt die Andacht des Volkes nur zu
erhöhen. Gegen 1600 wurde auch das deutsche Drama,
gleich wie früher das lateinische, zur Verschönerung
der Hoffeste gebraucht. Nicolaus Roth führte, um
nur ein Beispiel zu erwähnen, das Stück von dem
Grafen von Gleichen 1591 zur Hochzeit des Herzogs Friedrich Wilhelm von Sachsen auf.

In demselben Maße, als die Schaulust und die allgemeine Theilnahme stieg, verlangte man auch außer dem größeren Pomp einen anziehenderen Inhalt. Daher ist es erklärlich, daß die sogenannten „Eng-lischen Komödianten", welche seit 1590 die meisten Theile Deutschlands durchzogen, überall mit dem größten Beifall aufgenommen wurden. Es kann wohl nicht mehr bezweifelt werden, daß sie anfangs ihre Stücke in englischer Sprache aufführten. Durch eine kurze Exposition der Handlung und durch die ge-wandte Darstellung selbst mußte dem Verständniß für die der Sprache unkundigen Zuschauer nachgeholfen werden. Ein Theil ihrer Stücke erschien seit 1620 in deutschen, größtentheils schlechten Uebersetzungen. In manchen dieser Stücke wird man an die hohe Ausbildung er-innert, welche die englische Bühne zur Zeit der Königin Elisabeth erreicht hatte; einige ihrer Sujets findet man bei Shakspeare wieder. Die Rückwirkung auf die deutsche Bühne blieb nicht aus, zumal da die deutschen Fürsten die englischen Komödianten sehr begünstigten. Erst jetzt lernte man einsehen, worauf es bei der dra-matischen Darstellung vornehmlich ankomme. Aus dem einförmigen, schleppenden Gang der deutschen Schulkomödien wird man in eine lebenvollere Welt versetzt. Rasch wechselt die Handlung, Ernst und Scherz lösen sich ab; der Narr oder Pickelhering, später „Hanswurst" genannt, ein Wort, das schon Luther kennt, erhält eine Hauptrolle und wird ste-hende Person in der Komödie. In den seit 1600 erschienenen Stücken bemerkt man die Veränderung des Geschmacks. Selbst der Nürnberger Ayrer

verläßt die Manier des Hans Sachs und verfaßt
Stücke in „englischer Manier." Zwei seiner Komödien
sind nach denselben englischen Stücken bearbeitet,
welche Shakspeare in seinem „Sturm" und „Viel Lärmen
um nichts" benutzte. Herzog Heinrich Julius
von Braunschweig, wegen seiner Gelehrsamkeit
gefeiert und mehr noch wegen seines hochstrebenden
Geistes einer der achtungswerthesten Fürsten seiner
Zeit, gründete eine Art Hoftheater und schrieb mehrere
Lustspiele, bei denen englische Bühnenstücke zum Muster
dienten. Georg Mauricius, ein durch theologische Gelehrsamkeit berühmter Professor zu Witten-
berg, später zu Nürnberg, fühlte sich noch in seinem
Alter zur Abfassung von Komödien ähnlicher Art angeregt, unter denen sich auch die Behandlung eines
romantischen Stoffs, die Komödie vom Grafen
Walther und Griseldis, findet. Diese drei
Namen sind zugleich ein Beweis, daß Fürsten, Gelehrte und Volksdichter noch auf einem und demselben
Wege zusammengingen, und dieser Weg war der einzige, auf welchem wir unter günstigeren äußeren Verhältnissen zu einem nationalen Drama hätten gelangen
mögen. Denn wie viel auch producirt worden war,
es waren doch nur die ersten Schritte; die höheren
Anforderungen, die man an die dramatische Dichtung
zu stellen hat, waren noch unbefriedigt geblieben.
Dazu waren Sprache und Verskunst in allen diesen
Versuchen in einem verwahrlosten Zustande. Der
Sinn für Wohlklang und Versmessung war völlig verloren gegangen. Zwar hatte schon im Jahre 1535 Paul
Rebhun, Rector in Zwickau in Sachsen, in seinen

Dramen Susanna und Hochzeit zu Kana eine regel=
mäßige Sylbenmessung nach Längen und Kürzen mit Un=
terscheidung jambischer und trochäischer Verse versucht
und zu den Chören Odenstrophen in mannigfachen
Rhythmen angewandt; allein sein Beispiel war ohne
Nachfolge geblieben, und erst ein Jahrhundert nach
ihm ward, was er gewollt, von Andern glücklich
durchgeführt.

Gottsched

im

Wendepuncte der deutschen Literatur

des

achtzehnten Jahrhunderts.

1861.

Nach Leipzig kam im Jahre 1724 ein junger Gelehrter, den die Furcht vor dem Soldatendienste aus seinem Heimatlande Preußen vertrieb, Johann Christoph Gottsched (geb. zu Juditenkirch bei Königsberg, 1700), ein seitdem vielgenannter Name. Groß und stattlich von Gestalt, hatte er fürchten müssen, daß unter einem Friedrich Wilhelm I. seine theologische Candidatur kein hinreichender Schutz gegen den herrschenden Militärzwang sein würde. Er brachte gute Empfehlungen mit, besonders von seinem Lehrer, dem Professor der Dichtkunst zu Königsberg, Johann Valentin Pietsch. Sie führten ihn in das Haus des Professors Burkhard Mencke, der bald die vielseitige Gelehrsamkeit des jungen Mannes, der auch bereits als Dichter sich versucht hatte, schätzen lernte. Selbst der Dichtkunst nicht abhold und ein Feind der Pedanterie, wie sie damals auf deutschen Universitäten bei den meisten Fachgelehrten gewöhnlich war, interessirte sich Mencke für einen Jüngling, der die Liebe zur Dichtkunst mit dem Studium der Philosophie verband und sich nicht mit der engeren Fachwissenschaft, die ihm Amt und Brod versprach, genügen ließ; mit anerkannter Umsicht und Vielseitigkeit leitete

er die Herausgabe einer gelehrten Zeitschrift und erwarb sich ein besonderes Verdienst um die in Leipzig
studirende Jugend, indem er in einer deutschübenden
Gesellschaft den Vorsitz übernommen hatte. Gottsched wurde Lehrer in Mencke's Familie und trat damit
dem Kreis der gelehrten Thätigkeit seines Beschützers
nahe. Nicht bloß die Gelehrten, auch das größere
bildungsbedürftige Publicum suchte er sogleich zu sich
heranzuziehen und sich eine Wirksamkeit außerhalb des
zünftig abgeschlossenen Gelehrtenstandes zu sichern: er
begann die Herausgabe einer populären Wochenschrift,
die vernünftigen Tadlerinnen, fortgesetzt unter
dem Titel der Biedermann: es war der Anfang
einer fast bis in die letzten Jahre seines Lebens aus-
gedehnten Reihe von Zeitschriften, welche außer allgemeinen Bildungsgegenständen insbesondere die ältere
und neuere schöne Literatur in populärer Darstellung
besprachen.

Im Jahre 1725 erwarb sich Gottsched das Recht,
Vorlesungen an der Universität zu halten. Auch hier
waren es zunächst Vorträge über „die schönen Wissenschaften", und die Behandlung des anziehenden Thema's
erregte ein so allgemeines Interesse, daß sein Hörsaal
gefüllt war. Nach wenig Jahren gab er zwei mit
großem Beifall aufgenommene Lehrbücher heraus, einen
Grundriß zu einer vernunftgemäßen Redekunst (1728) und eine kritische Dichtkunst (1730).
Die deutsche Gesellschaft, wie sie nunmehr genannt wurde, erwählte ihn zu ihrem Senior; er war
thatsächlich ihr Vorstand und hatte die ganze Leitung
des Vereins, den er nach einem umfassenden Plane

umgestaltete, in seiner Hand. Die Mitglieder übten
sich in poetischen und prosaischen Arbeiten, und er
sorgte dafür, daß ihr Ruhm und ihr Einfluß auf die
Literatur sich weit über das Weichbild Leipzigs hinaus
verbreitete, indem er in mehreren Sammlungen ihre
poetischen und rednerischen Producte ans Licht stellte
und dabei nicht versäumte, ihre gesammte Thätigkeit
und die dabei leitenden Grundsätze darzustellen. Aus=
wärtige Gelehrte und Dichter von Namen und Einfluß
wurden in die Gesellschaft aufgenommen, und an
vielen Orten des nördlichen Deutschlands bildeten sich
ähnliche Vereine zu gleichen Zwecken, alle in vielfacher
Correspondenz und Verbindung mit dem Muttersitz
der deutschen schönen Literatur und in Briefen und
öffentlichen Schriften für ihr Streben belobt und
gepriesen.

Gottsched war eine Autorität geworden. An der
Universität wurde er zum außerordentlichen Professor der
Philosophie und Dichtkunst ernannt, und da er nach
wenig Jahren auch ein Lehrbuch der philoso=
phischen Wissenschaften herausgab, worin er
die damals zu ungemeinem Ansehen gelangten Wolf=
fischen Lehren in sehr faßlicher Darstellung vortrug,
hatte er der zünftigen Gelehrsamkeit ein noch völligeres
Genüge geleistet; er erlangte im Jahre 1734 den
Lehrstuhl eines ordentlichen Professors der Logik und
Metaphysik, dem die übrigen akademischen Würden
und Aemter in weiterer Folge der Reihe nach zu=
fielen; auswärtige gelehrte Gesellschaften nahmen ihn
unter ihre Mitglieder auf.

Im folgenden Jahre verheirathete er sich mit

5 *

Luise Adelgunde Victorie Kulmus, der geistvollen Tochter eines Danziger Arztes, mit der er vor
einigen Jahren auf einer Reise in die Heimat bekannt geworden war; sie hatte bereits öffentlich Proben
ihres poetischen Talents gegeben und war in französischen und englischen Dichtern belesen. In der Verbindung mit Gottsched erweiterte sie nach seiner An-
weisung und Anleitung ihre gelehrten Kenntnisse, lernte
die lateinische Sprache, auch ·ein wenig Griechisch, und
hörte hinter einer spanischen Wand den wissenschaftlichen Vorträgen ihres Mannes zu. Sie ward die
Gehülfin seiner literarischen Arbeiten, schrieb an seinen
Zeitschriften, übersetzte unermüdlich aus dem Französischen und Englischen in Versen wie in Prosa und
bewies in ihren eigenen Productionen, daß sie in
Witz und Gewandtheit des Stils nicht blos Schülerin,
sondern Meisterin ihres Mannes sein konnte.

In den dreißiger Jahren des Jahrhunderts stand
Gottsched auf seiner Höhe. Er war sich bewußt —
und vergaß nicht in bescheidenen Wendungen darauf
hinzuweisen — in die Leere unserer schönen Literatur
Leben gerufen, die schwülstigen Ausschweifungen der
Dichter der zweiten schlesischen Schule, eines Hoffmannswaldau und Lohenstein, gebändigt, auf dem
deutschen Parnasse Regel und Ordnung hergestellt zu
haben, gleich wie hundert Jahre zuvor der „Vater"
einer regelrechten deutschen Dichtkunst, Martin
Opitz, den er in einer Lobrede eben deshalb feierte,
nicht ohne bezeichnende Seitenblicke auf das neu auf-
gehende goldene Zeitalter der Literatur und ihren
Schöpfer.

In den kleineren Gattungen der Dichtkunst ging es schon ordentlich und maßvoll zu; Canitz, Neukirch, Pietsch hatten schon Satiren, Elegieen und Oden gedichtet, nach Gottsched's Urtheil eines goldenen Zeitalters nicht unwürdig. Allein das deutsche Drama befand sich in arger Verwilderung. An den Höfen kosteten italienische Operngesellschaften ungeheure Summen; auch die deutsche Oper in den größten Reichsstädten verdrängte den Sinn für das ernste Schauspiel; vor den gewöhnlichen Bühnen belustigten sich die mittleren und unteren Stände an gemeinen Possen und eben so rohen sogenannten „Haupt- und Staatsactionen", und der Hanswurst oder Harlekin war überall der willkommenste Acteur, das Haupt der ganzen Schauspielerbande, der dem Director — Principal pflegte man ihn damals zu nennen — nach Belieben trotzen konnte. Wie weit waren andere Länder, wie weit namentlich Frankreich uns voraus, auf dessen Bühnen dramatische Dichtungen aufgeführt wurden, die ganz Europa bewunderte und nach dem Urtheil der Kenner den seit Jahrtausenden gepriesenen Meisterwerken der Griechen in nichts nachstanden!

Gottsched sah ein, daß auch hier angegriffen werden mußte, und eben dazu schien Leipzig der rechte Ort zu sein. Wenige deutsche Städte hatten zur Zeit eine so gute Bühne, ein so gutes Publicum, und ließ sich nicht hoffen, durch eine Reform des Theaters auch diejenigen heranzuziehen, die bis jetzt die Gemeinheit der Vorstellungen daraus vertrieb? Schon gegen das Jahr 1728 hatte Gottsched daran gedacht, regelmäßige Stücke auf die Bühne zu bringen; er rieth Hofmann,

dem damaligen Principal des Leipziger Theaters, einige
Stücke von Gryphius, dem bedeutendsten unter den dra=
matischen Dichtern des siebenzehnten Jahrhunderts,
aufzuführen. Hofmann entgegnete: es wäre unmöglich,
weil sie in Versen wären; „Verse," sagte er, „lassen
sich heutzutage nicht mehr aufs Theater bringen, und
überhaupt sind diese Stücke zu ernsthaft, ohne lustige
Person, der Chöre, die sie haben, nicht zu gedenken."
Als sich Hofmann's Gesellschaft bald darauf zerstreute,
setzte sich Neuber in Leipzig fest; seine energische
Frau, die nachmals die Leitung seiner Gesellschaft
allein übernahm, erlangte neben ihm große Geltung
in Theaterangelegenheiten. Dieser ward für Gott=
sched's Theaterreform gewonnen. Der Anfang wurde
mit der Uebersetzung eines französischen Trauerspiels,
dem Regulus des Pradon, gemacht. Einflußreiche
Personen vom Dresdener Hofe wurden ins Interesse
gezogen; man erhielt zur ersten Vorstellung Costüme
aus der Dresdener Hofgarderobe geliehen, nicht die
kleinste Empfehlung des Unternehmens. Daß es an
Lobsprüchen nicht fehlte, dafür sorgten Gottsched und
die Seinen. Nachdem (1728) dieser Anfang gemacht
war, bemühte er sich, auch ein Repertoir für das
regelmäßige Drama zu schaffen. Meistens mußten
Uebersetzungen aus dem Französischen aushelfen; es
ging noch langsam damit. Endlich scheute er auch selbst
den Wetteifer mit den Franzosen nicht mehr und gab
in dem sterbenden Cato, der im Jahre 1731 zu=
erst aufgeführt wurde, ein deutsches Trauerspiel,
nicht bloß in den Augen des selbstbewußten Verfassers
der Beginn einer neuen dramatischen Literatur; von

der allgemeinen Anerkennung zeugten zehn Auflagen. Gegen die Possenspiele und Harlekinaden rückte
er mit Uebersetzungen französischer Komödien ins Feld,
denen er mit nicht geringerem Erfolg die Lustspiele des Dänen Holberg zugesellte. Victorie Gottsched dichtete die ersten deutschen Originallustspiele
nach dem französischen Vorbilde. Mit den ästhetischen
Gründen, mit denen Gottsched den groben Harlekin
befehdete, traf des Principals Wunsch, dem Harlekin-
Uebermuth sich zu entziehen, glücklich zusammen, um
dem ungezogenen Liebling der Masse den Todesstoß
zu geben. Im October 1737 wurde in einem eigens
dazu verfaßten Vorspiel auf der Bühne feierlich über
ihn Gericht gehalten und nach ausgesprochenem Urtheil
eine Puppe in buntscheckigem Anzuge verbrannt. Damit verschwand sein Name von der Leipziger und
nach und nach auch von andern Bühnen. Mochte er
auch noch unter mancherlei Masken als lustige Person
wiedererscheinen, bald als drolliger Bedienter, bald
als gefoppter Alter u. dgl., er war, seit das bunte
Jäckchen ihm ausgezogen wurde, auf Nebenrollen
verdrängt.

Um diese Zeit hatte Gottsched noch ein anderes,
für ihn nicht minder erfreuliches Ereigniß zu verkün-
digen, worin er den Triumph seiner Kritik feierte:
die Oper verlor ihre Anziehungskraft und schien die
Bühne völlig räumen zu wollen. Er war eine Folge
lächerlicher Uebertreibungen, welche zur Erschöpfung
führten, nicht, wie Gottsched sich schmeichelte, der Erfolg seiner unabläßigen Bekämpfung. Als er nunmehr 1740 die Herausgabe der deutschen Schau-

bühne nach den Regeln und Exempeln der
Alten in Angriff nahm — eine Sammlung von
neuen deutschen Originalstücken, welche sein sterbender
Cato eröffnete, sowie Uebersetzungen aus dem Französischen — glaubte er bereits so weit zu sein, „daß
wir den Franzosen nicht lange mehr den Vorzug
werden zugestehen dürfen". Auch für die dramatische
Literatur sah er das goldene Zeitalter anbrechen und
die Gestalt annehmen, die er ihm vorgezeichnet hatte.
Eitle Selbsttäuschung! In demselben Augenblick schlug
die Literatur einen andern Weg ein, als er ihn wollte,
und begann ihre neue Periode damit, ihm selbst, der sich
ihr gebieterisch entgegen stellte, einen tragischen Sturz
zu bereiten, welcher mit den angemaßten auch seine
wahren Verdienste mit in den Staub gezogen hat,
ein warnendes Beispiel in der Geschichte unserer
Literatur.

Gottsched war ein beschränkter Kopf, der, wie es
bei Seinesgleichen der Fall zu sein pflegt, eben weil
sie nirgends in die Tiefen des Denkens eintauchen,
das Gebiet seines Wissens mit einer gewissen Klarheit
übersah und was er vortrug, Jedem faßlich zu machen
wußte. Als er der schönen Literatur seine Thätigkeit
zuwandte, fand er ein braches Feld. Um als Dichter
neben einem Canitz und Neukirch zu gelten, brauchte
man nur verständige Gedanken mit einigem rhetorischen und sonstigen gelehrten Aufputz in Reime zu
bringen, und als Kritiker und Theoretiker hatte man
keine schwere Aufgabe, die nüchternen Anweisungen
zur Dicht- und Redekunst, die seit Opitz zahlreich verfaßt und mit immer neuem unbrauchbaren Beiwerk

ausgestattet worden waren, zu übertreffen. Diesen Wust verdrängten Gottsched's Lehrbücher nach Verdienst und waren, so seicht sie in unsern Augen erscheinen, in damaliger Zeit ein großer Fortschritt. Sein Cato nahm sich gegen den wüsten Unsinn der Lohenstein= schen Trauerspiele so verständig aus, daß man bei den fließenden Versen und den tugendhaften Betrach= tungen vergaß, daß es ein überaus langweiliges Stück sei, und was französischen und englischen Stücken ab= geborgt war, wies ihm noch Keiner nach.

Gottsched ward durch den Erfolg seiner ersten Reformversuche und die Anerkennung, die er sich weit und breit erwarb, über sein geistiges Vermögen in fortwährender Täuschung gehalten; er hatte das Un= glück, weit über sein Verdienst zu Ruhm und Geltung gelangt zu sein; er hielt sich für einen großen Dichter und unfehlbaren Kritiker, und diese Eitelkeit legte ihm die Falle vor die Füße. Sie verleitete ihn, den Dictator der deutschen Literatur, den Leiter und Be= schützer der dichterischen Talente und Bestrebungen zu spielen. Zu einer solchen Stellung mangelte ihm die erforderliche geistige Superiorität, und die natürliche Folge dieser Schwäche, die er sich kaum selbst gestehen mochte, war die Anwendung der kleinlichen Mittel, wo= durch sich ein Anhang erwerben läßt. Und hierin ge= rade besteht die Unsittlichkeit des ganzen Gottschedischen Treibens, dessen kläglicher Ausgang eben deshalb bei der Nachwelt so wenig Mitleid für den Getroffenen erweckt, weil er die sittliche Achtung vor seiner Persönlichkeit und seinem Charakter verscherzt hat. So eingebildet er auf sein Talent und seine Verdienste

war, verband sich damit doch nicht das männliche Be=
wußtsein, das Gefühl berechtigter Würde, weil nur
wahre geistige Größe es zu verleihen vermag. Wo es
ihm angebracht zu sein schien, verschmähte er niemals,
durch höfliches Entgegenkommen, schmeichelhaftes Aner=
kennen und Anpreisen sich den Dankestribut des Lobes,
Einfluß und womöglich Herrschaft zu verschaffen. Die
aller Orten entstandenen deutschen Gesellschaften er=
hielt er durch Correspondenz und öffentliches Aufmun=
tern am Faden der Clique. Mit der einflußreichen
Geistlichkeit setzte er sich trotz seiner Wolffischen Philo=
sophie, deren Urheber den Verfolgungen der Ortho=
doxen nicht entging, als gelegentlicher Anwalt der
rechtgläubigen Theologie in ein gutes Einvernehmen.
Hochgestellten und adeligen Herren ward bei allen
möglichen Anlässen mit unterwürfigster Miene ge=
schmeichelt, obschon, zu seinem nicht geringen Verdrusse,
es ihm niemals vollkommen gelang, am sächsischen
Hofe festen Fuß zu fassen. Ein Häuflein von willig
Untergebenen bildete er sich in seiner nächsten Umge=
bung und hielt sie in dienstbarer Abhängigkeit; zum
Lohne dafür beschäftigte er sie bei seinen literarischen
Arbeiten und führte sie durch sein Lob in die Welt
ein. Ihr Verdienst wurde bemessen nach der Erge=
benheit, womit sie seinen Ansichten und seinen Plänen
sich unterordneten und sich auf der von ihm ange=
wiesenen Bahn thätig zeigten; er wollte nicht, daß sie
eigenwillig andere Wege wandeln lernten. In solcher
Abhängigkeit stand auch seine Frau, die zu viel Geist
besaß, um nicht Manches, was er eifrig betrieb, zu
belächeln, und sich je länger je mehr von seiner hof=

meisterlichen Zucht so gedrückt fühlte, daß ihr eheliches Verhältniß sich in den letzten Jahren trübte und sie sich von ihm abwandte. In gleichem Dienstverhältniß stand die schöngeistige Jugend der Universität, die zahlreichen Uebersetzer, denen er Verleger verschaffte, die Mitarbeiter am neuen deutschen Bühnenrepertoire, die Herausgeber der Belustigungen des Verstandes und Witzes, welche sein getreuester Schildknappe, Johann Joachim Schwabe, redigirte. Freilich ward er die erste literarische Uebungsschule eines Gellert, Rabener, Elias Schlegel, aber mehr noch eine Clique der schlechtesten Mittelmäßigkeit. Wer sich aber nicht der Schule unterwarf, wer eine Bahn einschlug, welche außerhalb der vorgezeichneten Linie lag, ward ignorirt, verkleinert und bekämpft — mehr mit versteckten, als offenen Waffen. Gerade das Letztere, das ohnmächtige Anstemmen gegen die werdende Literatur, gegen theoretische Erörterungen, die über seinen Standpunct hinausgingen, gegen Dichter, welche, wie Klopstock, die Herzen der Nation gewannen, hat Gottsched's Ansehen am meisten geschadet und rasch die Achtung vor seinen Verdiensten ins Gegentheil verwandelt.

Die Zeit, wo man Gottsched überflügelte, mußte bald eintreten. Seine Wirksamkeit war eine kurze Uebergangsperiode aus der Dumpfheit zum Erwachen. Mit Erfolg hatte er die verwilderten Formen der Poesie und Prosa bekämpft, hatte Regel und Ordnung in Sprache und Versbau gebracht, das Fachwerk der Literatur vor Augen gestellt und unablässig ermuntert, die noch leeren Räume mit classischen Werken auszufüllen, hinweisend auf unverächtliche Muster aus

Griechenland, Rom nnd dem modernen Frankreich.
Wenn er dabei die eleganten Formen der neueren
französischen Poesie vor allen andern als nachahmens=
werth anpries, so war es nicht eine unpatriotische
Hingebung an das Fremde, sondern er ließ sich von
der Ueberzeugung leiten, daß man zwar in erster Linie
sich nach den Regeln und Mustern des classischen
Alterthums zu bilden habe, dann aber nach denen
unter den Neueren, die ihnen am treusten gefolgt und
am nächsten gekommen seien, den Franzosen. Wer
fühlte damals den Abstand zwischen den Meistern der
griechischen Poesie und den gefeierten „Classikern"
aus den Zeiten der französischen Ludwige? Nur so
lange sollten wir Deutschen — das war auch Gott=
sched's Meinung — ihnen nachahmen und von ihnen
lernen, bis unsere vaterländische Literatur es zu der=
selben Höhe gebracht habe, und von dieser schienen
wir ihm — um 1740! — nicht mehr fern zu sein.
Gottsched hatte eben gar keinen Begriff von dem
eigentlichen dichterischen Gehalt; er kennt keine höhere
schaffende Dichtkunst. Alles Dichten ist ihm nur eine
elegante Redeform nach einem fertigen Schematismus;
wer sich Mühe giebt — das ist der Kern seiner An=
sichten und Lehren —, wer nach den Mustern und
Regeln, wie z. B. seine kritische Dichtkunst sie auf=
stellt, sich bildet und übt, sich die zum Schmuck der
poetischen Redewendungen erforderliche Gelehrsamkeit
erwirbt, kann, „untadelige Gedichte machen lernen".
Das war die Theorie der nüchternen Correctheit, die
mit dem ersten Erwachen eines wahren Dichterlebens
über den Haufen geworfen, von dem ersten tieferen

Erfassen des Wesens und der Bestimmung der Poesie auch auf theoretischem Boden beseitigt werden mußte.

Gleichzeitig mit Gottsched waren zwei junge Gelehrte in Zürich, Bodmer und Breitinger, geleitet von Liebe zur deutschen Literatur und ebenfalls durch Wolff's philosophische Schriften zu theoretischem Forschen angeregt, auf eine gleiche Bahn geleitet worden. Mehr mit Empfänglichkeit für die Schönheiten der poetischen Literatur, als mit Dichtertalent begabt, hatten auch sie an guten Mustern und durch die besten vorhandenen theoretischen Schriften ihren Geschmack gebildet und sich über das Wesen und das Ziel der Poesie Rechenschaft zu geben gesucht. Sie konnten mit Gottsched gehen, so lange es die Bekämpfung des durch die letzten Schlesier entarteten Geschmacks, die Anerkennung der bessern ältern Dichter, die Bemühung um reinere Formen der Poesie betraf. Eine Zeitlang konnte Gottsched hoffen, durch sie seinen Einfluß bis in die Schweiz hinein auszudehnen; er trat mit ihnen in Verbindung. Bodmer's Uebersetzung von Milton's verlorenem Paradies wurde gelobt, und noch nicht, wie späterhin, das schlechte Deutsch der Schweizer bespöttelt und getadelt; ihr Verfasser erhielt Aufnahme in die Leipziger deutsche Gesellschaft. Allein das ganze Bestreben der Schweizer hatte einen tieferen Gehalt, einen ernsteren sittlichen Charakter; es war ihnen mehr um Wahrheit als um Einfluß zu thun; sie hatten Begeisterung und Empfänglichkeit für wahre Poesie und suchten die Meister der Dichtkunst nicht bloß da, wo Gottsched sie fand. Solche Männer konnten auf dem beschränkten Standpunct der

Leipziger Schule nicht stehen bleiben: sie erkannten die
höhere geistige Kraft, die in der Poesie waltete, die
Macht der schaffenden Phantasie, den Farbenreich=
thum poetischer Gemälde; sie suchten sich daher eine
Frage zu beantworten, an die Gottsched nicht gerührt,
ja kaum gedacht hatte: was ist Poesie? Breitinger
war ein gründlicherer Kenner des Alterthums als
Gottsched, so sehr auch dieser es stets im Munde
führte, und als philosophischer Denker stand er weit
über ihm; Bodmer kannte die phantasievolle italienische
Literatur und war ein begeisterter Verehrer Milton's.
Obgleich ein directer Angriff auf Gottsched nicht beab=
sichtigt wurde, so lag doch der Bruch bald offen zu
Tage. Im Jahre 1740 erschienen nämlich rasch nach=
einander Bodmer's „Abhandlung von dem Wunder=
baren in der Poesie und dessen Verbindung mit dem
Wahrscheinlichen" und Breitinger's „kritische
Dichtkunst, worin die poetische Malerei in Absicht
auf die Erfindung im Grunde untersucht und mit
Beispielen aus den berühmtesten Alten und Neuern
erläutert wird"; daran schloß sich Breitinger's
„kritische Abhandlung von der Natur, den Absichten
und dem Gebrauche der Gleichnisse" und (1741)
Bodmer's „kritische Betrachtungen über die poeti=
schen Gemälde der Dichter".

Gottsched war ungehalten; schon in dem Titel
des Hauptwerks, das er überflüssig gemacht zu haben
glaubte, sah er die beleidigende Absicht, ihm Concur=
renz zu machen. Allein so wenig er sich entschließen
konnte, das Gute darin anzuerkennen, eben so wenig
fühlte er sich zu einer offenen, wissenschaftlichen Ent=

gegnung und Widerlegung der darin aufgestellten
Grundsätze im Stande. Er versuchte es daher in ge=
wohnter Weise mit kleinlichen Mitteln, fertigte die
Schweizer mit hochmüthig absprechenden kurzen Be=
merkungen ab und schickte vorläufig die Parteigenossen
ins Feuer des Angriffs. Daraus entspann sich ein
mehrere Jahre hindurch mit wachsender Erbitterung
und Leidenschaftlichkeit geführter Kampf, in welchem
die Gottschedianer so zahlreiche Blößen gaben, daß
das Lachen fast überall sich zu Gunsten der Schweizer
wandte und sie in der deutschen literarischen Welt zu
einer großen Popularität und zu kaum gehofftem Einfluß
gelangten. Hatte man es früher als eine Ehre be=
trachtet, in dem Gottschedischen Bunde zu sein, so
fing man jetzt an, sich des Namens eines Gottsche=
dianers zu schämen, und selbst manche Schüler, die
von Gottsched in die Lesewelt eingeführt worden waren
und ihm vormals ihre Huldigung dargebracht hatten,
verläugneten jetzt ihren Lehrer und Meister: so Elias
Schlegel, so die jungen Leipziger Gelehrten, welche im
Jahre 1744 die Herausgabe einer von ihm unabhän=
gigen Zeitschrift, der Bremer Beiträge, begannen,
Cramer, Adolf Schlegel, Gellert, Rabener. Mit der
„deutschen Gesellschaft“ hatte er sich schon früher über=
worfen und ihre Leitung aufgegeben.

Auch sonst sollte er in seiner nächsten Nähe noch
andere Demüthigungen erfahren. Frau Neuber, nach
ihres Mannes Tode die Principalin der Leipziger
Theatergesellschaft, mochte schon längere Zeit über
Gottsched's Zurechtweisungen unzufrieden sein, als sie
ihn dadurch verletzte, daß sie Voltaire's Alzire nach

einer andern Uebersetzung, als der von Frau Gottsched, zur Aufführung brachte. Das gute Vernehmen
war damit ganz und gar aufgehoben. Gottsched ließ
sie fühlen, daß er aufgehört habe, ihr Beschützer zu
sein, und suchte sie durch seinen Tadel herabzusetzen.
Die Neuber ging nun in ihrer Aufgeregtheit so weit,
daß sie beschloß, ihn in einem selbstverfaßten Vorspiel „der allerkostbarste Schatz" (im September 1741)
in der Person des Tadlers auf die Bühne zu bringen.
Vergebens wandte sich Gottsched, der davon im Voraus unterrichtet worden war, an den Leipziger Rath,
um die Vorstellung zu verhindern. Es gelang der
Neuber durch die Protection des Grafen Brühl, der
gerade mit dem Hofe in Leipzig anwesend war und
nicht zu Gottsched's Gönnern gehörte, die Erlaubniß
nicht nur zu dieser, sondern auch zu einer zweiten Vorstellung ihres Vorspiels zu erhalten. Das Zischen
seiner Anhänger ward bei der Aufführung vom Beifall
des Publicums übertönt. Gottsched war mehr durch
sein Benehmen bei der Sache, als durch das Stück
selbst lächerlich geworden, und am meisten schadete ihm,
daß der witzige Rost, einer von seinen abtrünnigen
Schülern, den ganzen Hergang in einem komischen
erzählenden Gedicht das Vorspiel schilderte, und
ganz Deutschland zum Lachen auf Gottsched's Kosten
Stoff gab. Sein Einfluß auf das Theater hörte damit
auf; die Herausgabe der deutschen Schaubühne wurde
noch bis 1745, wo der sechste Band, mit zwei neuen
Trauerspielen von seiner Hand, erschien, fortgesetzt.
Mit diesem Jahre ist der letzte Rest seines literarischen Ansehens und Einflusses verschwunden.

Gottsched würde mit mehr Ehre von seinem lite=
rarischen Throne heruntergestiegen sein, wenn er sich
nunmehr, da auch die Angriffe der Schweizer auf=
hörten, mit dem bescheidenen Ruhme begnügt hätte,
seinen Fleiß und seine Kenntniß der älteren Literatur
in seinen verdienstlichen Beiträgen zur kritischen
Historie der deutschen Sprache, Poesie und Bered=
samkeit, die er gerade jetzt aufhören ließ, oder in so
brauchbaren literarhistorischen Werken, wie sein Nö=
thiger Vorrath zur Geschichte der deutschen dra=
matischen Dichtkunst (1757/65) war, zu verwerthen.
Allein die Erinnerung an die verwelkten Lorbeern ließ
ihn nicht schlafen. In seinen Journalen, die er noch
1745 unter dem Titel Neuer Büchersaal der
schönen Wissenschaften und Künste, dann: Das
Neueste aus der anmuthigen Gelehrsamkeit bis 1762
fortsetzte, wollte er noch fernerhin der Wächter des deut=
schen Dichtergartens sein und erneuerte von Zeit zu
Zeit die Versuche, sich dem über ihn hinausgeschritte=
nen Zeitalter entgegenzustellen, wobei jeder neue An=
lauf zu seinem Nachtheil ausschlug. Klopstock's Messiade
versetzte ihn in die größte Zorneserregung, während
die Schweizer des Jubels voll waren. Und nicht ohne
Grund. Gottsched sah, daß sein ganzes Regelgebäude
aus den Fugen gerissen ward, wenn eine solche Dich=
tung zum Siege gelangte. Allein wie sehr auch seine
wenigen getreu gebliebenen Anhänger dagegen eiferten,
wie sehr er selbst durch den hochmüthigen Ton seiner
kritischen „Gutachten": „Was von den bisherigen
christlichen Epopöen der Deutschen zu halten sei",
ferner: „von der heroischen Versart unsrer neuen

biblischen Epopöen" (dem Hexameter) ein Urtheil der
Vernichtung gesprochen zu haben wähnte: es machte
keinen Eindruck mehr; es half ihm nicht einmal, daß
er zum letzten Rettungsmittel griff, die Theologen
zum Angriff zu hetzen, indem er seine Verwunderung
darüber aussprach: „daß sie so ruhig sitzen und dem
Unwesen zusehen könnten, ohne zu bedenken, welch
einen unvermeidlichen Schaden die neuen geistlichen
Legenden in einer zur Freigeisterei und Religions=
spötterei geneigten Zeit nothwendig anrichten müßten"—
wieder eines der verächtlichen, kleinlichen Hülfsmittel!
Das Maß des Lächerlichen machte er aber voll, als
er, um Klopstock aus dem Felde zu schlagen, seinen
Anhänger und Verehrer, den Freiherrn von Schö=
aich als Verfasser des epischen Gedichts Hermann
oder das befreite Deutschland, kraft über=
tragener kaiserlicher Vollmacht, zu Leipzig am 18. Juli
1752 zum Dichter krönte. Diesmal wurde er selbst
von seiner Frau ausgelacht, und wie nicht erst von
seinen schadenfrohen Gegnern, wider die Schönaich's
höhnische Satiren nichts auszurichten vermochten!

Bald darauf sollte er noch die neue Demüthigung
erleben, daß die Oper, welche er gründlich vernichtet
zu haben meinte, gerade in Leipzig wieder ins Leben
gerufen wurde. Christian Felix Weiße, den er
bisher einigen Grund hatte zu den Seinen zu zählen
— er hatte in dem Lustspiel die Poeten nach der
Mode die Nachahmer Klopstock's verspottet — bear=
beitete 1753 für die Koch'sche Gesellschaft, die damals
in Leipzig spielte, ein Singspiel nach dem Englischen:
der Teufel ist los. Gottsched und einige Getreue

gaben der Sache eine unerhörte Wichtigkeit, indem sie
nicht nur in einem Schriftchen auf das harmlose
Stück, woran das Publicum so großes Vergnügen
fand, loszogen, sondern sogar den Hof zu einem Bann=
spruch zu bewegen suchten. Sein Eifer trug ihm nur
eine Reihe persönlicher Kränkungen ein, unter denen
die allgemeine Schadenfreude, die bei Rost's satiri=
scher „Epistel des Teufels an Herrn Gottsched" sich
laut genug, selbst am Hofe, kund gab, nicht die
kleinste war.

Gottsched starb gegen Ende des Jahres 1766.
Vier Jahre vor ihm war seine Frau geschieden; ihre
Ehe war kinderlos geblieben. Er stand in den letzten
Lebensjahren völlig vereinsamt. Von den Anhängern,
die sich einst um ihn drängten, war keiner ihm ge=
blieben. „Ganz Leipzig verachtet ihn; keiner geht
mit ihm um", schrieb der junge Goethe, als er aus
Neugier einen Kathedervortrag des „sechs Schuh
hohen" Mannes in dem verödeten Hörsaal mit ange=
hört hatte. Den Schmerz, der ein tieferes Gemüth
über ein so zerstörtes und verödetes Dasein hätte
niederbeugen müssen, scheint er nicht empfunden zu
haben: Dichterruhm, Einfluß und Ansehen, Liebe und
Achtung, Alles vor ihm zu Grabe getragen! — und
in dem Angedenken der Nachwelt zurückgeblieben als
das lächerliche Bild, wozu ihn der Spott der Gegner
verzerrt hatte! Und das Alles nicht unverschuldet,
nicht unverdient. Die neueste Zeit hat unparteiischer
und milder über ihn urtheilen gelernt.

Hinrich Janßen, der Bauernpoet,

ein Zeitgenosse Hagedorn's.

1846.

Im December des Jahres 1717 wurden die Deiche des Budjadinger Landes an der Wesermündung durch eine hohe Sturmfluth sehr beschädigt. König Friedrich IV. von Dänemark, als dermaliger Landesherr der Grafschaft Oldenburg, wandte auf die Wiederherstellung derselben große Summen, die indeß nur als ein der Budjadinger Bauernschaft geleisteter Vorschuß angesehen und später zurückverlangt wurden. Friedrichs Nachfolger, Christian VI., gewährte gleich bei seinem Regierungsantritt· im Jahre 1730 der schwergedrückten Provinz eine seit lange vergeblich erbetene Gunst, die Aufhebung der Landmiliz. Dieser königliche Gnadenbeweis ermuthigte die Vogteien Eckwarden, Stollham, Burhave und Blexen, welche durch die Ueberschwemmung am meisten gelitten hatten, mit dem Dank die Bitte um weiteren Nachlaß des Deichvorschusses zu verbinden. Eine Deputation ward nach Kopenhagen gesandt, um das Anliegen des Landes vorzutragen. Sie überreichte (deutsche Sprache war damals in Dänemark noch hoffähig) ein hochdeutsches Gedicht, welches diese Petition um so eindringlicher machte, als es von einem Dichter aus der Mitte der Bauernschaft verfertigt war. Folgende Strophen

schilderten in rührender Weise dem Könige die Noth
des Landes:

Wir müssen jetzt mit Flehn zu Deinem Thron uns fügen,
    Gesalbter Souverain! Ach schaue, wie vor Dir
Eckwarden und Stollham, Burhav' und Blexen liegen!
    Sie klopfen tief gebückt an Deine Gnadenthür:
Erbarme Dich der Noth der treuen Unterthanen,
Wo einst das Stammhaus war von Deinen großen Ahnen.

Huldreicher Christian! sei gnädig, wie Du pflegest,
    Wie Deine Großmuth uns ganz frische Proben giebt,
Indem Du eine Bürd' uns von den Achseln legest,
    Der Landmilizen Last, die uns so hart betrübt.
Gott lasse Dich dafür so manche Lust genießen,
Als Vivat drob erschallt, als Freudenthränen fließen.

Wir können dadurch ja mit Ruh' die Felder bauen.
    Die Söhne tragen nun der grauen Väter Last,
Und dürfen weiter nicht vorm Exercirplatz grauen,
    Der Pflug wird statt der Flint' vom Bauer angefaßt.
Wir dürfen künftig nicht die schweren Kosten tragen,
Es lieget keine Last hinfort auf unsern Lagen.

Der Weihrauch unsers Danks soll unaufhörlich brennen,
    Geheiligter Monarch! auf unserm Brustaltar!
Dies Feuer soll die Welt als ew'ges Feuer kennen,
    Das unauslöschlich ist, wie keins der Römer war.
Wir Arme sind nunmehr nach vieler Noth erfreuet,
Wofern der Deichvorschuß das Elend nicht erneuet.

Dies, dies ist uns zu schwer, dies beuget unsern Rücken.
    Ja, spanneten wir gleich gebog'ne Hälse dran,
So wird uns diese Last dennoch zu Boden drücken.
    Schau, unser König, schau den großen Jammer an.
Laß auch in dieser Noth uns Deine Gnade küssen,
So wird die Welt mit uns darob erstaunen müssen.

Vermehre Deine Huld! mach' unsern Jammer minder!
  Laß unsre Wohlfahrt ganz in Deiner Gnade blühn.
Erbarm' Dich über uns und über unsre Kinder,
  Die wir recht kümmerlich mit Müh' und Schweiß erziehn,
Die lallend schon mit uns für Dich zum Himmel flehen,
Doch, ohne Deine Huld, mit uns bald betteln gehen.

Nein, lieber wollen wir von ihnen heimlich scheiden,
  So werden wir durch Gram wohl bald ins Grab gebracht,
Und überwinden so im Sterben unsre Leiden:
  Ihr Weiber! lebet wohl! Ihr Kinder, gute Nacht!
Bezahlt für uns mit Blut, was unbezahlt geblieben,
Bis ihr durch Deich und Damm mit uns seid aufgerieben.

Halt ein, Verzweiflung! du mehrst unsre Plagen!
  Wir wollen, was uns drückt, dem großen Gott allein
Und Dir, o Christian, o Landesvater! klagen,
  Du wirst, wie allemal, auch hier erbarmend sein.
Erblick', erquick' uns doch! so wirst Du hier auf Erden
Der milden Gottheit gleich an Güt' und Gnade werden.

Diese treuherzige Beredsamkeit verfehlte ihre
Wirkung nicht. Der König erließ den Vogteien
180,000 Thaler und bewilligte eine längere Frist zur
Abtragung des Restes.

Der Verfasser dieser poetischen Bauernpetition verdient als eine merkwürdige Erscheinung in jener Zeit
gelehrter Hofpoesie eine besondere Beachtung.

Hinrich Janßen, Sohn eines Bauern im
Budjadingerlande, 1697 zu Eckwarden (unweit des
Jadebusens) geboren, besuchte die gelehrten Schulen
zu Jever und Quedlinburg, um sich den gelehrten
Studien zu widmen. Jene unheilvolle Wasserfluth vernichtete seine Aussichten. Da sich die Eltern der Mittel
beraubt sahen, ihn studiren zu lassen, so mußte er nach
Hause und zu den Geschäften des Vaters zurückkehren.

Schon in der Schule war der Trieb der Poesie
in ihm erwacht; sie beschäftigte ihn auch in seiner
ländlichen Zurückgezogenheit, ohne daß ihn Ehrgeiz
antrieb, öffentlich mit seinen poetischen Versuchen her-
vorzutreten, bis ihm die oben erwähnte Bauerngesandt-
schaft eine würdige Veranlassung darbot. Es entstand
jene poetische Gratulation und Bittschrift, welche die
Aufschrift erhielt: Alleruntertänigste gemischte Leid-
cypressen und Freudenpalmen mit fußfälliger Bitte
u. s. w. Es machte dies Gedicht damals in dem
Kreise der gelehrten Hofpoeten nicht geringes Aufsehen.
Gelehrte Zeitungen sprachen mit einer, wenn auch mit
vornehmem Lächeln gemischten Bewunderung von dem
„Bauernpoeten", dem „besten Land- und Feldpoeten".
Man entdeckte Nachahmungen Horazischer Stellen darin
und war um so mehr erstaunt, als Janßen die Ver-
sicherung gab, bis dahin noch nicht die lateinischen
Dichter verstanden zu haben.

Dieser unerwartete Beifall ermunterte ihn, sich
in der Dichtkunst regelrechter auszubilden. Man übersandte ihm Gottsched's „Dichtkunst": und da er von
ihm wie von Andern Horaz und die Franzosen als
Musterdichter gepriesen sah, so verschaffte er sich von
einem benachbarten Landprediger eine Ausgabe desselben. Obgleich er auf der Schule beim Cornelius
Nepos stehen geblieben war und sein Latein überdies
fast vergessen hatte, so brachte er es doch durch an-
gestrengten Fleiß mit Hülfe der Minellischen Anmer-
kungen so weit, daß er sich einige Gedichte übersetzen
konnte. Auch suchte er in seinen letzten Lebensjahren
noch die französische Sprache zu erlernen, um die ihm

angepriesenen Dichter lesen zu können. Der Tod
setzte im Juli des Jahres 1737 seinem Streben ein Ziel.
Sein Sohn, Johann Hinrich Janßen, Prediger zu
Waddens, erfüllte den Wunsch des Vaters, eine Samm-
lung seiner Gedichte zu veranstalten; sie erschien zu
Stade 1768.

Daß in der Brust dieses vergessenen „Bauernpoeten" ein echteres Dichtertalent wohnte, als bei den
gefeierten Ceremonienmeistern und den Gottscheden zu
finden war, mögen noch einige Strophen aus dem
Eingange des Gedichts darthun, die dem Andenken
König Friedrichs V. gewidmet sind und im Vergleich
mit der verschrobenen Schmeichelei der Hofpoeten
gerade durch ihre schlichte Einfalt gewinnen.

Sein Scepter war gerecht, sein Purpur lauter Güte:
    Der Unterthanen Wohl sein höchst-beliebter Thron;
Sein himmelhoher Geist, sein königlich Gemüthe
    Der beste Edelstein in seines Hauptes Kron'.
Die Klugheit, die bei ihm den Reichsstab pflag zu führen,
War würdig, mehr die Welt, als Reiche zu regieren.

Man sahe Fried' und Ruh' in seinen Ländern blühen,
    Er hat aus Neid und Geiz den Nachbarn nie geschreckt;
Doch zwang ihn Uebermuth, sein Heldenschwert zu ziehen,
    So hat er's niemals sonst, als siegend, eingesteckt.
Da wußt' er schon die Wuth des Feindes zu ermüden,
Und machte gern, doch stets mit Nuß und Ehren, Frieden.

Die seltne Gottesfurcht, die Sorge für die Seinen,
    Die uns und unser Land der Fluth entrissen hat,
Verewigt seinen Ruhm, vermehret unser Weinen.
    Zollt, Augen, zollet Blut, an heißer Thränen Statt!
Auch dieses reicht nicht zu, den Trauerfall zu klagen,
Der so viel Tausenden die Seelen wund geschlagen.

Jedoch der Alles lenkt, mißbilligt solches Klagen,
    Ihm hat er es beliebt, sein Thun ist ganz gerecht.
Des großen Königs Haupt muß Himmelskronen tragen,
    Ihm waren irdische hienieden viel zu schlecht.
Er pflanzet seinen Thron bei Seraphinen=Thronen,
Drum laßt den Friederich im Friedens=Pallast wohnen.

Janßen brachte noch später bei mehreren Gelegen=
heiten dem Könige seine poetischen Huldigungen dar;
doch nicht mehr in dem anfänglichen schlichten Aus=
drucke, sondern er schraubte sich zu der Phrasenfülle
der Hofpoeten hinauf, die man ihm in die Hände zu
bringen bemüht war. Gleichwohl erfreut uns noch in
manchen Stellen die ungeschminkte Gemüthswahrheit.
Als er in einer seiner Jubeloden die Worte ge=
wagt hatte:

    Dein schlechter Knecht, ein armer Bauer,
    Nimmt, wird ihm gleich das Leben sauer,
    Doch Theil an Deiner Königslust —

so erhielt er von Brockes, dem Koryphäen der
Hamburger Poeten, eine gereimte Zurechtweisung,
welche für die hofmännische Gesinnungslosigkeit der
derzeitigen Literatur charakteristisch genug ist, um hier
einen Platz zu verdienen.

    Ich hab' in Deiner Jubelode ein solches edle Feuer funden,
    Das mich zum billigen Bewundern, ja zum Erstaunen fast
                                        gebracht,
    Und in mir einen regen Trieb zur Gunst und Freundschaft an=
                                        gefacht.
    Ich halt' aus eben dieser Freundschaft mich Dich zu warnen auch
                                        verbunden,
    Den von Dir selbst mit großem Rechte so hoch gepries'nen
                                        Christian,

Der Dänen mächtigen Monarchen; die Lust von jedem Unterthan,
Und seinen himmelhohen Ruhm doch bei der Nachwelt nicht zu
kränken.
Denn wär' es nicht was Unerhörtes, von seiner Großmuth zu
gedenken.
Sie litte, daß in seinem Land ein am Gemüth so edler Bauer
Mit Recht die bittre Klage führt: Ob wird ihm hier sein Leben
sauer!

Daß übrigens unser Janßen kein bloßer Gratulationspoet war, sondern auch einer freieren Bewegung der Phantasie sich gewachsen fühlte, davon zeugt namentlich seine Ode auf einen „künstlich singenden Papageien“, den nämlich die Staatsräthin von Stöcken, Gemahlin des dänischen Landvoigts im Budjadingerlande, singen und sprechen gelehrt hatte. Es sind Strophen von so leichtem Fluß der Verse und so heiterm Humor, daß sie dem Janßen eine Stelle neben Hagedorn anweisen, an den man durch manche Wendung erinnert wird. Da Wenigen die Sammlung seiner Gedichte in die Hände kommt, so dürften einige der sechsundzwanzig Strophen einer Mittheilung nicht unwerth sein:

Ein wundernswerther Papagai
Und indianische Luftsirene
Singt in des Kerkers Sklaverei
Auch gar verschiedne reine Töne:
Noch mehr! der Singekunst gemäß —
Und noch weit mehr! so thut er es
Mit deutlich hellen klaren Worten,
Nicht wie ein Vogel tirelirt,
Der muttermäßig musicirt,
Nachdem der Schnabel wächst; die hat man aller Orten.

Erst ließ ihn gleiche Barbarei
Zwar weder singen oder sprechen;
Allein die Perl' wird endlich frei
Und muß durch Nacht und Muschel brechen.
Sein gutes Schicksal führt ihn hin
Zu einer edlen Meisterin
Und zu der Zierde unsrer Zeiten,
Die Stand, Geburt und Art und Witz
Vortrefflich macht, und die ein Sitz
Der echten Tugenden und Vollenkommenheiten.

Von der hat dieser Indier
Des Phöbus Sängerei gelernet,
Nachdem man ihn, wie andre mehr,
Von seines Vaters Haus entfernet.
Sein Glücksstern trieb ihn weg von da
Und ließ ihn wie den Tunghoa
Nicht unberührt am Stamm ersterben.
Er sollte durch die edle Kunst
In fremder Luft ihm Huld und Gunst
Und einen schönen Kranz von Ehrenpreis erwerben....

Wenn er zuweilen phantasirt,
Erschallen solche Lieblichkeiten,
Die auch mit Allem, was da rührt,
Um Rang und Vorzug billig streiten.
Man wird dadurch so sehr entzückt,
Bezaubert aus sich selbst gerückt,
Daß man fast gar nicht anders meinet,
Als wenn die holden Grazien
Die Quintessenz des Lieblichen
Mit seiner reinen Stimm' und schönen Kunst vereinet ...

O schöner Jost, du edle Lust
Des besten Herrn, der besten Frauen!
Wer hört dich ohn' entzückte Brust?
Wer kann Dich unergötzt beschauen?
O Sänger, dem kein Sänger gleich!

der Bauernpoet.

Und gält es gar ein Königreich!
Du indian'scher Virtuose!
Du einziger von deiner Art,
Worin Natur und Kunst gepaart,
Was rar- und seltner ist, als eine schwarze Rose ...

Doch Jost ist kein Platonicus,
Er lebet nicht nach Plato's Sätzen,
Er will, gleich wie Horatius,
Den Epicurum höher schätzen.
Er hält auf Thee, Kaffee und Wein,
Rühmt Fisch' und Krammetsvögelein,
Und singt und sagt von Leckerbissen.
Er sorgt nicht für die Folgezeit,
Lebt ohne Gram und Herzeleid,
Begehrt das Künftige vorher auch nicht zu wissen.

Ja Jost, die kunstgeübte Stimm'
Wird dich auf Famens Ehrenwagen,
Trotz Mißgunst und des Neides Grimm,
Viel weiter als die Flügel tragen.
Dieweil dein Nam' verewigt ist
Im Lande, wo du Fremdling bist,
Entfernt von deinem Vaterlande,
Entgehst du trotz der Dienstbarkeit
Dem Moder der Vergessenheit,
O ungemeines Glück, bei solchem Sklavenstande ...

Bei deinem Grabe wird gewiß
Die Stimm' der Nachtigallen
Viel lieblicher und ja so süß
Wie bei des Orpheus Gruft erschallen;
So wird auch dies mein frohes Lied
Auf meinem hellen Bauern-Ried,
Wie dein Gesang, beständig bleiben,
Und meinen Preis durch deinen Ruhm
Ins diamantne Heiligtum
Der unvergeßlichen beliebten Dichter schreiben.

Durch Singen werden du und ich
Uns über unsers gleichen schwingen.
Ich kann durch dich und du durch mich
Bis in die späte Nachwelt dringen.
Mein Kiel, der schlecht und ehrlich schreibt,
Und allen Firniß von sich treibt,
Rühmt nie gemeine Kreaturen;
Er rühmt was groß und selten ist,
Wie du vor allen Vögeln bist,
Und dies entfernet mich von Pimplens Pöbelfluren.

Es war dies eines seiner letzten Gedichte, aus
dem man zugleich ersieht, daß die Ermahnungen seiner
gelehrten Gönner an ihm nicht verloren gegangen
waren, und daß er nicht unterlassen hat, Einiges an=
zubringen, was ihn in der Achtung der gelehrten
Poeten heben konnte. Daher ertheilte ihm auch
Brockes in Bezug auf diese Ode das Zeugniß,
„daß die vernünftige Anlage und Einrichtung seiner
Werke, das erhabene Feuer, die ungemeine Beleſen=
heit, die liebliche Flüssigkeit seiner Verse ihn so sehr
gerührt hätten, noch mehr aber, daß er diesem allen
eine so galante und polirte Tour beigefügt hätte, daß
er dem geschicktesten Hofmann ihn zu übertreffen Mühe
geben würde.“

Hat man neuerdings Brockes und Drollinger
den Ehrenkranz nicht vorenthalten, so verdient auch
wohl das Grab des bescheidenen „Bauernpoeten“ ein
frisches Blatt des Andenkens.

Johann Jacob Moser's Gefangenschaft
in Hohentwiel.

1858.

~~—⚹—~~

Unter den kleinen deutschen Dynasten, welche um die Mitte des vorigen Jahrhunderts das Recht der Unterthanen unter ihre Gewalt beugten und in Willkürherrschaft und Maitressenwirthschaft mit dem gesunkenen französischen Hofe Ludwigs XV. wetteiferten, ist keiner bekannter, als der Herzog Karl von Würtemberg. Schubart's Gefangenschaft auf dem Hohenasperg und Schiller's Flucht aus Stuttgart erhalten mehr als Anderes das Andenken an die Maßregeln, mit denen dieser Fürst ein nach seiner Ansicht patriarchalisches Erziehungswerk an widerstrebenden Untergebenen ausführte. Minder allgemein bekannt sind die Schicksale des wackeren Johann Jacob Moser. Doch sind auch sie als ein Denkmal deutscher Rechtszustände in der verworrenen Zeit des deutschen Reichs einer bleibenden Erinnerung werth, indem solche Rückblicke auch für die Gegenwart ihre tröstliche Seite haben. Zugleich führen wir das Bild dieses Mannes deshalb vor, weil es wohlthuend ist, den männlichen Charakter zu betrachten, der sich unter unverdienten Trübsalen den Frieden der Seele und den Muth zur Thätigkeit zu erhalten wußte.

7 *

Moser hatte sich im Laufe eines überaus thätigen Lebens theils als Lehrer der Rechtswissenschaft an den Universitäten zu Tübingen und Frankfurt an der Oder, theils als vielgelesener Schriftsteller im Fache des deutschen Staatsrechts große Verdienste erworben. Er besaß den Ruhm, ein eben so gewandter Geschäfts= mann als bedeutender Rechtsgelehrter zu sein, als er in seinem funfzigsten Lebensjahre einem mehrmals drin= gend wiederholten Rufe in seine würtembergische Heimat folgte und 1751 die Stelle eines Landschaftsconsu= lenten oder Geschäftsführers und Rechtsbeistandes der Landstände annahm. In einer Stellung, in die ihn das Vertrauen der Landstände berief, erlangte seine unerschütterliche Rechtlichkeit und Geradheit auch die Achtung seines Landesherrn, der von ihm viele Lan= desangelegenheiten begutachten ließ, ihn zu vertrauter Unterredung zu sich zog und sich einige Jahre hindurch mit seinen Vorschlägen und seiner nach vielen Seiten thätigen patriotischen Wirksamkeit so zufrieden bezeigte, daß er in einem seiner Schreiben die Aeußerung nicht zurückhielt: „Wollte Gott, es dächte ein jeder so pa= triotisch, wie der Herr Consulent und Ich; es ginge gewiß Herrn und Lande wohl!"

Nicht lange darauf erhob sich zwischen dem Herzog und den Landständen über eine Geldforderung des Herzogs ein Principienstreit. Es kam zu harten Aeußerungen und Ausbrüchen des Zorns gegen die widerstrebende Landschaft. In den herzoglichen Re= solutionen war die Rede von Hochverrath und Maje= stätsverbrechen, und es ward die Forderung „eines unbegrenzten und unbeschränkten Gehorsams" auf=

gestellt, ohne daß dies die Landschaft zur Nachgiebig-
keit bewegen konnte.

Am 12. Juli 1759 wurde Moser durch einen
geheimen Cabinetssecretär nach Ludwigsburg abgeholt.
Der Herzog äußerte ihm: „Weil alle meine bisherigen
Resolutionen nichts gefruchtet haben, sondern die Landschaft mit ihren respectswidrigen und ehrenrührigen
Schriften noch immer fortfährt, so sehe ich mich genöthigt, mich Seiner als des Concipisten Person zu
versichern und ihn nach Hohentwiel zu schicken. Ich
werde die Sache durch die allerhöchste Inquisition
untersuchen lassen!“ Moser erwiderte: „Ew. Durchlaucht werden einen ehrlichen Mann finden“.

Hohentwiel war eine kleine Bergfestung auf einem
einsam gelegenen Felskegel nahe der Schweizer Grenze,
jetzt verlassen und in Trümmer zerfallen. Dort wurde
Moser in ein Zimmer gesperrt, das er vier Jahre
lang nicht verlassen durfte. Erst im fünften Jahre
seiner Gefangenschaft erhielt er die Erlaubniß, zuweilen in Begleitung eines Offiziers auf der oberen
Festung herumgehen zu dürfen. Jeder Besuch war
verboten; nicht einmal ein Prediger durfte zu ihm, selbst
dann nicht, als ihn eine Krankheit befiel, die sein
Leben ernstlich bedrohte, und niemand war, um ihn
in seinen Leiden zu pflegen. Seine Frau sah er nicht
wieder; erst nach mehreren Monaten erhielt sie mit
Mühe die Erlaubniß an ihn schreiben und ihm wenigstens Trost in seinen Kerker bringen zu dürfen.
Sie starb vor Gram im dritten Jahre seiner Gefangenschaft. Jetzt erhielten auch die Kinder die Erlaubniß an den Vater zu schreiben.

Zu gleicher Zeit mit Moser's Gefangennahme wurde sein zweiter Sohn, der in würtembergischen Diensten stand, jedoch mit den Angelegenheiten der Landschaft nichts zu thun hatte, cassirt, ohne des geringsten Vergehens beschuldigt zu sein. Als ihm darauf der Fürst zu Isenburg die Oberforstmeisterstelle antrug, ward ihm nicht erlaubt, die Stelle anzunehmen; drei Jahre lang wurde er im Lande zurückgehalten und ihm dann erst gestattet, außer Landes zu gehen.

Niemand vermochte etwas für den unglücklichen Gefangenen zu thun. Die Landschaft machte von Zeit zu Zeit Vorstellungen, erhielt aber kurzen abschlägigen Bescheid. Die kaiserliche Regierung, welche die Pflicht hatte das Gesetz im Reiche zu schützen, sah in Moser, der vor kurzem die Rechte der Protestanten in Böhmen und Ungarn warm vertheidigt hatte, einen gefährlichen Feind. Es war überdies die Zeit des siebenjährigen Krieges. Würtemberg stand auf Seiten Oestreichs gegen Preußen, und eben bei jenen Geldbewilligungen, die man den Landständen zumuthete, handelte es sich um die zum Reichskriege nöthigen Summen. Somit billigte Oestreich den gesetzwidrigen Schritt des Herzogs. Die von diesem versprochene gerichtliche Inquisition fand niemals statt. Moser wurde nicht ein einziges Mal verhört und erfuhr nicht die speciellen Gründe seiner harten Haft.

Weder Papier noch Schreibzeug waren dem Gefangenen bewilligt. Eine Bibel und eine Predigtsammlung waren an Büchern Alles, was ihm gelassen wurde. Er bat um einige geschichtliche Werke, allein

es wurde ihm abgeschlagen. Unter den Andachts=
übungen, mit denen er sich stets sehr eifrig beschäftigte,
fühlte er den lebhaftesten Trieb, geistliche Lieder zu
dichten. Allein wie sie aufzeichnen? Auf einige Stücke
Papier, welches um Arzeneien gewickelt war, punctirte
er mit einer Stecknadel einige Verse; aber es reichte
nicht weit. Seine Frau schickte ihm eine kleine Schreib=
tafel; der Commandant übergab sie, aber ohne den
Stift zum Schreiben. Moser schrieb mit der Spitze
einer Schuhschnalle auf die Pergamentblätter, bis auch
diese bald gefüllt waren. Eine an den Herzog ge=
richtete Bitte war fruchtlos.

Er griff nun zu einem andern Mittel seine Ge=
danken aufzuzeichnen. Mit der Spitze der Lichtscheere
beschrieb er in möglichst kleiner Schrift die weißen
Wände seines Zimmers und die leeren Ränder an
den Blättern seiner Predigtsammlung und seiner
Bibel. Als endlich seine Frau die Erlaubniß er=
halten hatte an ihn zu schreiben, bedeckte er die
leeren Stellen und die Zwischenräume der Zeilen mit
den Schriftzeichen seiner Lichtscheere. Wenn die Spitze
stumpf wurde, polirte er sie an den eichenen Stühlen
seines Zimmers. Die geistlichen Lieder, welche er
auf solche Weise zu Stande brachte, wurden nach
seiner Freilassung herausgegeben und betragen acht
kleine Octavbändchen. Doch waren sie nicht das
einzige Product der geistigen Thätigkeit des uner=
müdlichen und ungebeugten Gefangenen. Er schrieb
eine Reihe theologischer und publicistischer Abhand=
lungen, mehr als vierzig an der Zahl, und einige
derselben von nicht geringem Umfang. Auch fand er

muntere Augenblicke, worin er Fabeln und humoristische
Aufsätze schrieb, z. B. politische und philosophische
Gedanken beim Hühnerfüttern, Reise ins Land der
Alt-Gebräuchler.

Der siebenjährige Krieg war endlich 1763 durch
den Hubertsburger Frieden zum Abschluß gebracht,
und Preußen benutzte seine neuerrungene Stellung
im deutschen Reichsverbande zum Schutze des Rechts.
Auf den großen König richtete sich der Blick der Ge-
drückten. Moser's ältester Sohn, Friedrich Karl von
Moser, dem Vater gleich an literarischem Ruhm und
tüchtigem Charakter, verwendete sich in Berlin für
seinen Vater und erhielt im December 1763 die
schriftliche Zusicherung, daß der königliche Gesandte
in Wien instruirt sei, in Verbindung mit dem dänischen Gesandten (Moser war dänischer Etatsrath)
„durch die nachdrücklichsten Vorstellungen bei dem
kaiserlichen Hofe darauf zu dringen, daß des Herzogs
von Würtemberg Durchlaucht von des Kaisers Majestät
ernstliche Abmahnung geschehe, diesen alten, würdigen
und hartbedrückten Mann aus seinem Gefängnisse
loszulassen". „Seine königliche Majestät" — so schloß
das Schreiben der preußischen Regierung — „ver-
hoffen von dieser ihrer gethanen Vermittlung einen
guten Effect, und außer der Zufriedenheit, welche Sie
darüber haben werden, einem unschuldig leidenden
und hart gehaltenen Mann sein Schicksal auf den
Rest seiner Tage zu erleichtern, so wird es Ihnen besonders angenehm sein, demselben und seiner Familie
durch diese Vermittelung ein Zeichen Höchdero gnä-
digsten Propension gegeben zu haben."

Bei der demnächst folgenden Wahl des römischen
Königs Joseph II. versprach der würtembergische
Minister Graf von Montmartin dem kaiserlichen Ministerium unverzügliche Loslassung: es geschah aber
nicht. Darauf wandte sich die würtembergische Landschaft an den Reichshofrath mit einer ausführlich mo-
tivirten Klageschrift, die mit dem Gesuch schloß: —
„förderfamst durch ein geschärftes Mandatum poenale
des regierenden Herrn Herzogs Durchlaucht gemessenst
aufzugeben, den schon in das fünfte Jahr in harter
Festungs-Gewahrsame und Arrest unverhört- und un-
verschuldeter Dinge enthaltenden landschaftlichen Consulent Moser alsogleich und ohne Entgeld daraus zu
entlassen und deshalb alle gebührende Satisfaction
und Schadenersetzung zu leisten.”

Herzog Karl schickte darauf im August 1764 ein
eigenhändiges Schreiben an den Commandanten von
Hohentwiel. Kaum traut man seinen Augen, wenn
man Folgendes lies't:

„Mein lieber Generalmajor und Commandant von
Roman!

Demselben gebe hiedurch die Ordre, dem Arre-
stanten und ehemaligen Landschafts-Consulenten Moser
zu eröffnen, daß ich durch die vielseitige Vorbitte von
den Seinigen und Anderen bewogen worden, den Entschluß
zu fassen, demselben ohnerachtet er sich durch dessen mancherlei schwere Verbrechen einer schärferen Ahnung schuldig
gemacht, seines bisherigen Arrestes zu entlassen, wann
gedachter Moser sothane Entlassung als eine unverdiente
Gnade erkennen, um solche nochmalen schriftlich, unter

Bereuung seiner großen Fehler und Vergehungen, bitten,
auch einen nach dessen bereits An. 1759 besag des in
originali beigeschlossenen und sofort nach davon gemachten
Gebrauch zu remittirenden Bittschreibens anerbotenen Revers ausstellen wird. Wessen sich nun mehrberührter
Moser hierauf erklären wird, ein solches hat der Herr
Generalmajor des nächsten an Mich unterthänigst zu
berichten. Ich bin, mein lieber Generalmajor und Commandant, dessen

freundwilliger

Carl."

Auf dieses Ansinnen erwiderte Moser freimüthig
und im Bewußtsein eines unbescholtenen Lebens:
Stets habe er sich seinem Herzog wie dem Lande
treu erwiesen, und ihm sei bis jetzt noch nicht kund
gegeben, worin seine Verbrechen bestehen sollten, man
habe ihn noch nicht einmal zu einer Vertheidigung
zugelassen. Als ein Mann, der 44 Jahre mit Ehren
in der Welt genannt werde und dem Grabe nahe
sei, könne er sich nicht entschließen, seine Freiheit mit
dem Verlust seiner wohl und sauer erworbenen Ehre
zu erkaufen. Indessen wolle er gern auf alle seiner
Ehre unnachtheilige Art und Weise die Hände dazu
bieten, daß dieser Vorfall in Güte beigelegt werde,
wolle auch das Vergangene zu vergessen suchen. Uebrigens sei er auch eben so fest entschlossen, mit einem
der Gnade Gottes versicherten gelassenen Herzen Alles
standhaft abzuwarten, was der Herzog über ihn be-
schließen und der Herr aller Herren zulassen werde.
Er legte diesem Schreiben einen kurzen Revers bei,
worin er gelobte, wegen des Vorgefallenen an nie-

mand Rache nehmen, ſowie ſich zu einer gerichtlichen
Unterſuchung jederzeit ſtellen zu wollen.

Kurz hernach lief der Beſchluß des Reichsraths
ein, worin dem Herzog die Weiſung ertheilt ward,
„den Conſulenten Moſer, wofern ſich ſämmtliche von
denen Landſtänden angezeigte Umſtände angebrachter-
maßen verhalten ſollten, ſeiner fünfjährigen gefäng-
lichen Haft unverzüglich zu entlaſſen.“

Der Herzog ſchickte darauf einen ſeiner Regie-
rungsräthe nach Hohentwiel, der Moſer ſchließlich
über einige Puncte zu vernehmen hatte, wobei die
Hauptſache darauf hinauslief, er habe der Landſchaft
abgerathen die geforderten Summen zu bewilligen
und in dieſer Sache einige reſpectswidrige Schriften
verfaßt. Moſer konnte dieſe Beſchuldigungen leicht
zurückweiſen: In der Geldangelegenheit habe Stim-
meneinhelligkeit geherrſcht: in den an die Regierung
gerichteten Schreiben ſei er nur der Concipient
der Beſchlüſſe geweſen, und eins derſelben ſei nicht
einmal von ihm ſelbſt ausgefertigt: es enthalte übrigens nichts „Irreſpectuoſes.“ Nachdem er darauf
noch eine ſchriftliche Caution ausgeſtellt hatte, er wolle
ſich jederzeit auf Verlangen zu weiterer Unterſuchung
ſtellen und ſich dem endlichen Rechtserkenntniß gezie-
mend unterwerfen, ward er am 25. September 1764
ſeiner Haft entlaſſen. Von weiteren Rechtsförmlich-
keiten war ſo wenig die Rede, daß man ihm vielmehr
die Caution bald wieder zurückgab und er ſein Amt
als Landtagsconſulent wieder antrat, ſo weit entfernt
von Gereiztheit und Erbitterung, die dem ſchwerge-
kränkten Manne zu verzeihen geweſen wäre, daß er

vielmehr durch die Achtung, die er genoß, zwischen
dem Herzog und den Landständen ein friedliches Verhältniß vermitteln half.

Wegen seiner Befreiung erhielt er von vielen
Seiten Glückwünsche. Vor allen verdient das Schreiben des dänischen Ministers von Bernstorff aufbewahrt zu werden, indem es zugleich an die schöne,
vielleicht nie wiederkehrende Zeit erinnert, da tüchtige
deutsche Männer der wärmsten Verehrung in der
dänischen Hauptstadt gewiß waren und die an die
Paläste deutscher Fürsten vergebens anklopfende Muse
nationaler Dichtkunst dort ein Asyl fand.

Hochwohlgeborner Herr,
Hochzuehrender Herr Etatsrath!

Gleichwie ich bisher über die schweren und harten
Drangsale, welche Ew. Hochwohlg. um Ihres Vaterlandes willen standhaft und edelmüthig überstanden haben,
sehr gerührt gewesen bin, also erfreue ich mich von Herzen,
daß diese Verfolgung endlich ein Ende genommen hat.
Der Allerhöchste sei gelobt, der Ihnen Kraft verliehen,
große und langwierige Leiden unerschrocken und ohne
Verletzung Ihrer Pflichten zu ertragen, und der, nachdem
Er Sie zu einem nicht nur in jetzigen Zeiten, sondern
auch bei der Nachkommenschaft aller Ehren würdigen
Märtyrer einer guten und gerechten Sache
gemacht, Ihnen auch nun mächtig herausgeholfen hat.
Er wolle Sie schon in diesem Leben, noch mehr aber in
dem künftigen, nach welchem ich weiß daß Sie seit
vielen Jahren ernstlich trachten, für diese Ihrem Vaterlande erwiesene Treue belohnen und Sie Ihrem würdigen

und berühmten Herrn Sohn und ganzen Familie zum großen und immerwährenden Segen setzen.

Dem Könige, meinem Herrn, welcher Verdienste zu erkennen weiß, ist es eine angenehme Nachricht gewesen, in Ew. Hochwohlg. Befreiung die Wirkung seiner Be= mühungen und Vorworts endlich zu sehen. Ihro Majestät befehlen mir, Sie sowohl dessen, als der ganz besonderen Achtung und Gewogenheit zu versichern, und ich, der seit 35 Jahren Ew. Hochwohlg. kenne und ehre, Sie aber anjetzo höher wie jemals schätze, mache mir eine wahre Freude Ihnen nicht sowohl zu der wiedererlangten Freiheit als zu dem billig erworbenen Verdienst und Ruhm Glück zu wünschen und Sie der aufrichtigen Er= gebenheit zu vergewissern, mit welcher ich es für eine Ehre halte zu sein

Ew. Hochwohlgeboren
gehorsamer Diener
Bernstorff.

Kopenhagen, den 30. Oct. 1764.

Klopstock's

Verhältniß zu der Literaturentwicklung

des

achtzehnten Jahrhunderts.

Eine Vorlesung.
1846.

Es war im Herbst des Jahres 1745, als ein 21jähriger Jüngling von der Schulpforte, dem stillen Ort seiner wissenschaftlichen Vorweihe, mit einer lateinischen Rede über die ältere und neuere epische Dichtung Abschied nahm und diese Darstellung mit folgenden Worten schloß: „Ein jedes Volk Europa's wird sich eines epischen Dichters rühmen können: wir aber sind gegen solche Ehre unempfindlich. Unwille und gerechter Zorn ergreift mich, wenn ich diese Gleichgültigkeit unsers Volkes betrachte. Beschäftigt mit Kleinigkeiten, suchen wir den Ruhm des Genie's: mit Gedichten, die aus keinem andern Grunde zu entstehen scheinen, als zu verschwinden, suchen wir, unwürdig des Namens der Deutschen, die Unsterblichkeit zu erlangen. O gelänge mir's, dies in der Versammlung deutscher Dichter zu reden! Vor Freude würde ich glühen, wenn ich im Stande wäre, sie mit Scham zu erfüllen wegen der Vernachlässigung der vaterländischen Ehre. Und ist der noch nicht unter den Lebenden, welcher bestimmt ist Deutschland mit diesem Ruhme zu schmücken, so erscheine großer Tag, der diesen Dichter ins Leben ruft, und möge dieser würdig werden des Menschengeschlechts, der Unsterblichkeit und

Gottes selbst, den er vor Allem preisen und ver-
herrlichen wird!"

Dieser Jüngling war Friedrich Gottlieb Klopstock. Er hatte mit jenen Worten das Ideal, das er
mit jugendlicher Begeisterung ergriffen hatte, und seine
eigene Zukunft gezeichnet. Drei Jahre später: —:
und von den Alpen bis zum dänischen Sunde feierte
man ihn als den Dichter, der diese Sehnsucht und
Hoffnung zur Wahrheit gemacht habe. Erfüllt von
dem Gedanken, ein deutsches Epos zu schaffen, welcher
an den Meisterwerken des Alterthums, einem Homer,
einem Virgil genährt war, hatte er anfangs die Absicht,
seinen Helden aus der älteren deutschen Geschichte zu
wählen. In seiner Vaterstadt Quedlinburg ruhten
die Gebeine Kaiser Heinrichs 1.; auf ihn fiel seine
Wahl, den Befreier Deutschlands von der Verwü-
stung der Fremden, den Erretter von innerer Zwie-
tracht. Früh hab' ich dir mich geweiht — so lautet
sein Zuruf an das Vaterland —

Schon da mein Herz den ersten Schlag der Ehrbegierde schlug,
Erkor ich, unter den Lanzen und Harnischen,
Heinrich, deinen Befreier, zu singen;
Allein ich sah die höhere Bahn,
Und, entflammt von mehr denn nur Ehrbegier,
Zog ich weit sie vor: sie führet hinauf
Zu dem Vaterlande des Menschengeschlechts.

Der Plan zum Messias ward bereits auf der
Schulpforte vollständig ausgebildet: die Bekanntschaft
mit Milton's verlorenem Paradiese entwickelte und bestimmte diesen näher: selbst in Träumen umgaben ihn
die Gestalten seiner begeisterten Phantasie, und es
ward diese Dichtung ihm die Aufgabe des Lebens.

Mit ihr stimmte die Wahl seiner akademischen Studien zusammen; er entschied sich für die Theologie und begab sich zuerst nach Jena, das er 1746 mit der Universität Leipzig vertauschte. Hier wehte der Frühlingshauch der deutschen Poesie, in welchem Klopstock's Genius die Flügel freudig entfalten konnte; der Kreis der Dichterjünglinge, welche die Bremer Beiträge herauszugeben angefangen hatten, nahm auch ihn in seine Mitte, und die schon damals keimende zärtliche Neigung zu der Schwester seines Freundes Schmidt, der durch seine Lieder und seine Oden unsterblich gewordenen Fanny, erfüllte ihn mit den Ahnungen eines paradiesischen Glückes. Mit den überirdischen Idealen, die er in seinem bis dahin einsamen Herzen trug, verbanden sich die Genien des irdischen Daseins, Freundschaft und Liebe. Aus dieser seligen Gefühlsschwärmerei gingen die ersten Oden hervor, von denen jede Strophe schon den höheren Genius ankündigte, der unter den Chor der deutschen Dichter getreten war.

> Viel Mitternächte werden noch einst entfliehn!
> Lebt sie nicht einsam, Enkel, und heiligt sie
> Der Freundschaft, wie sie eure Väter
> Heiligten und euch Exempel wurden.

So sprach er das Gefühl des heiligen Freundschaftsbundes aus, dessen Erinnerungen ihm stets heilig geblieben sind und durch seine ganze Poesie hindurchklingen. Erst in dieser neuen Umgebung, in welcher der Drang seines Innern Verständniß und Anerkennung fand, ward er sich über die Form seines großen Epos klar. Den Alexandriner hatte er längst verworfen; der Entwurf der ersten Gesänge war in poetischer

8 *

Prosa niedergeschrieben; 1746 entschied er sich für den bis dahin nur in einzelnen Proben versuchten Hexameter und arbeitete die ersten drei Gesänge aus, so daß sie 1748 in den Bremer Beiträgen ans Licht traten.

Die deutsche Literatur kennt seit Luther's Bibelübersetzung kein Werk, das eine ähnliche Wirkung auf die Nation hervorgebracht hat. Als den Stern, der den neuen Morgen unserer Poesie verkündete, erkannten ihn Bodmer und Alle, denen der Sinn für Poesie nicht verschlossen war. Gottsched und seiner Schule blieb es überlassen, durch hämische Kritiken, kleinliche Mäkeleien und Denunciationen von Theologen, denen Gottsched ernstlich zu bedenken gab, ob bei solchen poetischen Ausschmückungen biblischer Erzählung der wahre Glaube nicht Gefahr litte, sowie durch andere unedle Künste sich um den letzten Rest ihres kritischen Ansehens zu bringen. Unbeugsam und stolz, der Stimme des Volkes nachzugeben, hoffte Gottsched die Lobredner Klopstock's aus dem Felde zu schlagen, indem er durch seinen treuen Anhänger Schönaich ein Heldengedicht „Hermann oder das befreite Deutschland" verfertigen ließ und dem Verfasser in feierlicher akademischer Sitzung den Lorbeerkranz aufs Haupt setzte. Der Schlag ging fehl und trug ihm und dem Gekrönten nur Spott ein: Deutschland hatte sich von der Dictatur der gelehrten Kritik emancipirt. Eben so wenig bedurfte es, um dem Messiasdichter die Liebe der Nation zuzuwenden, der gelehrten Auseinandersetzungen der Schönheiten der Messiade, von denen Lessing in einem Epigramm sehr treffend sagte: daß sie mit dem kritischen Lämpchen die Sonne erhellen wollten.

Klopstock lebte nach beendigten akademischen Studien, beschäftigt mit der Fortsetzung seines Gedichts, zu Langensalza, wo ihn die Nähe der Geliebten einige Jahre zurückhielt. Ihr schmeichelte die Liebe des jungen Dichters, ohne daß sie sie ihm mit gleichen Gefühlen vergalt. Wenn der ungestüme Bodmer es in einem Briefe ihr zur Pflicht machte, durch ihre Gegenliebe Deutschland seinen größten Dichter zu erhalten, so erkannte er nicht nur, daß diese zarte Frage nicht von literarischem Ruhm abhängt, sondern auch, daß die Poesie nicht stets des Glücks als Gefährten bedarf, daß vielmehr das Herz den Kampf mit dem Leben redlich durchgekämpft haben muß, um der Boden zu sein für ihre schönsten Blüthen. Ja, wir möchten um Klopstock's Poesie willen wünschen, daß ihm das Leben mehr solcher Kämpfe bereitet habe. Denn allzu gleichmäßig verflog ihm das spätere Leben. Nie ist der Dichter Klopstock größer gewesen, als in seiner Sehnsucht und seinem Schmerze. Die Oden, welche damals aus seinem bewegten Herzen strömten, haben ein inneres Feuer, wie, wenn wir einige der zarten Oden an Cidli ausnehmen, keine seiner späteren Dichtungen; von ihnen gilt vornehmlich, was er in der Ode „mein Wäldchen" so schön sagt:

> Wenn von dem Sturm nicht mehr die Eich' hier rauschet,
> Keine Lispel mehr wehn von dieser Weide:
> Dann sind Lieder noch, die von Herzen kamen,
> Gingen zu Herzen.

Wie viele seiner Oden auch aufgehört haben, im lebendigen Andenken der Nation fortzuleben, unververgessen wird bleiben:

> Wenn einſt ich todt bin, wenn mein Gebein zu Staub
> Iſt eingeſunken, wenn du mein Auge nun
> Lang' über meines Lebens Schicksal
> Brechend im Tode nun ausgeweint haſt —

dieſe erhebende Entſagung, welche die Sehnſucht an
den Himmel knüpft und die Liebe als Ewigkeit genießt.

Des Dichters Phantaſie hatte die Geliebte mit
Allem, was er edel und göttlich in ſich fühlte, um-
kleidet; nicht mehr war ſie die irdiſche Geliebte, ſondern die göttliche Muſe, die ihn auf Zion geleitete,
die ihn umgab in den Stunden der Weihe, wo er in
das Anſchaun überirdiſcher Herrlichkeit verſenkt war,
und wie Beatrice den Dante, ihren Dichter durch die
Wunder des Himmels führte. Daher erhalten der
4te und 5te Geſang der Meſſiade, die in dieſer Aufregung des Gefühls niedergeſchrieben wurden, ſo viele
zarte elegiſche Anklänge; in der Epiſode von Semida
und Sulamith hat er das Schickſal ſeiner eigenen
Liebe geſungen; die wehmuthvolle Sprache der Oden
klingt in Semida's Klage wieder.

1750 reißt ſich Klopſtock, einer Einladung Bodmer's nach der Schweiz folgend, von Langenſalza los,
und wie ſein Herz jetzt im Kreiſe geiſtvoller Freunde
freier ſchlug, davon iſt als ſchönſtes Denkmal die
herrliche Ode „der Zürcherſee" geblieben.

> Reizvoll klinget des Ruhms lockender Silberton
> In das ſchlagende Herz, und die Unſterblichkeit
> Iſt ein großer Gedanke, Iſt des Schweißes der Edlen werth.

> Durch der Lieder Gewalt bei der Urenkelin,
> Sohn und Tochter noch ſein, mit der Entzückung Ton
> Oft beim Namen genennet, Oft gerufen vom Grabe her,

Dann ihr sanfteres Herz bilden, und, Liebe, dich,
　Sanfte Tugend, dich auch gießen ins sanfte Herz,
　　Ist beim Himmel nicht wenig, Ist des Schweißes der Edlen
　　　　　　　　　　　　werth!
Aber süßer ist noch, schöner und reizender,
　In dem Arme des Freunds wissen ein Freund zu sein!
　　So das Leben genießen, Nicht unwürdig der Ewigkeit.

Dieser Genuß der reinsten Freundschaft fesselte Klopstock
dergestalt, daß er daran dachte, sich bleibend in der
Schweiz niederzulassen. Allein ein Antrag des dänischen Ministers von Bernstorff, in Kopenhagen die
Messiade zu vollenden, indem ihm durch ein Jahr-
gehalt bis zur Vollendung derselben eine ungestörte
und sorgenfreie Muße gesichert ward, zog ihn wieder
nach Norden. Auch mit seinem Herzen ging eine
Verwandlung vor, welche ihn der heitern Lebenshoffnung völlig zurückgab:

　—　— Endlich, (das hofft' ich nicht),
　Sinkt die traurige Nacht, ist nun nicht ewig mehr,
　Und mit wachem mit Lächeln
　Alle schlummernden Freuden auf.

　O wie staun' ich mich an, daß ich jetzt wieder bin,
　Der ich war! wie entzückt über die Wandlungen
　Meines Schicksals! Wie dankbar
　Wallt mein freudiges Herz in mir! —

　Dich zu finden, ach dich, lernt' ich die Liebe, sie,
　Die mein steigendes Herz himmlisch erweiterte,
　Nun in süßeren Träumen
　Mich in Edens Gefilde trägt.

Kurz war der Bund der innigsten Seelengemeinschaft, der ihn mit der geist- und gemüthvollen Meta,
welche seine Oden als Cidli feierten, vereinigte.

Aber ſie lebte ihm in heiligen Erinnerungen, die Braut ſeines Herzens über das Grab hinaus. — Es kann dieſe Trennung und Tod überwindende Ewigkeit der Liebe nicht erhebender ausgeſprochen werden, als in der vierzig Jahre nach ihrem Tode verfaßten Ode: Das Wiederſehn!

Dies war die Schule des Lebens, worin das Gemüth unſeres Dichters ſeine Bildung erhielt; ſeine Poeſie nahm dieſe idealen Gemüthsrichtungen in ſich auf; ſie ward die verklärte Tochter von Schmerz und Freude, die er, fern vom Gewühl der Welt, im tiefſten Innern empfunden hatte: er hat daher die lebendige Grundidee ſeiner Poeſie ausgeſprochen, wenn er im Meſſias ſagt: „Gott gab den Menſchen ein Leben voller Müh', voll fliehender Freud' und fliehenden Schmerzes, damit ſie nicht vergeſſen den Werth der höheren Seele, und es fühlten, daß über dem Grab' Unſterblichkeit wohne!"

Von ſonſtigen Vorfällen des Lebens und Ereigniſſen der Zeit blieb ſeine Poeſie ſo gut wie unberührt. Man darf ſagen: mit Meta's Tode lag die Glanzperiode ſeiner Dichtkunſt ſchon hinter ihm. Die erſten zehn Geſänge ſeiner Meſſiade, hinter denen die übrigen weit zurückſtehen, das Beſte unter ſeinen Oden, alles dies, was Klopſtock die Unſterblichkeit ſichert, war vollendet. Da er früh mit ſich abgeſchloſſen hatte und der großartigen Literaturbewegung, die er eingeleitet hatte und noch mit erlebte, keinen Einfluß auf ſich geſtattete, ſo erſcheint er in der zweiten Hälfte ſeiner literariſchen Thätigkeit ſchon mehr wie ein ehrwürdiger Geiſt der Vergangenheit. Dieſe Ehrerbietung

bewahrte ihm die jüngere Dichtergeneration; nur be=
scheiden und schüchtern wagte sich die Kritik an ihn
heran. Es war nicht der Dichterglanz allein, der ihn
umgab, es war mehr noch, was Verehrung gebot,
die durch ein langes Leben hindurch bewahrte persön=
liche Würde, die erhabene Reinheit seines Charakters.
Daher galt auch dem Menschen eben so sehr als dem
Dichter das feierliche Leichenbegängniß, welches Ham=
burg, dessen Bürger er in den letzten Jahrzehnten
seines Lebens gewesen war, ihm am 22. März 1803
veranstaltete, eine Huldigung der Ueberlebenden, wie
sie noch nie eine deutsche Stadt der Geistesgröße eines
Mitbürgers dargebracht hat. Ein Gefolge von Tau=
senden begleitete unter dem Geläute der Glocken den
Sarg, auf dem die Messiade des Dichters, von zu=
sammengeflochtenen Lorbeern bedeckt, aufgeschlagen
lag; unter feierlichen Sängerchören ward er unter der
Linde neben Meta's Gruft eingesenkt und mit den
Erstlingsblumen des Frühlings überschüttet.

Wenn wir uns nun näher zu der Frage wenden,
welche Stellung Klopstock unter Deutschlands Dichtern
einnimmt, so haben wir uns zu hüten, diese bloß vom
ästhetischen Standpuncte aus beantworten zu wollen.
Wenn wir an das Werk seines Lebens, die Messiade,
diesen Maßstab der Kritik legen, so kann man sie
wohl gar ein mißlungenes Werk nennen und als ersten
Beweis dafür anführen, daß außer den Literar=
historikern niemand mehr die zwanzig Gesänge durch=
liest! Allein ein anderes Urtheil — und nur dies ist
gerecht — fällen wir vom historischen Standpuncte.
Einsam sehen wir ihn dann stehn am Eingang unserer

classischen Literaturperiode, mit der Schöpferkraft des Genius Leben rufend in die Oede unserer Literatur. Was halfen ihr die Gellerte und Gleime, die nur um eine Spanne über die Gottschede hervorragten; eine Literatur für Männer konnten sie nicht schaffen. Durch Klopstock erst ward unsere Poesie fähig, das Höchste zu leisten und sich die Bewunderung von ganz Europa zu erwerben. Da ist keiner unter den großen Dichtern des vorigen Jahrhunderts, der nicht an Klopstock's Poesie seine Jugend genährt, nicht an seiner Hand den ersten Flug der Dichtung versucht hätte. Ueber ein Jahrhundert hatte unsere Poesie an fremdem Feuer sich erwärmt, selbst unsere deutsche Helden=sprache, wie sie gerade dies Jahrhundert in seiner Ohnmacht nannte, war nur ein matter Widerschein alter Herrlichkeit. Klopstock war der Erste, der wieder ganz und gar nur deutscher Dichter sein wollte, der uns wieder stolz sein lehrte auf unsere Nationalität, unsere Geschichte, unsere Sprache und Literatur.

> Schrecket noch andrer Gesang dich, o Sohn Teutone,
> Als Griechengesang, so gehören dir Hermann,
> Luther nicht an, Leibniß, jene nicht an,
> Welche der Hain Braga's verbarg.
>
> Dichter! so bist du kein Deutscher! Ein Nachahmer,
> Belastet vom Joche, verkennst du dich selber!
> Keines Gesang ward dir Marathons Schlacht!
> Nächt' ohne Schlaf hattest du nie.

Diese und ähnliche Oden voll Vaterlandsgefühl gruben sich tief in die Herzen ein und sie nebst Lessing's zermalmender Kritik der gerühmten französischen Clas=siker waren die Schlacht bei Roßbach in der Literatur.

Zu diesem Literatursiege weigerte sich der große König mitzuwirken. Er erkannte das junge Leben unserer Literatur nicht an, er versprach es sich erst von der Zeit nach ihm: ich bin wie Moses, sagte er, ich sehe ein fernes gelobtes Land, aber werde es nicht betreten.

> Sagt's der Nachwelt nicht an, daß er nicht achtete,
> Was er werth war zu sein; aber sie hört es doch:
> Sagt's ihr traurig und fordert
> Ihre Söhne zu Richtern auf!

so rief die zürnende Muse Klopstock's dem für Friedrich enthusiastisch schwärmenden Gleim zu. Und doch wie oft hat man auch hier den großen König verkannt! was wären Klopstock's Vaterlandsgesänge ohne einen Fürsten, der den Deutschen wieder Achtung vor sich selbst einflößte und den deutschen Namen im Auslande wieder zu Ehren brachte? Klopstock's „Wir und Sie" wäre vor Friedrichs Siegen eine bloße Phrase gewesen. Hätte Klopstock mehr Sinn für historische Größe gehabt, hätte er in Friedrich das eine neue Zukunft bereitende Moment unserer Geschichte erkannt und für seine Großthaten sich begeistert, dann würden wir vollgehaltigere, auf die Zeitgeschichte bezügliche Oden erhalten haben, als die, worin er den thatenlosen Dänenkönigen eben für diese Thatenarmuth seine Huldigungen darbrachte; er würde nicht von der lebenvollen Gegenwart sich in die nebelhafte Hermannszeit abgewendet haben, aus der wir uns zu Zeiten mit patriotischen Phrasen mehr als mit patriotischer Einsicht versorgt haben. Klopstock's Bardenpoesie gerieth auch auf diesen Irrweg des hohlen Wortschwalls, den seine

Nachahmer bis zum Unsinn steigerten. Die Folge des ersten Fehlgriffes war die Einführung altdeutscher Mythologie, wodurch Klopstock seine Poesie mehr und mehr der Gegenwart entfremdete. Die Anregung jedoch, welche er gegeben hatte, indem er das nationale Bewußtsein in den Kreis der lyrischen Poesie zog, war nicht verloren; „ein leiser Freiheitsodem wehte", wie Rückert singt, „noch von seinem Grabe, und ein Freudenklang enttönte ihm, als die Freiheit wieder die Flügel schwang" — aus der Lyrik der Befreiungs= kriege hört man viele Anklänge Klopstockischer Poesie heraus.

Doch ist es nicht die patriotische Poesie allein, weshalb wir Klopstock den wahrhaft deutschen Dichter zu nennen haben; seine Gesinnung, die Gemüthswelt, in der er sich bewegt, ist das, was wir im schönsten Sinne des Worts deutsch nennen. Der sittliche Ernst, der religiöse Tiefsinn, der Hang zur Contemplation und abstracter Gefühlsschwelgerei — wie sie Grund= züge Klopstockischer Poesie sind, so sind sie auch der Kern des deutschen Charakters. Liebe und Freundschaft kleiden sich im deutschen Gemüth gern in den sittlich religiösen Enthusiasmus, von dem sie in Klopstock's Dichtung getragen werden; wie Klopstock, vertauschen wir gern die Wirklichkeit mit dem Reiche der Ideen, auf die Gefahr hin, uns Illusionen hinzugeben, und tritt das religiöse Moment bei ihm in den Vorder= grund, so fand er auch hierin einen Widerhall in den Herzen des deutschen Volks, dessen Denken und Handeln stets auf tiefem religiösen Sinn beruht hat. Wenn wir zugeben müssen, daß diese Tugenden des

deutschen Charakters auch manche Mängel zur Seite
haben, so werden wir eben auch finden, daß Klopstock
sie getreulich zu den seinigen gemacht. Der abstracte
Idealismus, der uns von unsern praktischen Nachbarn
als träumerische Ideologie ausgelegt wird, hat auch
ihn der Welt der T h a t entzogen: die Geschichte
kräftig emporstrebender Völker blieb ihm ein ver-
schlossenes Buch, gleich wie Shakspeare's Dramen,
die den engen Raum zu einer Völkerbühne erweitern.
Den höchsten Beifall konnte daher Klopstock auch nur
da ernten, als der deutsche Charakter diesem abstrac-
ten Ideenleben träumerisch hingegeben war. Je mehr
die reale Welt in unserem Nationalleben zu ihrem
Rechte gelangte, desto mehr nahm die Gewalt ab, die
Klopstock's Poesie über die Gemüther ausübte.

Endlich bleibt noch eine dritte Seite von Klopstock's Poesie hervorzuheben: er hat der deutschen
Sprache Kraft und Leben wiedergegeben, er hat sie
von neuem beseelt und die Schönheit der metrischen
Form hergestellt. Seit Luther war solche gewaltige
Sprache nicht über Deutschland erklungen: ihm stellte
sich Klopstock als genialer Sprachschöpfer an die Seite,
wenn wir auch Opitz als Mittelglied zwischen beiden
anerkennen. Zwar ist die Sprache Klopstock's noch
nicht zu reiner Classicität durchgebildet, er ringt noch
mit der Sprache, macht mit ihr gewaltsame Versuche
und verliert sich beim Streben nach kraftvollem Ausdruck nicht selten in rhetorische Ueberfülle oder in
eine den Gedanken versteckende Gedrängtheit, wodurch
er seine späteren Oden fast ungenießbar macht. Allein
bei der Mattheit und Breite der Poesie und Prosa,

wie er ſie vorfand, war ein Uebergreifen ins Extrem
erklärlich, und auch minder nachtheilig: zu einer hohlen,
unwahren Rhetorik hat ſich Klopſtock nie verirrt. Bei
manchem ſeiner Nachahmer fand ſie ſich allerdings;
doch war ſchon ein ſo reges Leben in unſrer Dichter=
welt, daß eine Einſeitigkeit ſich nicht lange behaupten
konnte. Dieſe neue Sprachbildung Klopſtock's wäre
nicht vollbracht ohne die Einführung griechiſcher Sylbenmaße: die erweiterte Metrik lehrte uns erſt die
Bildſamkeit unſerer Mutterſprache einſehen, trieb zu
immer ſchwierigeren Aufgaben hin und hat es uns
zuletzt möglich gemacht, die ſchwierigſten Sylbenmaße
griechiſcher Chorgeſänge nachzubilden. Es ſoll damit
nicht geſagt ſein, daß alles Heil unſerer Metrik von
ſolchen künſtlichen Nachbildungen abhange, daß jedes
erzählende Gedicht in Hexametern, jede Elegie in
Diſtichen, jede erhabene lyriſche Empfindung in grie=
chiſchen Strophenformen ſich ausſprechen müſſe: im
Gegentheil entbehrt unſere Sprache nur ſchwer des
muſikaliſchen Reizes der Reime, und was dem ganzen
Volke gefallen ſoll, muß ſich in einfacheren Versmaßen
bewegen. Allein es galt hier ein neues Gebiet für
unſere Sprache zu gewinnen, das noch unbekannt geblieben, und das gelang Klopſtock, weil er nicht als pe-
dantiſcher Grammatiker in der hergebrachten Sprache
ſie zurecht künſtelte, ſondern weil er die fremden Maße
in vollkommenen Einklang mit ſeiner Sprache, mit
ſeiner ganzen Poeſie brachte, ſo daß ſie nicht als ein
durch zufällige Wahl umgegürtetes Gewand erſchienen,
ſondern im ſchönſten Ebenmaß ſich der anmuthvollen
Geſtalt anſchmiegten. Dadurch hörten die griechiſchen

Versmaße auf, fremdartige Klänge zu sein; es begann erst hiermit das wahre geistige Verständniß
griechischer Poesie, an deren Hand unsere neuere Poesie
auf ihre classische Höhe geleitet worden ist.

Von welcher Seite wir Klopstock auch betrachten,
überall erscheint er uns als der Begründer der neu-
sten classischen Periode unserer Poesie, so im Gehalt
wie in der Form, und was Gottfried von Straßburg
von Heinrich von Veldeke, dem Begründer des mittel-
hochdeutschen Minnegesanges sagt: er impfte das erste
Reis in deutscher Zunge, das können wir in Wahrheit von ihm wiederholen, dem Befreier unserer deutschen
Poesie aus der fremden Knechtschaft und der Geschmack-
losigkeit. Wir entziehen daher seiner Größe noch nichts,
wenn wir ihn noch nicht den Vollender unserer
Poesie nennen, vielmehr, wenn wir die Größe seines
Dichtergeistes anerkannt, wenn wir die durch ihn er-
rungenen Fortschritte unserer Nationaldichtungen gewürdigt haben, dann dürfen wir auch wohl untersuchen,
wo und weshalb seine poetischen Werke hinter dem
Ziele, nach dem er strebte, zurückgeblieben sind, wo ihn
verkehrte Wege von diesem abgeführt haben. Es
werden dadurch zugleich die Gründe klar, weshalb
Klopstock zwar ein vielgepriesener, aber wenig
gelesener Dichter ist.

Wenn irgend ein Dichter, so hat Klopstock sein
ganzes Dichten und Streben in Einem Werke gleichsam
wie in einem persönlichen Abgusse dargestellt. Der
Messias enthält seine Welt und seinen Himmel. Es
ist der Gesang, um des Dichters eigene Ausdrücke
zu gebrauchen, worin er seinen Gott besungen, der

ihn die Vorzüge der Engel im voraus koſten, ſo
wie die Thränen der Chriſten ſehen und die menſch-
lichen Freuden fühlen ließ, zu deſſen Ende ihn die
mächtige Hand ſeines Herrn und Gottes ſelbſt durch
die Gräber geleitet: es iſt die Dichtung, bei der
Himmel und Erde ſeinen Blicken entſchwanden, zu der
die Harfen und Harmonieen der Engel ihn zurück-
riefen, wenn ihn der Zauber weltlicher Vergnügungen
verlocken wollte. Seinen erſungenen Ruhm nennt er
in der Ode an Fanny die Frucht ſeiner Jünglings-
thräne und der Liebe zum Meſſias. So wurde denn
dies Gedicht der eigentliche Sammelplatz ſeiner tiefſten
Empfindungen und Gedanken, ſeiner innigſten Lebens-
beziehungen und heiligſten Stimmungen, und die ſchönſten
Jahre ſeines Lebens hat er ihm gewidmet. Es iſt
daher nicht zu verwundern, daß ſeine lyriſchen Gedichte
nicht viel anders ſind, als Variationen über Motive der
Meſſiade. Daß dennoch in den lyriſchen Gedichten
ſeine eigentliche Claſſicität liegt, iſt eben der Beweis,
daß Klopſtock ſeiner ganzen Geiſtes- und Gemüthsrichtung nach zum lyriſchen Dichter beſtimmt war, und
er von vornherein darin fehlgriff, ein Epos zu dem
Werk ſeines Lebens zu machen. Es iſt häufig die
Anſicht ausgeſprochen worden, Klopſtock habe ſich in
der Wahl ſeines Stoffes vergriffen, der ſich zu einer
epiſchen Behandlung nicht eigne. Von Kindheit an
haben wir unſer religiöſes Gefühl an der einfachen
Erzählung der Evangelien genährt, ſo daß wie ſie
uns nur ungern von den Phantaſiegebilden des Dichters ausſchmücken laſſen; ſie iſt uns ſo unantaſtbar ge-
ſen, daß die Dichtung, die den Stoff für poetiſche

Zwecke umschafft, nie mit der Macht der Wahrheit
und Wirklichkeit auf unser Inneres wirken kann.
Wenn aber Klopstock einmal Epiker zu werden entschlossen war, wozu ihn vornehmlich, wie uns seine
Jugendrede deutlich sagt, das patriotische Schamgefühl
bestimmte, daß wir Deutschen eine Epopöe entbehrten,
während die Nachbarn sich bereits classischer Leistungen
zu rühmen hätten, so konnte er nicht, wie er anfangs
vorhatte, einen Stoff aus der deutschen Geschichte wählen — denn dessen Behandlung wäre ihm jedenfalls
noch mehr mißglückt — sondern der konnte es einzig
und allein sein, den seine lyrisch=religiöse Begeisterung
zu erfassen vermochte, der, welcher es ihm gestattete,
neben dem Epiker auch Lyriker zu sein — und weil
diese Lyrik das christlich Religiöse zu ihrem Haupt=
moment gemacht hatte, so traf die Wahl am richtigsten
die Geschichte der Erlösung.

Klopstock verschmähte den Weg, den mehrere
Bearbeiter der evangelischen Geschichte eingeschlagen
haben, diese nur poetisch zu reproduciren und die dort
überlieferten Ereignisse im dichterischen Gewande vor-
zuführen. Nicht bloß die Vorgänge im Diesseits
wollte er zum Gegenstand seiner Schilderungen machen,
sondern das Erlösungswerk als das Ereigniß dreier
Welten darstellen, so daß neben den Menschen auch
die Bewohner des Himmels und die Dämonen der
Hölle mithandelnd eingreifen. Wie nun Klopstock's
Dichtung überall an dem Wirklichen mit einer gewissen Scheu vorübergeht und mit raschen Wendungen ins Reich der Abstraction flüchtet, so weilt er
auch in der Messiade am wenigsten in der mittleren,

der irdiſchen Welt. Da der Dichter die epiſche
Handlung erſt nach dem Einzuge Chriſti in Jeruſalem,
wo das Volk ihm Palmen ſtreut, beginnen läßt, ſo
blieben nur die Ereigniſſe weniger Tage übrig, und
ſelbſt hier geht des Dichters einſeitige abſtracte Er=
habenheit ſo weit, daß er ſolche Scenen, wo das
rein=menſchliche Gefühl die ſanft rührende Sprache
findet, Chriſti letztes Zuſammenſein mit den trauern=
den Jüngern, nur einer kurzen Behandlung würdigt.
„Seine Sphäre,“ ſagt Schiller, „iſt immer das Ideen=
reich, und ins Unendliche weiß er alles, was er be=
arbeitet, hinüberzuführen. Man möchte ſagen, er ziehe
allem, was er behandelt, den Körper aus, um es zu
Geiſt zu machen.“ Dieſer epiſche Körper fehlt durch=
aus; die Handlung iſt dürftig, und was ſonſt der
Schilderung Mannigfaltigkeit hätte geben können, Be=
nutzung der gegebenen Beziehungen in Geſchichte und
Leben, z. B. die Verhältniſſe der Parteien unter den
Juden gegen einander und ihre Stellung zu den
Römern, iſt unterblieben. Indem der Dichter dies
durch Anſpannung der Phantaſie in der Schilderung
des Jenſeits zu erſetzen ſucht, bewegt er ſich bei aller
Anſtrengung doch nur in dem Einerlei der Abſtrac=
tionen, und ſelbſt die ſubjective Begeiſterung, die nicht
einmal der Dichter immer auf ihrer Höhe zu erhalten
im Stande iſt, am wenigſten in der zweiten Hälfte des
Gedichts, vermag uns nicht dauernd zu feſſeln. Denn
auf alles das, was dem Epos Leben und Bewegung
giebt, Mannigfaltigkeit und Wechſel der Begebenheiten,
Verſchiedenheit der Charaktere, wird Verzicht geleiſtet,
ſobald der Dichter den feſten Boden der Erde ver=

läßt; weder bei den Engeln und Seligen noch bei den Dämonen der Hölle ist eine Charakteristik möglich; es redet aus ihnen die Abstraction des absolut Guten und des absolut Bösen, und ihre Reden können nicht anders als einförmig sein. Selbst was auf der Erde vorgeht, ist nur der Widerschein der jenseitigen Regionen; ein Judas und Kaiphas sind nicht menschliche Charaktere mehr, sondern Geister der Hölle, und die edlen Menschen haben die Erde schon hinter sich und wandeln mit ihrem geistigen Sein bereits in den Vorhöfen des Himmels. Der Messias selbst, als Mittelpunct des Epos, ist seiner menschlichen Natur völlig entkleidet; er ist nicht der sanfte Meister im Kreise der Jünger, der liebevolle Lehrer, zu dessen Füßen Maria die Tröstungen des Himmels vernimmt: er ist vielmehr der mit allen Kräften der Allmacht ausgerüstete Gott, an dem alles Menschliche nur als die um der Passion willen gewählte Hülle erscheint. Nachdem der Dichter im Eingange des Epos zum Schwur der Erlösung den Messias mit Gott zusammengeführt hat und zu ihm also reden läßt:

> — — Ich hebe gen Himmel mein Haupt auf,
> Meine Hand in die Wolken, und schwöre Dir bei mir selber,
> Der ich Gott bin, wie Du: ich will die Menschen erlösen!

nachdem er ihn so als Gott gegenübergestellt hat, ist ihm der Weg verschlossen, ihn als epischen Helden einzuführen; er kann nicht handeln, sondern nur leiden — sagt doch der Dichter selbst von ihm: „leiden, beten, lehren, leiden und leiden war sein Leben!" Wie daher in dem Ganzen das Leiden den Grundton bildet, so erscheint auch in den übrigen

Charakteren die Passivität als der herrschende Typus; auch die Jünger, die Freunde und Freundinnen Jesu beweisen ihre Gegenwart mehr im Reden als im Handeln; ihre Thaten sind fast nur Gebete und Hymnen, es sind Thaten der Seele, wie Klopstock selbst sich einmal ausdrückt.

Verhältnißmäßig ziehen der vierte, der sechste und siebente Gesang am meisten durch die epische Handlung und den Wechsel der Scenen an. Der erstere enthält die gefühlswarme Schilderung des letzten Zusammenseins Jesu mit seinen Jüngern, seine Abschiedsreden und die Einsetzung des heiligen Abendmahls. Die beiden letzteren erzählen die Gefangennahme und das Gericht, die Berichte der Evangelien besonders dadurch erweiternd, daß auch die Theilnahme der Frauen in die Handlung verwebt ist. Dagegen dehnen sich die Kreuzigung, die Leiden am Kreuz und die sie begleitenden Wunder über drei Gesänge (8 — 10) allzu weit aus.

Die letzten zehn Gesänge lösen sich fast ganz in Engelhymnen auf, da nach dem im 10ten Gesange geschilderten Kreuzestode die Scene von der Erde weg ins Jenseits verlegt wird; dazu kam noch, daß der Dichter in Folge der langen Zögerung nicht mehr die jugendliche Begeisterung festzuhalten vermochte, womit die ersten zehn Gesänge verfaßt wurden. Darüber dürfen wir uns also nicht täuschen, daß die Messiade die Forderungen, die man an ein Epos zu machen hat, unerfüllt läßt, geschweige daß sie uns, wie der Dichter allerdings beabsichtigte, ein Nationalepos hätte werden können. Allein sie bleibt dennoch das Werk

eines großen lyrischen Dichters. Wo er sein Herz
reden läßt, ist seine Sprache die reinste Dichtung,
mag er Freude oder Schmerz, Liebe oder edlen Zorn
besingen. Mit ergreifenden Tönen versteht er die ele=
gische Wehmuth wie das mächtig erschütternde Pathos
tiefster Empfindung auszusprechen. Um dieser überall
eingestreuten lyrischen Perlen willen wird niemand,
der für erhabene Lyrik Sinn hat, die ersten zehn Ge=
sänge ohne Erhebung und Rührung lesen, und diesem
lyrischen Genusse wird man sich um so ungestörter
hingeben, je weniger Ansprüche man an das Epos
macht; man wird vielmehr diese lyrische Perlenschnur
den Oden und Elegieen des Dichters anreihen. Be=
sonders malt er Todesbetrachtungen und Sterbescenen
in beredten elegischen Schilderungen aus. Eine solche
ward ihm sogar zu einer dramatischen Dichtung. Die
Sterbescenen des ersten Menschen malt er in dem „Tod
Adams“, einer lyrisch=elegischen Idylle, die er „Trauer=
spiel“ betitelte. Er schildert darin, wie der erste Mensch
den Tod erwartet, von dem er noch keine Vorstellung
hat, und welchen Eindruck der letzte Kampf des Lebens
auf seine Umgebung macht.

Durch Anlage und Bildungsgang war Klopstock
der dramatischen Poesie völlig entrückt; nie hätte
es ihm gelingen können das höchste Ziel des Drama's
zu erreichen, das Shakespeare so treffend dahin be=
zeichnet hat: der Natur gleichsam den Spiegel vor=
zuhalten, der Tugend ihre eigenen Züge, der Schmach
ihr eigenes Bild und dem Körper des Jahrhunderts
den Abdruck seiner Gestalt zu zeigen! — In eine
nähere Beziehung zu dem, was seine Zeit bewegte,

suchte sich Klopstock durch die lyrisch=dramatischen Her=
manns=Dichtungen zu setzen, welche er **Bardiete**
nannte. Daß er hier seinen Zweck nicht ganz ver=
fehlte, beweist uns die enthusiastische Theilnahme,
womit damals „Hermanns Schlacht", das erste der
Bardiete, aufgenommen ward; es traf glücklich in den
Beginn der sogenannten Sturm = und Drangperiode,
welche die Herstellung einer nationalen Poesie mit
leidenschaftlichem Ungestüm anstrebte und schon um des
vaterländischen Stoffes willen der Klopstockischen Bar-
dendichtung zufiel. Indeß vermißt man auch hier alles
wahrhaft Dramatische; die Handlung fehlt fast gänzlich:
die Ereignisse erscheinen nicht in ihrer nothwendigen
Verknüpfung, so daß wir über die Gründe, weshalb
die Deutschen über die Römer siegten, völlig im Un=
klaren bleiben, wogegen die Unterredungen über das
Geschehene weit ausgesponnen sind. Mehr Handlung
ist in dem zweiten Bardiet: „Hermann und die
Fürsten." Hier bemüht sich Hermann vergebens,
seinen bessern Rath in der Fürstenversammlung gel=
tend zu machen; Stolz, Eifersucht, Neid der Andern
streben entgegen und behalten die Oberhand. Aber
der Erfolg bestätigt, daß Hermann Recht hatte: die
Schlacht gegen das römische Lager geht verloren. In
einem dritten Bardiet schildert er uns „Hermanns
Tod" durch Hinterlist seiner Verwandten. Die beiden
letzten Dramen trafen in die Zeit nach dem Götz
von Berlichingen und wurden bei den schon gesteigerten
Ansprüchen der Zeitgenossen weit kälter als die Her=
manns=Schlacht aufgenommen. Die lyrischen Partieen,
nämlich die Bardenchöre, wodurch Klopstock den Chor

der griechischen Tragödie zu ersetzen dachte, traten
in allen so sehr in den Vordergrund, daß man deutlich sieht, wo sich Klopstock's Poesie heimisch fühlte.
Sie fallen in Eine Classe zusammen mit den patriotischen Oden, welche die alte Bardenzeit heraufzube-
schwören suchten und ebenfalls durch ein abenteuerliches
Bardenwesen und durch die Einmischung einer farb-
losen nordischen Mythologie der lebendigen Theilnahme
der Gegenwart fern standen. Unsere Betrachtung kehrt
also dahin zurück, daß die Lyrik die eigentliche Sphäre
der Klopstockschen Poesie ist. Diese Dichtungsart verlangt keine plastische Bestimmtheit, keine lebendige ob-
jective Individualisirung, wie das Epos und das
Drama; sie hat vielmehr der Musik des Herzens, der
Begeisterung des Gedankens ihre Stimme zu leihen.
In den Oden und Elegieen findet daher die Persönlichkeit Klopstock's den vollsten Ausdruck bis herab zu
den Freuden des Eislaufs, die er mit der Wärme
des Künstlers pries. Wie innig sie mit seinem Leben
zusammenhangen, habe ich bereits erwähnt, und ich
kann hinzusetzen, daß dieser Theil seiner Oden der
eigentliche unsterbliche Kern derselben ist. Auch die
Oden der späteren Lebensjahre des Dichters sind noch
dann von hohem Werth, wo sie seine persönlichen Beziehungen zum Inhalt haben. Nur darf man dies
nicht auf diejenigen Oden ausdehnen wollen, wo der
Dichter seine grammatischen und metrischen Bestrebungen und Grundsätze zum Gegenstand der Ode
macht und die Poesie sich über das, was nur des
Dichters Handwerksgeräth ist, aussprechen läßt. Wo
ein Versfuß, wo die grammatischen Eigenheiten unserer

Sprache besungen werden, bleibt uns trotz alles Auf-
wandes künstlicher Allegorie nur die leere Abstraction.

Von diesem Fehler, daß uns Klopstock statt Poesie
abstracte Begriffe giebt, ist selbst seine religiöse Lyrik
nicht frei. Klopstock sprach zwar das große Wort aus,
der Geist mit seinem idealen Inhalt bilde auch für
die Dichtkunst den eigentlichen Gehalt; allein er übersah, daß Geist ohne Leib für uns kein Leben hat und
das Göttliche selbst ohne Welt für uns ein wesenloser
Gedanke bleibt. Wo er daher die religiöse Empfindung an die Welt anknüpft, zieht er unsere Andacht
auf erhabenen Schwingen mit sich fort; in der allbe-
kannten Hymne „Frühlingsfeier" sind Gewitter und
Sturm die Zeugen der göttlichen Allmacht, und im
Säuseln der kühlenden Frühlingslüfte fühlen wir die
Nähe des Allgütigen: — unter der sich glanzvoll über
uns wölbenden Sternennacht stimmen wir mit ihm ein
in den Preis dessen, der mit diesem lichten Kranz die
schweigende Nacht schmückt und die Gräber noch schmückt
mit den Blumen des Lichtes.

Poetische Anschaulichkeit mangelt indeß den
Hymnen, welche „das Anschaun Gottes," „die Glück-
seligkeit Aller" und ähnliche abstracte Themata behandeln: hier fühlt auch der Dichter die Unmöglichkeit
des entsprechenden Ausdrucks; geschärfte Ausrufungen
müssen oft den Gedanken vertreten, und die wiederkehrende Hinweisung auf das Unaussprechliche ist nur
das Geständniß der Ohnmacht der Poesie, wodurch in
dem Leser keine Begeisterung erweckt werden kann.
Klopstock nannte solch einen geistlichen Hymnus —
Gesang und stellt ihn in der Vorrede zu seinen geist-

lichen Liedern folgendermaßen in Gegensatz zu dem
Liede: „Der Gesang ist feurig, stark, voll himmlischer Leidenschaften; oft kühn, heftig, bilderreich in
Gedanken und im Ausdrucke, und nicht selten von
denjenigen Gedanken beseelt, die allein von dem Erstaunen über Gott entstehen können. Ich sage nicht,
daß das Lied nicht auch Vieles von diesem Allen haben könne! aber es mildert es fast durchgehends und
bildet es in Vorstellungen um, die leichter zu übersehen sind. Jenes ist die Sprache der äußersten Entzückung oder der tiefsten Unterwerfung: dieses der
Ausdruck einer sanften Andacht und einer nicht zu erschütternden Demuth." Geistliche Lieder in diesem
Sinne hat Klopstock ebenfalls gedichtet, nicht Kirchenlieder im alten Sinne des Worts, sondern gemilderte
geistliche Oden, nicht die Töne des einfachen religiösen
Gefühls, welche das nach Trost und Beruhigung strebende Herz zu beschwichtigen vermöchten, sondern nur
Klänge gläubiger Begeisterung, die in ätherischer Höhe
über uns dahin schweben. Doch ist es Pflicht an
schöne Ausnahmen zu erinnern, namentlich das Auf-
erstehungslied: „Auferstehn, ja auferstehn wirst du,
mein Leib" ꝛc., das Morgenlied: „Wenn ich einst
von jenem Schlummer, welcher Tod heißt, aufersteh'"
und das diesem entsprechende Abendlied. Haben wir
somit den Kreis der Klopstockschen Dichtungen durch-
wandert, so dürfen wir mit einem Epigramme des
Dichters schließen:

„Sage, was nennt in den Werken der Kunst Du Vollendetes?"
                                    Gut muß
Jeder Theil und harmonisch mit den andern verknüpft sein!

„Hat ein Künstler gelebt, der so hoch stieg?" Keiner. Man will nur
Ueberall sehn, er habe nach Vollendung gerungen.

In diesem geisteskräftigen Ringen nach Vollendung
steht unter den Mitstrebenden nur Einer ihm zur Seite,
dessen Streben sich auf andern Gebieten der Literatur
mit eben so ruhmeswerthen Erfolgen bethätigte —
Lessing, während Wieland mehr eine leicht erregte und
die von verschiedenen Seiten empfangenen Eindrücke
reproducirende Dichternatur war, gewandt im Vermitteln der Gegensätze unserer Literatur. Was in
der Mitte des 18ten Jahrhunderts neben diesen drei
Sternen erster Größe geglänzt hat, ist jetzt so ziemlich verblichen und von der Geschichte auf seinen wahren
Werth herabgesetzt. Verunglückt sind die Nachahmungen der Messiade, weil man wohl das epische Gerüste
und die Aeußerlichkeiten Klopstock'scher Sprache zu
copiren vermochte, aber die weiten Räume dieses Ge-
bäudes nicht auszufüllen verstand. Bodmer z. B.
verfaßte ein Epos „Noah oder die Sündfluth," über
dessen Schönheiten, die jetzt niemand mehr zu finden
vermag, damals Bücher geschrieben wurden. In der
Schweiz, vornehmlich in dem Kreise, der sich um
Bodmer gebildet hatte, fand die religiöse und sen-
timentale Seite der Klopstock'schen Poesie die meisten
Verehrer und Nachahmer, unter denen keiner zu seiner
Zeit reicheren Ruhm erntete, als Salomon Geßner,
dessen „Tod Abels," dessen „Idyllen" die Nachklänge
Klopstock'scher Gefühlweise am reinsten wiedergeben,
aber mit einer Weichheit und Sentimentalität, daß in
diesen überspannten Schilderungen alle Umrisse der
Charaktere verwischt sind und von Handlung kaum die

Rede sein kann. Was die wahre Idylle sei, lernte erst Voß von Homer und führte uns in wirklich vorhandene Zustände ein.

Nachhaltiger zeigt sich die Einwirkung Klopstocks in der lyrischen Dichtung. Er beseitigte die trockene Lehrdichtung, er machte zum Inhalt der Lyrik die innigsten Regungen des Gemüths, die Empfindungen der Liebe und Freundschaft, die in der bisherigen ceremoniellen Poesie kaum ein offenes Geständniß gewagt hatten, die höchsten menschlichen Interessen, Religion und Vaterland. In der religiösen Ode hat Klopstock Andreas Cramer zur Seite, der vergebens den Wettlauf versuchte, in welchem er weit zurück blieb; nur einige Kirchenlieder haben sein Andenken als Dichter erhalten. In der patriotischen Lyrik wetteiferten die preußischen Dichter, welche die Thaten Friedrichs besangen und durch den engeren Zusammenhang mit der Gegenwart vor Klopstock einen Vorsprung hatten. Allein was ist Ramler, der gepriesene Berliner Horaz, gegen Klopstock gehalten! Was bei diesem frische Frucht ist, ist bei jenem nur dürre Schale, eine glatte Sprache in Odenversmaßen, welche ohne den Klang des künstlichen Rhythmus sich völlig wie Prosa liest. Man leistete ihm daher einen schlimmen Dienst, als man seine Oden, um Friedrich dem Großen Geschmack an dem größten Dichter Berlins beizubringen, ins Französische übersetzte. Das Eine Verdienst bleibt ihm unbestritten, als sprachkundiger Uebersetzer römischer Dichter eine Bahn gebrochen zu haben, welche nach ihm Voß mit glücklicherem Erfolge ging. Auf derselben bescheidenen Stufe hält sich Alles, was in dem halberstädtischen

Kreise, der sich um Gleim bildete, gedichtet ward.
Kleist's Dichtungen ziehen uns, so wenig vollendet
ihre Form ist, durch die Wahrheit des elegischen Gefühls an, das durch den frühen Tod des Dichters auf
dem Felde der Ehre eine noch tiefere Bedeutung gewinnt. Sein „Frühling" war nach Haller's Alpen
das beste beschreibende Gedicht, reiht aber die Scenen
mehr äußerlich an einander, so daß wir zwar wech-
selnde Bilder an uns vorüberziehen sehn, doch ohne
die Poesie des Naturlebens, die ja auch dem Land-
schaftsgemälde erst den echten Reiz verleiht, mitzu-
genießen. Wie manche seiner Gedichte, so wird
man auch die Oden und Lieder des Ansbachers Joh.
Peter Uz nicht ohne Genuß lesen, weil ein edles Gemüth, ein tüchtiger moralischer Sinn sich in ihnen
ausspricht, wenn auch die höhere poetische Weihe fehlt.
Das war eine Reihe der berühmtesten Namen aus der
Zeit vor 1770, über die Klopstock weit emporragte, ja
die zum Theil nur auf ihn gestützt zu einiger Bedeutung gelangten. Einen noch weit fruchtbareren Boden
fand die Klopstock'sche Poesie in der nach 1770 zur
Geltung gelangenden jüngeren Generation. Sein
verehrter Name war die Losung des Göttinger Dichter-
bundes, der Hölty, Voß und die Stolberge zu Mit-
gliedern zählte. Seine Messiade trug die deutsche
Poesie wiederum nach dem katholischen südlichen Deutschland; hier, wo man aller Poesie fast entwöhnt war,
trugen herumreisende Declamatoren die Messiade vor,
und wer einen Begriff haben will, welche Wirkungen
diese Vorträge hatten, braucht nur die Selbstbiographie
des durch seine Gedichte wie durch seine schmähliche

Gefangenhaltung bekannten Schubart zu lesen, der durch ähnliche Vorlesungen aus dem Messias ganze Versammlungen zu Ulm und Augsburg in Thränen versetzt zu haben bekennt. Wien erhielt damals seine ersten Dichter; am Rhein wird es nach und nach lebendig; Schwaben, lange in seiner Bildung durch geistlichen und weltlichen Druck gehemmt, machte die ersten Versuche, an deutscher Literatur Theil zu nehmen, sämmtlich in Klopstockscher Weise. So mußten erst ganze Landschaften Deutschlands für die Theilnahme an der deutschen Literatur wieder erobert werden. Gerade aus diesen bis dahin theilnahmlosen Landschaften kam die frische neue Kraft, kamen Goethe und Schiller, welche unsere Literatur in eine Bahn brachten, die uns über den Standpunct Klopstock's hinausführte. So wenig er selbst dies hat anerkennen mögen und darin mit der Ansicht vieler Mitlebenden zusammentraf, wird es doch jetzt kein stimmfähiger Beurtheiler unserer Literatur bezweifeln.

Herder

in

seiner Jugend und im Aufgange des Ruhms.

1861.

In der oftpreußischen Ebene liegt zwischen Haide und Sümpfen verstedt das unscheinbare Städtchen Mohrungen, seit den Kämpfen des deutschen Ordens unberührt von den Stürmen politischer Ereignisse und in den Jahrbüchern der Geschichte durch nichts ausgezeichnet, als dadurch, daß einer der hervorragendsten Vertreter und Förderer deutscher Geistesbildung hier, gleichsam an den äußersten Grenzen deutscher Nationalität, ins Leben eintrat. Am 25. August 1744 wurde Johann Gottfried Herder in Mohrungen geboren.

Sein Vater hatte wenige Jahre zuvor das Weberhandwerk, das ihn und seine Familie nicht mehr nährte, mit dem Amte eines Mädchenschullehrers und Vorsängers bei dem damals noch dort gehaltenen polnischen Gottesdienste vertauscht, ein fleißiger, biederer Mann, ernst und schweigsam, doch freundlich und liebevoll gegen die Seinen, zufrieden mit dem bescheidenen Einkommen, das bei sparsamem Haushalte eben genügte, um die Familie vor Dürftigkeit zu schützen. Zu der treuen, fleißigen, frommen Mutter fühlten sich die Kinder, unter denen Gottfried der einzige Sohn war, am meisten hingezogen; sie war lebhaften Geistes, gesprächig, die aufmerksamste Zuhörerin in der Kirche; ihr Haus und die Kirche waren ihre Welt. Ihr sanftes Betragen milderte den Ernst des Vaters, und ihre zarte Natur ging auf den Sohn über.

In dem Elternhause herrschte Liebe und Frömmigkeit zugleich mit alter strenger Zucht. „Mein Vater," erzählt Herder, „war ein ernster Mann, der wenig Worte machte; alle häuslichen Geschäfte und die Lectionen waren an Zeit und Ordnung streng gebunden; wenn das Geschäft jetzt gethan werden mußte, so durfte keins der Kinder sich entschuldigen — es mußte gethan werden. Nur bei einer so strengen Ordnung konnten meine Eltern mit ihrer geringen Einnahme auskommen. — Wenn mein Vater mit mir zufrieden war, so verklärte sich sein Gesicht; er legte seine Hand sanft auf meinen Kopf und nannte mich Gottesfriede. Dies war meine größte, süßeste Belohnung. Streng und gerecht in hohem Grad, aber eben so gutmüthig war er; sein ernstes, schweigendes Gesicht mit dem kahlen Scheitel vergesse ich nie." Eben so trug er seine Mutter im Herzen. Mehrmals erzählte er den Seinigen, mit wie sanfter Gemüthsart und Liebe sie ihre Kinder behandelt, wie unermüdet fleißig sie mit ihren Töchtern gewesen sei.

Der in Fleiß vollbrachte Tag wurde jedesmal von der Familie Herder mit dem Gesange eines geistlichen Liedes beschlossen. Tief und bleibend war der Eindruck, den dieser fromme Abendgesang auf Herder's Gemüth gemacht hatte; er erinnerte sich oft daran mit Rührung und wehmüthiger Sehnsucht; noch später

verlangte ihn oft, in bewegter Stimmung ans Clavier
zu treten und in der Stille der Nacht einen der alten
Choräle wieder zu singen. Mit der Bibel ward der
Knabe früh vertraut. Bücher, wie „Arnd's wahres
Christenthum", bildeten einen Hauptbestandtheil der
kleinen Familienbibliothek des Herder'schen Hauses.

Zu seiner weiteren Ausbildung wurde Herder
auf die lateinische Schule seiner Geburtsstadt geschickt.
Der Rector Grimm war ein alter, oft mißlauniger
Mann, der die damals gewöhnliche Schuldisciplin
mit despotischer Strenge handhabte. Seine Schüler
zitterten vor seiner Zuchtruthe, die selten von seiner
Seite kam. Sobald sie das Schulgebäude nur von
weitem erblickten, mußten sie mit entblößtem Haupte
sich ihm nähern. Im Grunde seines Herzens war
jedoch viel Biederkeit und Rechtschaffenheit. Er unter-
richtete gern; wäre es ihm gestattet gewesen, würde
er selbst die Nächte seinen Schülern gewidmet haben;
wenn sie etwas recht gut gemacht hatten, konnte er
sie oft herzlich küssen. Seine Lehrstunden waren für
Herder, den er als seinen fleißigsten Schüler mit be-
sonderer Liebe auszeichnete und den Uebrigen oft als
Muster vorstellte, nicht ohne vielfachen Nutzen; wenigstens wurde das, was gelehrt ward, aufs gründlichste
eingeprägt. Zwar lief der Unterricht der Hauptsache
nach auf fertiges Lateinschreiben und Lateinsprechen
hinaus. Die Lectüre erstreckte sich nicht auf die geist-
vollsten Historiker und Dichter des Alterthums; indeß
lernte Herder in besonderen Stunden, die der fleißige
Lehrer ihm und einigen auserwählten Mitschülern
widmete, auch die Anfangsgründe des Griechischen

10*

und Hebräischen, wodurch er eine Grundlage für seine
eifrigen Privatstudien gewann. Mit Dankbarkeit hat
er stets seines gestrengen Lehrers gedacht, wenn er
auch bekannte, welch eine freiere Bildung sein Geist
durch einen methodischen, anschaulichen Unterricht erhalten haben würde.

Das Meiste verdankte er seiner fleißigen Lectüre.
Wo er irgend ein gutes Buch entdeckte, suchte er es
zu leihen, und nicht bloß zu flüchtigem Durchlesen:
frühzeitig begann er sich Auszüge zu machen, Alles
in klarer Zusammenstellung, meist in tabellarischer
Form. Für die Poesie offenbarte sich ein reger,
empfänglicher Sinn schon in dem Knaben; lyrische
Versuche fallen in frühe Jahre. Gern suchte er mit
einem guten Buche die Einsamkeit, um sich seinen
Gedankenträumen ungestört überlassen zu können. Sein
Lieblingsspaziergang war um den Mohrunger See
durch das schöne Wäldchen, das er in einem seiner
gefühlvollsten Gedichte „Fliegt ihr, meine Jugend-
träume!" besungen hat. Uebrigens war er ein stiller,
schüchterner Knabe. Selten sah man ihn laufen und
springen und sich den Spielen der Jugend anschließen.
„Von Kindheit auf erinnere ich mich nichts als Scenen
der Empfindsamkeit und Rührung oder eines einsamen
Gedankentraumes, der meistens von Planen des Ehr-
geizes belebt wurde, die man in einem Kinde nicht
sucht" — so charakterisirt Herder kurz seine geistige
Eigenthümlichkeit in den Jahren der Kindheit. Ein
Zug seiner empfindsamen zarten Natur ist unter andern, daß ihm, als er zum erstenmal im Homer auf
die Stelle traf, wo das rasch von der Erde ver-

schwindende Geschlecht der Menschen mit den Blättern der Bäume verglichen wird, die Thränen ausbrachen.

Den Religionsunterricht erhielt er von dem Prediger Willamovius, dem Muster eines liebenswürdigen Religionslehrers. An ihm hing Herder mit innigster Liebe: in diesem frommen Pfarrhause schien ihm ein Himmel auf Erden aufgethan; er fand hier Nahrung für Geist und Herz; er fand hier, was er so sehr bedurfte — Liebe.

Um die Zeit seiner Confirmation vertrat der junge Herder mehrmals seinen Vater in der Schule. Der Trieb zu lehren, der stets einen Grundzug in Herder's Wesen ausmachte, erhielt dadurch frühzeitige Anregung. Indeß traf um jene Zeit Manches zusammen, um sein Gemüth niederzudrücken. Seine Zukunft fing an, ihn mit Sorge zu erfüllen; dem Licht der Wissenschaft hatte sein Geist sich geöffnet; mächtig zog es ihn hinaus über die beengende Wirklichkeit, und stets fühlte er sich von ihren Schranken festgebannt. Ein Augenleiden, das allen Heilversuchen widerstand, war allein schon geeignet, eine mißmuthige Stimmung zu unterhalten. Vielleicht trug es jedoch dazu bei, ihn von einer andern Gefahr zu befreien, die lange Zeit wie ein drohendes Gespenst über seinem Haupte schwebte und ihn mit Sorge erfüllte: er war in seinem Kantonsbezirke in das Militär eingeschrieben und konnte jeden Augenblick ausgehoben werden. Er blieb glücklich verschont. Diese Eindrücke der Jugendzeit flößten ihm eine Abneigung gegen den preußischen Militärstaat so tief ein, daß er auch in späteren Jahren für sein Vaterland keinerlei Sympathie fühlte. Zunächst

trat aber auch für seine äußeren Umstände eine un=
günstige Aenderung ein.

Im Jahre 1760 kam Trescho, der als Prediger
und besonders als fruchtbarer Schriftsteller im Fach
der Erbauungsschriften eine gewisse Berühmtheit er=
langt hatte, als Diaconus nach Mohrungen. Er hatte
Herder schon als Kind gekannt; jetzt war er zum
Jüngling gereift, und Trescho selbst erzählt, wie sehr
er betroffen gewesen sei, als er ihn auf seine kateche=
tischen Fragen und bei der Wiederholung der Predigten
fertig und besonnen antworten hörte. Da Trescho,
ein kränklicher Mann, allein mit seiner Schwester,
welche die Wirthschaft führte, in einem leeren Hause
wohnte, so nahm er ihn, ohne ihn in seinen Schul=
besuchen zu beschränken — auch die Kost hatte er bei
den Eltern — als seinen Hausgenossen zu sich.
Die Eltern mochten sich von diesem Verhältniß ganz
andere Dinge versprechen, als sich erfüllten. Die
Schwester behandelte den geduldigen Knaben als einen
Hausburschen; sie gebrauchte ihn zu allerhand häus=
lichen Verrichtungen, zu Marktbesorgungen und Boten=
diensten, und da er sich bei solchen mechanischen Be=
schäftigungen oft linkisch benahm, so gab es viel Ta=
delns und Scheltens. Trescho selbst nutzte ihn als
gelehrten Famulus und ließ umfangreiche Manuscripte
von ihm abschreiben. Wenn er dabei gelegentlich die
Kenntnisse seines jungen Gehülfen förderte, so geschah
es keineswegs in der Absicht, seinen Wissenstrieb auf=
zumuntern und ihn in die höhere Laufbahn gelehrter
Studien einzuführen, er ertheilte ihm keinen Unter=
richt. Bei der Mittellosigkeit der Eltern hielt er es,

seinem eigenen Geständnisse nach), für nachtheilig, Wünsche zu erregen, die keine Befriedigung finden könnten: nach seiner Ansicht sollte Herder künftig als ehrbarer Mohrunger Bürger sein Brod verdienen. Die bekümmerte Mutter mußte oft von dem hart-gesinnten Mann hören: „wo sie wohl hindächte, wenn sie wünsche, ihr Sohn möge studiren oder irgend zu etwas Anderem, als zu einem Handwerk schreiten."

Unter dem Druck indeß, dem ein schwächerer Geist als Herder erlegen wäre, stärkte sich die in-wohnende Kraft des Genius, um die unüberwindlich scheinenden Schwierigkeiten zu besiegen. Mancher ein-zelne Zug verrieth in dem schüchternen schweigsamen Jüngling, daß es in seinem Innern vorwärts drängte. Die ansehnliche Bibliothek Trescho's war für sein Privatstudium ein reicher Schatz. Die Nacht gebrauchte er insgeheim zum Lesen und ersparte sich von seinem geringen Frühstücksgelde soviel, um das zu seiner Lampe erforderliche Oel kaufen zu können. Einstmals bemerkte Trescho in einer schlaflosen Nacht durch die Ritzen der Thür, welche in Herder's Schlafkammer führte, einen Lichtschimmer. Er trat ein und fand ihn in seinem Bett in tiefem Schlaf, umgeben von einem Haufen von Büchern, meist griechischen und lateinischen Classikern, und in der Mitte das brennende Licht. Der Schlaf hatte ihn beim Lesen übermannt. Trescho verlöschte das Licht, und am andern Morgen, nachdem er seinen Unwillen gegen ihn ausgelassen und ihm das Lichtbrennen untersagt hatte, fragte er ihn, indem er das griechische neue Testament aufschlug, ob er, was er gelesen habe, auch verstehe. Herder ant-

wortete, er bemühe sich und glaube auch es zu ver=
stehen. Trescho ließ sich eine Stelle übersetzen und
war erstaunt über die Fertigkeit und Richtigkeit der
Uebersetzung.

In Trescho's Büchersammlung lernte er auch die
deutschen Dichter näher kennen und machte selbst Ver=
suche in deutschen Versen, in denen er für seine
schwermüthige Stimmung einen Ausdruck suchte. Einst=
mals gab ihm Trescho den Auftrag, ein Packet
Manuscripte zur Post nach Königsberg an den Buch=
händler Kanter zu besorgen. Diese wurden ge=
druckt und zugleich eine Ode „Cyrus an Astyages"
zur Feier der Thronbesteigung Peters III. Sie ward
mit großem Beifall aufgenommen. Kanter fragte bei
Trescho an, wer der Verfasser der Ode sei. Dieser
ließ Herder vor sich kommen, um Rede zu stehen,
wer das Gedicht dem Packete beigelegt habe. Herder
konnte nun das Geständniß nicht zurückhalten, daß er
es gewagt habe, diesen kleinen poetischen Versuch als
unbedeutende Beilage mitzusenden. Seitdem stieg
Herder's Ansehen auch in den Augen seiner Mitbürger:
Trescho mußte ihn etwas besser behandeln und ließ
ihn seitdem — an einem Tische mit ihm schreiben.

Indeß nahte sich das Ende der Leidenszeit. Ein
russisches Regiment, das aus dem siebenjährigen Kriege
nach Rußland zurückkehrte, kam durch Mohrungen.
Bei demselben befand sich ein Regimentschirurgus —
nach Einigen soll er Schwarzerloh geheißen haben,
was indeß nicht ganz erwiesen ist, da seltsamer Weise
selbst Herder dessen Namen vergessen hatte — Kur=
länder (nach Andern Schwede) von Geburt und in

den medicinischen Wissenschaften auf der Universität
Abo vorgebildet, überhaupt ein Mann, der durch seine
angenehme Persönlichkeit, seinen rechtschaffenen Charakter
und seine Bildung den vortheilhaftesten Eindruck machte.
Bei einem seiner Besuche in Tresdo's Hause wurde
ihm zufällig durch Herder's Hand ein Glas Wasser
überreicht. Er betrachtete ihn aufmerksam und er=
kundigte sich näher nach dem Jüngling, dessen beschei=
denes Wesen wie leidendes Aussehen ihm Theilnahme
eingeflößt hatte. Er suchte dessen Augenübel zu heilen,
besprach sich mit den Eltern und erklärte sich bereit,
ihren Sohn mit sich zu nehmen, ihn in der Wund=
arzneikunst zu unterrichten und für seine Zukunft zu
sorgen. Welche Freude war nun im Herderschen
Hause! Gottfried war froh, wie der Gefangene, dem
die Thür seines Kerkers geöffnet wird, als er mit
seinem Wohlthäter die Reise nach Königsberg an=
trat. Seine Geburtsstadt, seine Eltern sah er nicht
wieder.

Die Einfahrt in die große Stadt Königsberg,
die ihm eine ungekannte Welt eröffnete, blieb ihm
unvergeßlich. „Einzig war der Eindruck," pflegte er
zu erzählen, „aus meinem armen stillen Mohrungen
in die große, gewerbreiche, geräusch= und geschäfts=
volle Stadt mit einem Male versetzt! wie staunte
ich Alles an! wie groß war mir Alles!" Zunächst
war es ihm nur um Befreiung zu thun gewesen.
Zur Chirurgie fehlte alle und jede Neigung. Der
russische Wundarzt nahm ihn bald nach ihrer Ankunft
zu einer Section mit — hier sank sein Zögling vor
Grausen in Ohnmacht, und damit stand des jungen

Herder Entschluß fest, eine andere Bahn zu suchen.
Er blieb in Königsberg zurück, indem er seinem Erretter einen kleinen Tribut des Dankes dadurch ab-
stattete, daß er seine medicinische Abhandlung für ihn
ins Lateinische übersetzte. Dieser empfahl ihn bei
seiner Abreise dem dortigen Arzte Hamann, dessen
Sohn, der in der Geschichte der Literatur wie in
Herder's Leben eine ausgezeichnete Stelle einnimmt,
bald sein vertrauter Freund ward.

In Königsberg traf Herder mit einem seiner
tüchtigsten Mohrunger Mitschüler, Emmerich, damals Candidaten der Theologie, zusammen. Dieser
munterte ihn in seinem Vorsatz, seiner Neigung zur
Theologie zu folgen, auf und ertheilte ihm den Rath,
sich sogleich unter die Studirenden aufnehmen zu
lassen. Herder bekannte ihm furchtsam seine Bedenken,
daß seine Kenntnisse wohl nicht zureichend befunden
würden; darüber beruhigte ihn Emmerich. Das Examen
fiel sehr befriedigend aus, und mit dem 9. August
1762 war Herder Student. Seine Baarschaft war
aufgezehrt. Dennoch schrieb er den Eltern, indem
er ihnen sein Vorhaben meldete, daß er zu seinem
weitern Unterhalt nichts verlange, sondern durch eigenen Fleiß sich fortzuhelfen hoffe. Trescho war sehr
unzufrieden; andere edelgesinnte Mohrunger bedachten
ihn durch einige Geschenke, und ein für Mohrunger
Stadtkinder gestiftetes Stipendium ward ihm ertheilt.
Emmerich besorgte ihm ein Logis und verschaffte ihm
einigen Privatunterricht. Herder war zufrieden und
sparsam, und über alle Beschwerden des Lebens half die
Begeisterung für die wissenschaftlichen Studien hinweg.

Bald hatte er durch diese sich Freunde und Gönner erworben, die dem aufstrebenden Talente hülfreich und liebevoll entgegenkamen. Zu den edelsten und gebildetsten zählte der Buchhändler Kanter, dem er schon von Mohrungen aus durch seine Ode „Cyrus" bekannt geworden war. Sein Haus war ein Vereinigungspunct der Gelehrten Königsbergs. In dem Lesezimmer wurden jeden Posttag die neuangekommenen literarischen Producte auf einen großen Tisch gelegt: um 11 Uhr pflegten ältere und jüngere Gelehrte, die mit Kanter befreundet waren, hier zusammenzutreffen, um sich zu belehren und zu unterhalten. Auch Herder ward durch Hamann eingeführt. Manchmal erzählte Herder seiner Familie von seinem ersten unersättlichen Genuß der in Kanter's Hause ausgelegten Bücher, bei denen er, so oft es seine Zeit erlaubte, Stunden, halbe, ja ganze Tage beschäftigt war. Die Lectüre war bei ihm wichtiger, als das Anhören von Vorlesungen. Auch in deren Wahl zeigt sich der umfassende Gesichtspunct, aus dem er das Reich der Wissenschaften betrachtete. Am eifrigsten hörte er die philosophischen Vorträge des großen Immanuel Kant, der ihm den unentgeltlichen Besuch seiner Vorlesungen gestattete. Kant ahnte die künftige Bedeutung des genialen Jünglings. Einst in einer heiteren Frühstunde — so erzählt ein Studiengenosse Herder's — wo Kant mit vorzüglicher Geisteserhebung und, wenn die Materie die Hand bot, wohl gar mit poetischer Begeisterung zu sprechen und aus seinen Lieblingsdichtern Pope und Haller Stellen anzuführen pflegte, war es, wo der geistvolle Mann sich

über Zeit und Ewigkeit mit seinen kühnen Hypothesen
ergoß. Herder wurde sichtbarlich und so mächtig davon
ergriffen, daß er, als er nach Hause kam, die Ideen
seines Lehrers in Verse kleidete, die Haller Ehre ge=
macht hätten. Kant, dem er sie am folgenden Morgen
vor Eröffnung der Stunde überreichte, war betroffen
von der meisterhaften poetischen Darstellung seiner
Gedanken und las sie mit lobpreisendem Feuer im
Auditorium vor.

Einige Gedichte sowie kleinere Aufsätze ließ Herder
damals in der Königsberger Zeitung erscheinen; alle
haben den schwülstigen Ausdruck, der damals durch
Klopstock's Dichtersprache in Aufnahme gekommen war,
aber in einzelnen Stellen bricht tiefe Empfindung
durch. Kant sagte einmal bei Gelegenheit eines Char=
freitagsgedichts: „Wenn das brausende Genie wird
abgegohren haben, wird er mit seinen großen Talenten
ein nützlicher Mann werden."

Schon im Jahre 1763 wurde Herder auf Ha=
mann's Empfehlung als Inspicient in das Collegium
Fridericianum aufgenommen. Mit diesem war näm=
lich eine Pensionsanstalt verbunden. Auf jedem
Zimmer wohnten gewöhnlich zwei Kostgänger unter
Aufsicht eines Studirenden, der weiter keine Ver=
pflichtung hatte, als das Morgen= und Abend=
gebet mit ihnen zu halten und darauf zu sehen, daß
sie sich außer den Schulstunden zweckmäßig beschäf=
tigten, wofür er freie Wohnung, Heizung und Licht
erhielt. Der Inspicient erhielt indeß dadurch zugleich
Gelegenheit, sich durch Privatunterricht an seine Unter=
gebenen etwas zu erwerben. Bald wurden Herder

auch Unterrichtsstunden in der Lehranstalt übertragen.
Man erstaunt über die Vielseitigkeit des kaum neun-
zehnjährigen Jünglings, wenn man erfährt, daß er in
der griechischen, lateinischen, hebräischen und französischen Sprache, und außerdem noch in Geschichte und
Mathematik, zum Theil bis in die oberen Classen,
unterrichtet hat. Und dennoch ward er kein gelehrter
Tagelöhner, sondern sein Genius schuf große Entwürfe als Lebensaufgaben für die Zukunft und stärkte
seine Kraft an der immer frischen Quelle der Wissenschaft. Nur an wenige auserwählte Freunde schloß er
sich an. Außer Emmerich und Hamann, der bald von
ihm getrennt ward, schätzte er den Umgang mit Gottfried Schlegel, der damals sein College am Fridericianum war und als Generalsuperintendent und
Prokanzler der Universität Greifswald gestorben ist.
Mit dem nachmaligen Kriegsrath Kurella verband
ihn vornehmlich die Liebe zur schönen Literatur. „Unsere
erlebten Stunden“ — schreibt Kurella vierzig Jahre
später an einen Freund — „waren die seligsten. Der
Gegenstand unserer Unterhaltung waren die schöne
Literatur und die kritischen Journale. . . . . Wir
waren dann bei einer Tasse Thee froher, als mancher
leere Kopf bei einer Flasche Tokaier. Seine Superiorität benutzte ich mit einem Heißhunger . . . . so
trug sein Umgang sehr viel zu meiner Ausbildung
bei; denn er war schon damals eine lebendige
Bibliothek. Die Welt war für uns nicht da; wir
waren beisammen uns Alles, und froh, wenn die
Stunde schlug, die uns in die Arme führte — auch
waren wir immer allein beisammen, weil ich nur

meinen Herder hören wollte, deſſen ſüßer Ton ganz
hinriß und deſſen großer Geiſt Alles umfaßte."

Im Jahre 1764 machte Herder zuerſt als R e d =
n e r Aufſehen.   Kanter's verſtorbener Schweſter hielt
er am Sarge eine Gedächtnißrede voll Feuer; ſie er=
ſchien im Druck und erregte allgemeines Aufſehen.

Königsberg hielt Herder nicht lange.   Auf Ha=
mann's Betrieb erhielt er im Herbſte 1764 eine Be=
rufung nach R i g a.   In einer höchſt traurigen Zeit
ſollte er von Königsberg Abſchied nehmen: eine große
Feuersbrunſt hatte im November einen Theil der Stadt
in Aſche gelegt; ſein Abſchiedsgedicht war der „Trauer=
geſang über die Aſche Königsbergs."   Am 22. No=
vember reiſte er ab und verließ damit ſein Vaterland
Preußen für immer.   Er hatte es nicht geliebt.   Riga
erſchien ihm als die Stätte bürgerlicher Freiheit, wie
er ſie noch nie gekannt hatte.   Gern ſprach er nach=
mals von dem Gemeingeiſt, von den ſchönen Reſten
des Geiſtes der alten Hanſeſtädte, die er dort ge=
troffen und durch die er ſeine Anſichten über bürger=
liche und politiſche Verhältniſſe geweckt und genährt habe.

Sein Amt in Riga war ein doppeltes.   Er ward
Lehrer an der Domſchule und Gehülfsprediger.   Seine
Abhandlungen „von der Grazie des Lehrers", und
„der Redner Gottes" ſind Beweiſe, mit welch einem
idealen Eifer er in beiden Richtungen nach dem höch=
ſten Ziel ſtrebte.   Zwanzig Jahr alt, erſcheint er doch
in Allem als der gereifte Mann — viel Arbeit, aber
viel Arbeitskraft, Luſt und Ernſt.   Leicht überwand
er die Mühen durch heitere, raſche Thätigkeit und ein
Gemüth voll Zufriedenheit.   Strenge und Milde wußte

er als Erzieher der Jugend so zu vereinigen, daß
seine Schüler mit innigster Liebe an ihm hingen.
Seine Rednergabe zog eine zahlreiche Zuhörermenge
zu seinen Predigten, welche, wenn auch oft mit den
Blumen einer phantasievollen Beredsamkeit allzu ver-
schwenderisch ausgestattet, doch auch durch die Gedankenfülle und Wärme der Ueberzeugung fesselten.
An keinem Orte hat er sich wohl innigere Freunde
erworben, als in Riga; er war heiterer, mittheilender,
geselliger, als je zuvor oder hernach. Allgemeine
Liebe, Achtung, ja Bewunderung kam ihm von allen
Seiten entgegen. Einer seiner treuesten Freunde
war der Buchhändler Hartknoch, mit dem er schon
in Königsberg Bekanntschaft gemacht hatte; er er-
leichterte ihm zugleich die Anschaffung literarischer
Hülfsmittel, die er bei dem Mangel einer großen
öffentlichen Bibliothek oft schmerzlich entbehrte, und
wurde der Verleger seiner ersten schriftstellerischen
Versuche.

Umfassende literarische Entwürfe brachte Herder
schon aus Königsberg herüber und setzte seine Studien
in staunenswerthem Umfange fort. Geschichte der
Menschheit, Geschichte der Poesie, Geschichte der
Religionen, morgenländische Alterthumskunde sind ge-
wissermaßen die Ueberschriften über den Hallen seiner
wissenschaftlichen Forschungen, in denen fortan sein
denkender und schaffender Geist verweilte. Seinen
Ruf als Schriftsteller gründete er zuerst durch die
**Fragmente über die neuere deutsche Lite-
ratur**, welche in den Jahren 1766 und 1767 erschienen. In der ersten Sammlung bespricht er die

Gesetze der Sprache, die Formen des Stils und des
Versmaßes; er verlangt vor allen Dingen, daß man
sich frei mache von der bisherigen Steifheit und Be=
dächtigkeit und dagegen der Phantasie, der Leidenschaft
eine freiere, lebendigere Bewegung einräume. Wie
er auf Feuer und Kraft in der Sprache dringt, so
giebt sein eigener, frischer, hin und her springender
Stil, der alle Anziehungskraft jugendlichen Schwunges
hat, ein redendes Beispiel, wie er die Sprache be=
handelt wissen will.

Die zweite Sammlung vergleicht die morgen=
ländische und die griechische Poesie mit den deutschen
Dichtern seines Jahrhunderts, zeigt den Unterschied
und weist damit zugleich auf das Ziel hin, dem wir
entgegenzustreben haben. In der dritten Sammlung
geht er auf den Vergleich mit der lateinischen Poesie
ein. Hatte er bis dahin die Poesie allein ins Auge
gefaßt, so wandte er sich in den kritischen Wäl=
dern zu der Beurtheilung der bildenden Künste, um
auch auf diesem Gebiete seine Ansichten über das
Schöne in der Kunst zur Geltung zu bringen. Rasch
hatte er sich durch diese gehaltvollen Schriften bei
den namhaftesten Vertretern der Kritik in Ansehen
gesetzt; man drängte sich von allen Seiten mit Briefen
an ihn und suchte seine Mitarbeit an den gelesensten
Zeitschriften.

Herder hat die in Riga verlebten Jahre seine
goldene Zeit genannt. Und doch fehlte es bei seinem
reizbaren Gemüthe, dem stets ein höheres und un=
erreichbares Ziel vor Augen schwebte, keineswegs an
Stunden des Unmuths und bitterer Klagen, daß er

unter andern Verhältnissen mehr hätte werden können
und Jahre von seinem Leben verliere. An Hamann
schrieb er im Herbst 1766: „Da ich immer mehr
meine hiesige Situation, den Genius dieses Ortes
und meine eigenen Projecte kennen lerne, so mehren
sich meine Einsichten und meine Melancholieen; es
ist ein elend, jämmerlich Ding um das Leben eines
Literatus und insonderheit in einem Kaufmannsorte."
Indeß als im nächsten Jahre ihm die Gelegenheit
dargeboten wurde, Riga mit Petersburg zu vertauschen, wo man ihm von Seiten der lutherischen Gemeinde die Stelle eines Directors des Instituts der
Sprachen, Künste und Wissenschaften antrug, schlug
er sie aus, weil er fürchtete, zu viel zerstreuende Geschäfte übernehmen zu müssen, so daß dieser Posten
das Grab seiner Ruhe werden müsse. „In Riga" —
so spricht er sich in einem Briefe darüber aus —
„sah ich einen freundschaftlichen Auflauf meinetwegen,
ich sah Thränen fließen, wo ich sie nicht vermuthet
hatte, man wünschte mich zu erhalten und nur gleich
eine Stelle für mich offen zu haben. Da keine war,
so öffnete der Rath eine außerordentliche. Er erklärte
mich zum associirten Pastor der beiden vorstädtischen
Kirchen (Jesus und Gertrud), ohne daß ich bei meiner
Augenkur aus dem Zimmer gekommen war. Bei der
Schule behielt ich meine drei und im Winter zwei
Stunden, ohne das beschwerliche Vicariat führen ze
dürfen; als Pastor habe ich in der einen Kirche allu
vierzehn Tage, in der andern alle Fest-, Buß- und
Marientage zu predigen und außerdem den Leichen
beizuwohnen. Ich habe also, wenn keine Krankheiten

vorfallen, mittelmäßige Arbeit und zwischen 5 bis
600 Rthlr. möchte ich an Gehalt stehen, wenn ich
Alles zusammennehme." Am 10. Juli ward er ordi-
nirt und trat demnächst sein Amt in beiden Kirchen an.

Je mehr sich indeß sein Geist erweiterte, desto
beengender ward für ihn seine Stellung. Mit dem
Frühjahr 1769 sollte ein kühner Entschluß, wie er
nur in dem Geiste eines Herder zur Reife kommen
konnte, alle Fesseln mit einem Male zerreißen. „Geliebt von Stadt und Gemeinde" — so spricht er sich
nachmals über diesen entscheidenden Wendepunct seines
Jugendlebens aus — „angebetet von meinen Freunden
und einer Anzahl von Jünglingen, die mich für ihren
Christus hielten! der Günstling des Gouvernements
und der Ritterschaft, die mich, weiß Gott! zu welchen
Ab- und Aussichten bestimmten — ging ich demohn-
geachtet vom Gipfel dieses Beifalls und aus den
Armen einer unglücklichen Freundin, taub zu allen
Vorschlägen einer kurzsichtigen Gutherzigkeit, unter
Thränen und Aufwallungen Aller, die mich kannten,
ging ich weg, da mir mein Genius unwider-
stehlich zurief: Nütze deine Jahre und blicke
in die Welt!"

Aus diesen Worten geht zur Genüge hervor,
daß man ihn ungern scheiden sah. Da jedoch alle
Versuche, seinen Entschluß wankend zu machen, vergeblich waren, ertheilte man ihm unter dem 9/20.
Mai in den ehrenvollsten Ausdrücken seine Entlassung.
Damals dachte er noch nicht, daß er die Stadt, wo
er die glücklichsten Jugendjahre hingebracht, wo er
den Grund zu seinem literarischen Ruhm gelegt hatte,

nicht wiedersehen werde; denn die Hoffnung begleitete
ihn in die Ferne, dereinst mit größerer geistiger Reife
zurückzukehren und der Gründer eines großen lief-
ländischen Erziehungsinstituts zu werden. Ein dank-
bares Gefühl hat er der geliebten Stadt stets bewahrt: er sprach es auch beim Scheiden aus in der
wehmuthvollen Ode: „Als ich von Liefland zu Schiffe
ging," den Moment erfassend, wo seine Freunde,
unter ihnen der treugesinnte Hartknoch, mit ihrem
Boot sich von dem Schiffe trennten, das ihn über
die Ostsee tragen sollte.

Dein Mutterschooß empfing den Fremdling sanfter
   Als sein verjochtes Vaterland!
Ihn sanfter, als die eignen Halbgebornen,
   Und liebtest mütterlich.

Gabst mütterlich dem Fremdling Wunsch und Hoffnung,
   Arbeit und Muse, Freud' und Brot,
Und Reisesporn, ihn anzuglüh'n! und gabst ihm
   Der Freunde warmes Herz.

Der Freunde Herz, aus deren Bundesarmen
   Ich mich dort bitter weinend rang —
Für Alles! Alles! segnet dich der Fremdling —
   Mehr sagen kann er nicht!

Es war ein unwiderstehlicher Drang der stür-
misch erregten Seele, der Herder aus der liebgewor-
denen Wirksamkeit und Umgebung in die Ferne zog.
In unbegrenzten Weiten schien sich ihm die Welt zu
öffnen, als sein Schiff ihn in langsamer Fahrt über
die Ostsee trug; alle Hoffnungen, alle Lebensplane
hatten freies Spiel. Die Welt, die er in seinen bisherigen Studien aus Büchern in sich aufgenommen

hatte, breitete sich jetzt vor ihm auf einem weiten
Schauplatz in lebendigen Bildern aus. Wenn die
Wellen um sein Schiff rauschten, die auf= und unter=
gehende Sonne sich in der Fluth spiegelte, oder der
Mond und der Sternenhimmel ihn mit ihrem Zauber=
licht umgaben, dann erklangen alle erhabenen Töne
der Poesie in seinem Innern wieder; mit den Bildern
der Ossian'schen Dichtung füllte sich seine Phantasie,
und aus dem ahnungsvollen Dämmerlicht der Vor=
zeit, in dem sie so gern verweilte, tauchten die Helden=
gestalten und die großen Völkerbewegungen hervor,
deren Zeugen jene Küsten gewesen waren, an denen
er vorüberfuhr. Ueberall sah er für seine wissen=
schaftliche Forschung und Darstellung neue Aufgaben
erwachsen. Aber auch wirken und schaffen möchte er
im weiten Kreise, bald als Lehrer der Jugend, der
dem in veralteten Formen erstarrten Unterrichtswesen
eine neue Gestalt giebt und ein frisches Leben ein=
haucht, bald als Prediger, als Verkündiger edlerer
Menschlichkeit, Licht verbreitend und für alles Hohe
erwärmend. Es war die Sturm= und Drangperiode
in seinem Leben, sie war es zugleich in der deutschen
Literatur und ward es noch mehr d u r c h i h n.

Im Angesichte Kopenhagens befand er sich am
17. Juni. Rasch mußte er vorüberziehen, ohne sein
Verlangen befriedigen zu können, Klopstock seine Ver=
ehrung auszudrücken und von dem Meister der deut=
schen Poesie zu lernen. Durch die Nordsee und den
Canal ging die Reise um Frankreichs Küste herum,
bis er am 15. Juli in die Mündung der Loire ein=
lief. Nicht die französische Hauptstadt war, wie seine

Freunde mit Recht erwarten mochten, sein nächstes
Ziel, sondern Nantes. Hier wollte er sich zuvörderst mit französischer Sprache, Sitte und Literatur
durch ruhiges Studium bekannt machen. Pläne drängten sich auch hier; er setzte die kritischen Wälder fort,
sammelte zur Kunde des morgenländischen Alterthums
und griff dann plötzlich wieder in die neuere Völkergeschichte, um unter den, große Hoffnungen erregenden,
Anfängen des russisch-türkischen Kriegs ein Werk über
die Geschichte der politischen Entwickelung des rus-
sischen Reiches zu verfassen. Mehr aber paßte es dann
in seinen Ideenkreis, als von der Berliner Akademie
der Wissenschaften eine Preisfrage über die Entstehung
der menschlichen Sprachen aufgestellt wurde, diesen
Gegenstand zu seinem Studium zu machen.

Erst im Beginn des Novembers kam er in
Paris an. Hier in dem Mittelpunct der schönen
Künste, umgeben von den gefeiertsten Philosophen
und Kunstkritikern Frankreichs, beschäftigte ihn Poesie
und Kunst vorzugsweise. Im Garten zu Versailles
entwarf er den ersten Plan seiner Plastik und schrieb
sogleich die Abhandlungen „von der Bildhauerkunst
fürs Gefühl" und „über die schöne Kunst des Ge-
fühles." Am französischen Theater fand er kein Gefallen; er hatte bereits Shakspeare und die Griechen
kennen gelernt.

Herder's weiterer Reiseplan war, sobald seine
Wißbegier in Frankreich befriedigt sei, England und
dann Schottland, die Heimath der Bardengesänge,
aufzusuchen. Die Reisekosten machten ihm wenig Sorge;
sie wurden aus Hartknoch's Vorschüssen bestritten,

und in seinem Geiste fühlte er die Kraft, alles das durch die Werke, zu denen er jetzt sammelte, mit einem Mal abzutragen. Indeß wurde dieser Plan durch ein unerwartetes Anerbieten durchkreuzt, das zu lockend war, um von der Hand gewiesen zu werden. Der Fürstbischof von Lübeck wollte seinen sechzehnjährigen Sohn, den Prinzen Peter Friedrich Wilhelm, mit seinem Haushofmeister, einem Herrn von Cappelmann, drei Jahre auf Reisen schicken und ließ Herder den Antrag machen, als Reiseprediger und Informator denselben zu begleiten. Der Fürst versprach nach Ablauf der auf drei Jahre festgesetzten Reisezeit für seine fernere Anstellung als Prediger oder Professor in Kiel Sorge zu tragen. Außer freier Station während der Reise erhielt er ein Gehalt von vierhundert Thalern. Auf der Reise nach Holstein sah er noch einige Hauptstädte Belgiens und Hollands und reiste zu Lande durch Friesland nach Hamburg, wo er im Umgange mit Lessing, Claudius und andern literarischen Berühmtheiten, an denen Hamburg damals reich war, genuß- und lehrreiche Stunden verlebte.

Am Hofe zu Eutin wurde er mit großem Wohlwollen von der fürstlichen Familie aufgenommen. Der Prinz, ein gutmüthiger Jüngling, in dessen Wesen schon jene Geistesschwäche sich vorbereitete, die ihn nachmals zu Regierungsgeschäften unfähig machte, schloß sich ihm mit Liebe und Vertrauen an. Seine Predigten erregten Bewunderung. Am 15. Juli hielt er seine Abschiedspredigt und trat die Reise durch Teutschland an, deren Ziel zunächst Straßburg sein

sollte, wo die Reisenden den Winter über zu ver=
weilen beabsichtigten. In Darmstadt, wo sie zwei
Wochen sich aufhielten, machte Herder die Bekannt=
schaft des Kriegsraths Merck, dessen Geist und Cha=
rakter so bedeutsam in der Entwickelung von Goethe's
Jugend hervortritt, und ward durch ihn in die Fa=
milie des Geheimraths Hesse eingeführt, in der
sich für ihn ein Band knüpfte, das ihn durch den
Wechsel glücklicher und gar vieler trüber Jahre bis
ans Ende der Tage umschlungen hielt.

Wenn Herder in dem Kreise der Darmstädter
Freunde seine hochfliegende Pläne für die Zukunft
des deutschen Geistes besprach, wenn seine Begeiste=
rung für Klopstock und andere Heroen der Poesie von
seinen beredten Lippen floß, so blickte schüchtern und
kaum beachtet ein junges Mädchen voll innerer Er=
regung zu ihm auf und barg jedes seiner Worte im
empfänglichen Herzen. Und als sie ihn am 19. August
in der Schloßkirche predigen hörte, da vernahm sie
— es ist ihr eigenes Geständniß — die Stimme
eines Engels und Seelenworte, wie sie niemals sie
gehört: ein Himmlischer in Menschengestalt stand er
vor ihr. Es war Marie Caroline Flachsland.
Als früh verwaistes Mädchen, war sie im Hause ihres
Schwagers, des Geheimraths Hesse, auferzogen worden.
Die beschränkten Verhältnisse, in denen sie aufwuchs,
hatten keine vielseitige Ausbildung ihrer geistigen An=
lagen gestattet; allein ihr lebhaftes, leicht aufwallen=
des Gefühl fand Nahrung in den Schilderungen deut=
scher Dichter: Klopstock, Kleist waren ihre Lieblinge.
So fand sie Herder — eine blühende Jungfrau von

21 Jahren. Einige wenige Unterhaltungen in stillen
Stunden, einsame Spaziergänge schlossen ihre Herzen
einander auf. An seinem Geburtstage, dem 25. Au=
gust, wagte Herder in einem Briefe das erste offene
Geständniß seiner Gefühle. Wenn sein Worte noch den
Ausdruck einer völligen Seelenhingebung vermieden und
mehr die ideale Freundschaft betonten, welche sich an
der Gegenwart genügen läßt, ohne von der Zukunft
mehr als Seelengemeinschaft zu fordern, so war i h r e
Erwiderung volle Hingebung des Herzens, das in
dem Besitz des Freundes die ganze Welt sieht. Bald
schlug die Stunde des Scheidens. Am Morgen des
27. trafen sie noch auf ein Viertelstündchen in Merck's
Hause zusammen. Als Herder die Geliebte unter
Küssen in seine Arme schloß, sagte ihm das Lächeln
des thränenfeuchten Blicks, daß er mit aller Wärme
jungfräulicher Hingebung geliebt wurde, und stets,
wenn er in seinen Briefen auf die Tage in Darm=
stadt zurückblickt, weilt er bei jenen Augenblicken, wie
sie im Menschenleben nur einmal erscheinen — „ich
sehe noch oft Ihr weggewandtes himmlisches Gesicht,
voll der schönsten Thränen, wie es sich alsdann mit
der ganzen Wärme der Wehmuth auf einmal heiter
zu mir wandte und mich, wie ein Engel Gottes, an=
lächelte.“

Die Umstände schienen aufs schönste zusammen=
zutreffen, um in nicht gar langer Zeit die Verbin=
dung zu ermöglichen. Der Graf Wilhelm von Bücke=
burg ließ Herder die Stelle eines Oberhofpredigers
und Consistorialraths antragen. Kurz vor seiner Ab=
reise von Eutin war die erste Anfrage an ihn gerichtet:

eine zweite dringendere Aufforderung erhielt er in
Darmstadt. Schon damals sah er das Mißliche seiner
Stellung an der Seite des Prinzen ein, und vor-
sorglich hatte er seinen Contract so geschlossen, daß
er die Verbindung lösen konnte, wenn er wollte. Jetzt
wäre Entschiedenheit an ihrer Stelle gewesen, und
sowohl sich als Carolinen hätte er viele kummer-
volle Stunden erspart. Statt dessen begleitete er den
Prinzen auf der Reise nach Straßburg und nahm
das Bückeburger Amt nur vorläufig an, indem er
sich vorbehielt, den Zeitpunct des Antritts desselben
später zu bestimmen.

Daß er das bisherige Verhältniß, welches ihm durch
das schroffe Benehmen des Hofmeisters unerträglich
ward, lösen müsse, ward ihm bald nach seiner Ankunft in Straßburg völlig klar. Am 20. September
setzte er den Prinzen von seinem Entschluß in Kenntniß; der Jüngling, der herzliches Vertrauen und Liebe
zu ihm gefaßt hatte, war aufs tiefste gerührt. Auf
sein schriftliches Gesuch erhielt er vom Eutiner Hof
die gewünschte Entlassung. Zugleich traf von Bückeburg das förmliche Berufungsschreiben ein, in welchem
alle seine Forderungen bewilligt wurden; auch die
Reisekosten waren angewiesen. Gleichwohl trieb es
ihn noch nicht nach dem Norden, wo so viel Sehnsucht seiner harrte; er erbat sich noch eine fernere Frist, machte Projecte zu einer Reise nach
der Schweiz und Italien, oder wünschte in Straßburg sein krankes Auge operiren zu lassen. Wer
konnte es dem liebenden Mädchenherzen verargen,
wenn es solche Bedächtigkeit mit den Liebesversiche-

rungen nicht in Harmonie zu bringen vermochte? wenn sie sich von jenen Briefstellen kalt berührt fühlte, in denen er die Möglichkeit einer künftigen Vereinigung ihrer Schicksale nur leicht andeutete, ohne das letzte Wort aussprechen zu wollen, das allein im Stande war, ihr als die Bürgschaft eines durch Liebe geschaffenen Lebensglückes zu gelten! Plötzlich breitete sich dann manchmal eine Wolke des Zweifels über ihre erregte Seele; sie fühlte sich getäuscht und sah die Nothwendigkeit einer Trennung ein. Dann stürmte es wieder in seiner Brust; er möchte Vergebung erbitten für jedes unbedachte Wort, das ihr hatte Kummer bereiten können. Von ihrer Seite dann wieder die freudigste Hingebung, die mitunter wehmüthig ausruft: „Mein Gott, warum müssen sich zwei der besten Herzen so quälen!" So war es schon in Straßburg, so noch mehrmals während des langen Brautstandes; aber Keines konnte den Gedanken ertragen, jemals von dem Andern zu lassen.

Um sein Augenleiden gründlich zu heilen, unterzog sich Herder einer Operation des berühmten Straßburger Arztes Lobstein. Da die Entzündung von mangelhafter Absonderung der Thränenfeuchtigkeit herrührte, so suchte man, indem man den Nasenknochen durchbohrte, eine künstliche Thränenrinne zu bilden. Trotz mehrmals wiederholter Versuche, welche Herder mit bewundernswerther Standhaftigkeit ertrug, mußte man doch die Operation als mißlungen ansehen und die Wunde sich wieder schließen lassen. Fast den ganzen Winter über war Herder durch diese Cur an sein Zimmer gefesselt und zugleich an geistiger Thätig-

keit gehindert: die bittern Klagen seiner Briefe waren
nur allzusehr gerechtfertigt. In dieser Leidenszeit schloß
sich Goethe, damals in voller Frische der strebenden
Jugend, liebend und lernend an den jungen Mann
an, den die Verehrung ihm zugeführt hatte, und
Herder durfte mit Recht von sich rühmen, ihm Vieles
gegeben zu haben, was Frucht für die Zukunft tragen
konnte. Er war es, der ihm in Volksliedern und
Balladen wie in Shakspeare's Dramen die reinsten
Quellen der Poesie erschloß und ihn in jene großen
neugestaltenden Ideen einweihte, von denen sein geistiges Leben erfüllt war. Im April 1771 verließ er
Straßburg, das ihm nur eine Leidensstätte gewesen
war, hoffend auf den neuen Frühling und eine wiederkehrende Jugend. Doch ward den Tagen, wo er in
Darmstadt verweilte, noch kein Frühlingshauch zu
Theil: bei der Gewährung des langersehnten Wiedersehens hielten neue Mißverständnisse und Zweifel die
Herzen der Liebenden gegen einander verschlossen, und
erst in Briefen aus der Ferne vermochten sie wieder
hoffnungsvoll sich zu öffnen. Herder trat sein Amt
in Bückeburg an.

Graf Wilhelm von Schaumburg-Lippe hatte durch
Anlagen und Erziehung — ein Enkel Georgs I., verlebte er seine Jugend in England — das Gefühl
einer höheren Bestimmung erhalten, als sein kleines
deutsches Ländchen befriedigen konnte. Als Militair
erwarb er sich Ruhm im portugiesischen Kriege gegen
Spanien: für seine Unterthanen ward seine militai-
rische Thätigkeit, von der die Gründung Wilhelm-
steins im Steinhuder Meer ein Denkmal ist, ein

schwerer Druck. Er liebte den Umgang mit wissen=
schaftlich gebildeten Männern. Herder hatte er zum
Hofprediger gewählt, um einen geistvollen Mann be=
ständig in seiner Nähe zu haben. Dieser aber wollte
ganz das sein, wozu er berufen war, ein gewissen=
hafter Seelsorger der ihm anvertrauten Gemeinde;
er zog sich daher mehr auf sich und sein Amt zurück,
und obschon der Graf nie aufhörte, ihm mit großer
Achtung zu begegnen, sah er doch seine ersten und
nächsten Erwartungen getäuscht.

Eine innigere Seelengemeinschaft verband Her=
dern mit der Gräfin Marie. Zarte Religiosität
bildete von Kindheit auf den Grundton ihres stillen,
empfindungsvollen Gemüths. Schmerzliche Lebens=
erfahrungen hatten sie der Tröstungen der Religion
bedürftig gemacht. Mochte ihr Gemahl ihr die reinste
Hochachtung widmen, für die tieferen Regungen ihres
Herzens hatte er kein Verständniß. Herder war der
Erste, in dessen Umgang sie den Klängen wieder be=
gegnete, an die sie von Jugend auf gewöhnt war.
Ihm theilte sie ihre religiösen Selbstbetrachtungen
mit, ließ sich von ihm leiten und belehren und ward
wiederum ihm, der gar leicht mit sich und seinem
Geschicke unzufrieden war, ein erhebendes Beispiel
der Resignation und Gottergebenheit. Sein Verhält=
niß zum Hofe und dadurch überhaupt seine Stellung
und Wirksamkeit gestalteten sich daher in den nächsten
Jahren immer freundlicher.

Auch seine geistige Thätigkeit erhielt neue Schwin=
gungen. Er hatte die Freude, daß seine Schrift „über
den Ursprung der Sprache“ von der Berliner Aka=

demie den Preis erhielt. Er fuhr fort, an seiner
Plastik zu arbeiten und schrieb die weithin auf die
deutsche Dichterjugend wirkenden Abhandlungen über
Ossian und Volkslieder sowie über Shakspeare, wodurch er die Grundlinien echter Naturpoesie zog, welche
ein Wegweiser für die neuerwachende Balladenpoesie
und für die dramatische Dichtung wurden und in
Goethe's Götz von Berlichingen bald in lebendigem
Beispiel vor Aller Augen traten. Die jungen Dichtertalente drängten sich an ihn, sein Geist erschien ihnen
als ein Leitstern auf der Bahn neuer Versuche. Ein
befriedigtes Dasein, wie er es noch nicht gekannt,
war ihm endlich beschieden, als er im Frühling 1773
seine Caroline in seine einsame Pfarrwohnung führte,
wo nun, wie die liebende Gattin sich ausdrückt, „die
paradiesischen Jahre ihres häuslichen Glücks, die goldene Zeit ihrer Ehe" folgte. Sein langes Zögern,
das aus Bedenken über seine finanzielle Lage entstanden war, hatte, je weniger er sie in seinen Briefen berührte, um so leichter zu Mißdeutungen führen
müssen; erst jetzt lernten sie sich ganz verstehen und
schätzen, und die wärmste Verehrung hat sie bis zur
Trennungsstunde mit einander verbunden. In dem
ersten glücklichen Sommer ihrer Ehe begann er die
Bearbeitung seiner „Aeltesten Urkunde des Menschengeschlechts", worin sich der Dichter, der Geschichts-
forscher und der Theolog die Hand reichten, um ein
neues Verständniß der Schriften des alten Testaments,
ja der morgenländischen Literatur und Geschichte überhaupt zu erschließen. Er wandelt in der ehrwürdigen
Vorhalle der Völkergeschichte und beleuchtet die Au-

fänge des Menschengeschlechts, ganz im Gegensatz
zu der kalt spottenden Zweifelsucht seines Zeitalters,
mit den Lichtblicken seiner poetischen Begeisterung,
welche in den ahnungsvollen Räumen der Urzeit so
gern sich erging.

Dieses und einige andere theologische Werke
machten in dem Ministerium zu Hannover den Wunsch
rege, ihn für die Universität Göttingen als Professor
der Theologie und Universitätsprediger zu gewinnen.
Die Verhandlungen zogen sich lange hin, da man an
entscheidender Stelle in London Zweifel an Herder's
theologischer Rechtgläubigkeit und Gelehrsamkeit zu
erregen gewußt hatte. Er sollte vorerst noch durch
eine Art von Prüfung seine Befähigung zu einem
theologischen Lehramte darthun. Gegen ein solches
„Knabenverhör", wie es ihm erschien, sträubte sich
das Gefühl seiner Würde, und nur mit einem inneren
Widerstreben entschloß er sich endlich, „zu dem sauren
Gange." Da gelangte gegen Anfang des Jahres 1776
an ihn von Seiten seines Freundes Goethe, der seit
kurzem als Freund des Herzogs Karl August in
Weimar — damals noch ohne eine Anstellung im
Staatsdienste — verweilte, die Anfrage, ob er geneigt sei, in der weimarischen Residenz die Stelle
eines Generalsuperintendenten und Stadtpredigers zu
übernehmen. Herder folgte dem Rufe mit frohem
Herzen. Indeß stellten sich auch in Weimar seinem
Amtsantritte noch mancherlei Hindernisse entgegen, indem auch der Stadtrath bei der Wahl eine entscheidende Stimme hatte und man auch nachtheilige Berichte über die Begabung des Berufenen als Prediger

gegen ihn im Umlauf gesetzt hatte. Man wünschte
eine Probepredigt, zu der er sich bereit erklärte. Doch
von diesem Verlangen stand der Stadtrath ab; im
Juni erhielt er das Berufungsschreiben. Fast um
dieselbe Zeit löste der Tod das Band, das ihn am
meisten an Bückeburg gefesselt hatte: die Gräfin starb
nach langer Kränklichkeit; ein Jahr darauf folgte ihr
der Graf. Als einen Segen des Himmels pries er
es, die edle Dulderin gekannt und ihr Vertrauen genossen zu haben.

Am 20. Oct. 1776 hielt Herder seine Antritts-
predigt in Weimar; sie erwarb ihm die ungetheilte
Bewunderung der zahlreich versammelten Zuhörer.
An der Schwelle des reifen Mannesalters trat er
mit der vollen geistigen Kraft in den Wirkungskreis,
dem er bis zu den letzten Stufen des Lebens — er
starb am 16. December 1803 — treu geblieben ist,
der Verdientesten und Größten einer, deren das kleine
Weimar sich rühmen darf. Die vollendetsten Früchte
seiner geistigen Entwickelung fanden hier ihr Gedeihen.
Ueber mehrere Zweige der theologischen Wissenschaften
wie über die Geschichte der Menschheit verbreitete er
neues, frisches Leben, vor Allem, weil er sie durch-
drang mit der Fülle seines poetischen Gefühls, das
auch in mannigfachen dichterischen Formen einen Ausdruck fand. Das Denkmal, das ihm neben der Stadt-
kirche zu Weimar errichtet worden ist, trägt als
Inschrift den Wahlspruch, der als der leitende Stern
über seinem Leben stand:

Licht, Liebe, Leben!

Goethe,

ein Lebens= und Charakterbild.

1853.

—⚬~❦~⚬—

In der alten deutschen Reichsstadt, welche durch die Wahl und Krönung der Kaiser zu dem Range einer Metropole des Reichs erhoben war, trat der Dichter ins Leben, welcher bestimmt war, dem deutschen Volke einen Glanz zu verleihen, der nicht minder den Blick der Nachbarvölker auf unser Vaterland zog, als in früheren Jahrhunderten die Größe seiner weltlichen Macht. Am 28. August 1749 wurde Goethe zu Frankfurt am Main geboren.

Schon den Knaben empfing ein freundliches Geschick. Seine Schönheit erregte Bewunderung, sein Geist verrieth früh die reichen Gaben, mit denen die Natur ihn ausgestattet hatte. Der strenge Ernst und der unermüdliche Lehreifer des Vaters bildete den lernbegierigen Knaben von seiner zartesten Kindheit an, während der heitere, lebensfrische Sinn der Mutter, deren Jahre der Jugend noch nahe standen, seine empfängliche kindliche Phantasie lebhaft anregte und das weiche Gemüth an sich fesselte.

Das bewegte Leben der reichen Handelsstadt erweiterte früh den Gesichtskreis des Knaben über die enge Umgebung des Familienkreises hinaus. Selbst

12*

die Ereignisse der Weltgeschichte drangen bis in die
unmittelbare Nähe des väterlichen Hauses und ließen
die Erschütterungen des Krieges und die Bilder der
Helden des siebenjährigen Krieges an seiner Seele
vorüberziehen. Zugleich konnte sich seine Schaulust
an den Bühnenvorstellungen einer französischen Schau=
spielertruppe, an dem militärischen Pomp einer fran=
zösischen Besatzung vergnügen und weckte den Sinn
für theatralische Darstellung und dramatische Poesie.
Der Friedensfeier folgte die Kaiserkrönung Josephs II.,
in deren Festlichkeiten sich dem jungen Dichter die
ersten Abenteuer einer warmen Liebesneigung ver=
schlangen, welche seine Phantasie in dem Bilde Gret=
chens dichterisch verklärte.

Poetische Darstellungen begleiteten die geistige
Entwickelung seiner Knabenjahre und ließen ihn hoffen,
dereinst neben Gellert mit Ehren genannt zu werden.
Die ältesten der uns erhaltenen Versuche geben schon
Zeugniß von einer bewundernswürdigen Herrschaft
über die Sprache. Als die Zeit der akademischen
Studien herannahte, war es der geheime Wunsch des
Jünglings, sich dem Studium der Literatur zu widmen.
In der Beschäftigung mit den Meisterwerken des
griechischen und römischen Alterthums hoffte er für
seinen Geist die edelste Nahrung zu finden. Jedoch
der Vater, ein Jurist von gründlicher Gelehrsamkeit
und kaiserlicher Rath, drang auf die Rechtswissenschaft.
Als Eidam des Schultheißen war er zu der Hoff=
nung berechtigt, daß die Verwandtschaft mit der höch=
sten Aristokratie dereinst dem Sohne eine Stelle in
dem Rathe seiner Vaterstadt verschaffen werde. Seinem

Wunsche zufolge begab sich der sechzehnjährige Jüngling, wissenschaftlich genugsam vorgebildet, wenn auch
in sittlicher Hinsicht noch nicht selbstständig, im Jahre
1765 auf die Universität Leipzig.

Voll freudiger Hoffnung zog Goethe der Stadt
zu, wo ihm die Quelle höherer Geistesbildung entgegen zu fließen, wo ihm Gellert die Weihe zum Eintritt in das Heiligthum der Poesie geben zu können
schien. Doch bald ward es ihm klar, daß so hohe
Erwartungen sich nicht erfüllten. Durch die engher-
zigen Systeme der herkömmlichen Gelehrsamkeit, welche
ihm die Hörsäle überlieferten, fühlte er die Schwingen
seines Geistes mehr gelähmt, als gestärkt. Eben so
wenig fühlte er sich in der Ausübung der Poesie
durch beschränkte Theorieen und gepriesene Muster
gefördert. Um dichten zu können, mußte er in den
eigenen Busen, ins eigene Leben greifen, und schon
die ersten kleinen Lustspiele und Lieder, welche damals entstanden, geben uns einen Beweis von klarer
Auffassung des Lebens und scharfer Beobachtung der
Menschen. Zugleich läuterte das Studium der Schriften
Lessing's und Winckelmann's, sowie der Umgang mit
dem Maler Oeser seine Kunstbegriffe, und die Betrachtung der Gemälde, welche die Dresdener Bilder-
gallerie aufbewahrt, entzündete ihn mit freudiger Begeisterung für die Schöpfungen der Meister.

Nach einem dreijährigen Aufenthalte in Leipzig
nöthigte ihn der geschwächte Gesundheitszustand, welcher
die Folge einer gefahrvollen schmerzhaften Krankheit
war, ins Vaterhaus zurückzukehren. Die längere Zeit
anhaltende Kränklichkeit entzog ihm den frohen Genuß

des Lebens und die heitere Stimmung, deren er zur
Dichtkunst bedurfte. Allein sie lehrte ihn zugleich Ge=
duld und Ergebung und machte ihn empfänglicher
für den Trost frommen Glaubens. Die sanften Ein=
wirkungen des Fräuleins von Klettenberg, der mütter=
lichen Freundin seiner Jugend, waren für sein Ge=
müth nicht verloren, sondern klangen noch in späteren
Jahren in seiner Seele wieder.

Aufs neue regte der jugendliche Frohsinn die
munteren Schwingen, als er mit gestärkter Gesund=
heit im Frühling des Jahres 1770 sich nach der
Universität Straßburg begab, um seine juristischen
Studien zu vollenden. Hier fand er nicht nur viel=
seitig anregende Lehrer, sondern auch Freunde voll
warmen Gemüths und echtdeutscher Gesinnung. Längere
Zeit war es ihm vergönnt den Umgang und die Be=
lehrung Herder's zu genießen, welcher ihn zuerst
die Poesie als die uralte Sprache der Menschheit er=
kennen lehrte, den Schatz echter Volksdichtung vor
ihm aufschloß und ihn für immer von den dürren
Theorieen der gelehrten Kunstpoesie befreite. Die Be=
kanntschaft mit Friederike Brion, der anmuthigen
Pfarrerstochter zu Sesenheim, erfüllte den jungen Dichter
mit der vollen Seligkeit einer hingebenden Jugendliebe
und ungesucht klangen aus innerster Brust die lieb=
lichsten Lieder als die reinsten Naturlaute warmer
Empfindung hervor. Die Faustsage begann schon in
der strebenden Seele des Jünglings eine dramatische
Gestalt zu gewinnen. Das Leben des Götz von Ber=
lichingen fesselte ihn als das Bild eines edlen ritter=
lichen Mannes, der, frei von dem Verderbniß und

der Schwäche seiner Zeit, kühn durch Hindernisse sich hindurcharbeitet und ihren Ränken mit männlichem Muthe entgegentritt. Shakspeare's Dramen ergriffen ihn als das Riesenwerk des weltdurchschauenden Dichtergeistes, als das Buch, worin alles Große der Menschheit aufgezeichnet, alles Geheimnißvolle des Lebens offenbart sei. Neben mannigfachen poetischen Entwürfen brachte Goethe zugleich seine Rechtswissenschaft zum Abschluß, um gegen den Herbst als Doctor der Rechte in seine Vaterstadt zurückzukehren.

Die Schranken, durch welche die freie Bewegung unserer Literatur gehemmt worden war, hatten Lessing und Herder niedergerissen. Von der neuen Strömung des Geistes ward vornehmlich die Jugend ergriffen. Goethe bemächtigte sich derselben mit dem Feuer einer genialen Jünglingskraft, zugleich aber auch mit der Besonnenheit und Klarheit einer echten Künstlernatur, welche nicht von der Richtung des Zeitalters beherrscht wird, sondern ihr die sichere Bahn vorzeichnet. Es lag ihm daher nicht daran, mit künstlich berechneten Effecten der Laune der Zeit zu schmeicheln: was er darstellte, mußte etwas Selbstempfundenes, Selbsterlebtes sein. Zu seinem empfänglichen Innern sprachen Leben und Welt stets auch mit den leisesten Tönen. Oftmals drohten leidenschaftliche Aufwallungen ihn fortzureißen, doch nie verlor er sich darin, und in der Beruhigung des Sturmes fand seine Poesie die tief-innige Wahrheit, die herzgewinnende Gewalt, welche auch dem zartesten, einfachsten Liede eingehaucht ist. Lag schon nach der Rückkehr ins Vaterhaus der Vorwurf schwer auf seiner Seele, in Friederike Hoff-

nungen erregt zu haben, die er sich nicht im Stande
sah zu erfüllen, so folgte bald ein anderer schwerer
Kampf, als er während seines kurzen Aufenthalts in
Wetzlar von der Liebe zu Charlotten, der Braut seines
Freundes Kestner, heftig ergriffen ward. Der Ent=
schluß rascher Trennung war bald gefaßt; er machte
sich frei und kehrte zum zweitenmal mit schwerverwun=
detem Herzen in die Vaterstadt zurück. Unter diesen
Bewegungen seines Innern gestalteten sich die dich=
terischen Schöpfungen, die bald nach seiner Rückkehr
vollendet wurden. Das Drama Götz von Berli=
chingen griff mit der vollen Kraft genialen Jugend=
muthes und deutscher Gemüthstiefe in die Herzen der
Nation. Der Humor der Hans=Sachsischen Zeiten
erwachte wieder und geißelte mit dem Behagen natur=
kräftiger Derbheit in Schwänken und Fastnachtsspielen
die Schwächen der Gesellschaft und der Literatur.
Mit eben derselben Wahrheit entwarf Goethe das
Gemälde des von leidenschaftlicher Neigung bewegten
und zerstörten Herzens in dem erschütternden Roman
Werthers Leiden, der die Nachklänge der Wetz=
larer Erlebnisse bewahrt. Mit dieser Dichtung fand
der Name des jungen Dichters den Weg zu allen
gebildeten Nationen. Nicht lange jedoch verweilte
seine poetische Darstellung bei diesen von dem thä=
tigen Leben sich abwendenden Seelenkrankheiten: in
den Entwürfen und Scenen des Caesar, Mahomet
und Prometheus suchte er vielmehr die welt=
beherrschende Gewalt des begabten Genius, die schöpfe=
rische Thatkraft großer Charaktere zur Anschauung zu
bringen.

Die geistigen Interessen zogen um Goethe einen weiten Kreis und brachten ihn mit den bedeutendsten Männern der Literatur in Verbindung. Er nahm lebhaften Antheil an Lavater's religiöser Beschaulichkeit und an den psychologischen Problemen, welche dessen Physiognomik zu lösen suchte; er stand in Verkehr mit Klopstock und den Jünglingen des Göttinger Dichterkreises; er schloß einen engen Freundschaftsbund mit Friedrich Jacobi und durchforschte mit diesem geistvollen Denker die höchsten Aufgaben philosophischer Speculation. Jetzt schien auch die Zeit gekommen zu sein, um durch ein inniges Liebesverhältniß die Wünsche des Herzens zu befriedigen und das Glück der Zukunft zu begründen. Das Verlöbniß mit Elisabeth (Lili) Schönemann, der feingebildeten, glänzend erzogenen Frankfurterin, brachte ihm einen Frühling voll schöner Lebenshoffnungen. Diese trübten sich jedoch bald wieder, da die beiderseitigen Familien der Verbindung nicht günstig waren. Um einem peinlichen Verhältniß auszuweichen, machte Goethe im Sommer des Jahres 1775 seine erste Schweizerreise, zum Theil in Gesellschaft der Grafen Stolberg. Die Sehnsucht rief ihn früher als seine Reisegefährten nach der Heimat zurück. Noch war das Band, das ihn an Lili fesselte, nicht zerrissen, noch schienen alle Hindernisse überwindlich. Allein die ersten Tage des Herbstes brachten die Entscheidung. Nach langem inneren Kampfe riß er sich von einer Liebe los, welche die heißeste und wahrste seines Lebens gewesen ist. Damit hatte er zugleich den Entschluß gefaßt, die Vaterstadt auf eine Zeitlang zu verlassen. Wiederholt von dem Herzoge

Karl August zu einem Besuche eingeladen, begab
er sich im November 1775 nach Weimar, nicht
ahnend, daß diese Reise über die ganze Zukunft seines
Lebens entscheiden sollte.

In Weimar empfing ihn ein hochsinniger Fürst,
der mit dem Vorsatz, die geistige Thätigkeit um sich
zu beleben und Großes zu schaffen, seine Regierung
antrat; ein Hof, an welchem unter dem Einflusse der
geistvollen Anna Amalia das Leben die Schranken der
Hofsitte zu durchbrechen und sich mit dem Reiz poetischer Genialität zu schmücken begann; ein Frauen-
kreis, welcher Schönheit und Anmuth mit der Empfänglichkeit für jede Art geistiger Bildung verband, in
seiner Mitte die jugendliche Herzogin Luise, in der
dem Dichter das Ideal hoher, reiner Weiblichkeit sicht-
bar entgegenzutreten schien. Mit Knebel, dem Goethe
die Vermittelung der ersten Bekanntschaft mit dem
Herzoge verdankte, mit Wieland, der ihm bei seinem
ersten Eintritt in den weimarischen Kreis mit der
Wärme jugendlicher Aufwallung entgegenkam, schloß
er einen für das Leben dauernden Freundschaftsbund.
Bald trat auch Herder unter die Sterne Weimars
ein, wenngleich einsamer wandelnd und oft von den
Wolken des Trübsinns verhüllt. Mit Charlotte von
Stein, einer Frau von edlem und tiefem Gemüth,
ward der junge Dichter gleich nach seiner Ankunft in
Weimar durch ein inniges Verhältniß verbunden, das
von zärtlicher Neigung sich zu einer idealen Freundschaft steigerte. Bald sah er sich so von freundlichen
Banden umwebt, daß er seine Zukunft an Weimar
zu knüpfen entschlossen war. Er trat in den weimari-

schen Staatsdienst, in welchem ihn Liebe und Dankbarkeit bis an sein Ende gefesselt hielten.

Die kleinen poetischen Arbeiten, welche Goethe
in den ersten Weimarer Jahren hervorbrachte, waren,
wie im Fluge, vom frischen Baum des Lebens ge-
pflückt. Indem ein Liebhabertheater im Kreise des
Hofes den Genuß dramatischer Vorstellungen, für die
damals in der kleinen Residenzstadt keine öffentliche
Bühne bestand, zu gewähren suchte, so verfaßte Goethe
zu diesem Zweck mehrere kleine Dichtungen, Lila,
die Geschwister, den Triumph der Empfindsamkeit. Er fand jedoch hierin zugleich die Veranlassung zu weitergreifenden Entwürfen. Wilhelm
Meisters Lehrjahre wurden begonnen, ein Roman,
in welchem die Hauptmotive aus der Geschichte seiner
eigenen Bildung genommen wurden. Mit der Iphigenie betrat er die ideale Welt erhabener Charakter-
darstellung; in diesem zarten dramatischen Seelen-
gemälde wird der Sturm der Leidenschaft in der Seele
des Mannes durch die sanfte Stimme reiner Weiblichkeit beruhigt. Diese Ruhe des Innern hatte jetzt
auch Goethe gewonnen. Die reinste Stimmung des
Gemüths begleitete ihn 1779 auf seiner Herbstreise
in die Schweiz, wo er zum erstenmal die Erhaben-
heit der Alpennatur in ihrer ganzen Fülle in sich auf-
nahm. Diese Lebensepoche spiegelt sich zum Theil
in dem bald darauf begonnenen Drama Torquato
Tasso, dem Gemälde von Freud' und Leid einer weich-
gestimmten Dichterseele. Vom Geräusch des Lebens zog
es ihn mehr und mehr zu der stillen Betrachtung der
Natur, so daß seiner Poesie sich die Naturwissenschaft

als die mit gleicher Liebe gepflegte Schwester hinzu-
gesellte.

Während der nächstfolgenden Jahre ward seine
Thätigkeit im Verwaltungsfache sehr in Anspruch genommen, so daß ihm Muße und Stimmung fehlte,
seine poetischen Arbeiten fortzusetzen. Iphigenie
und Egmont waren zwar vollendet, aber erwarteten
noch die letzte Hand des Dichters. Tasso, Faust,
Wilhelm Meister lagen erst in unvollkommenen
Bruchstücken vor. Noch mehr wuchs die Last der
Amtsgeschäfte, als er 1782 in die Stellung eines
Kammerpräsidenten eintrat, welche zugleich seine Erhebung in den Adelstand veranlaßte. Je mehr er sich
dadurch auf der Bahn seiner geistigen Ausbildung
gehemmt fühlte, desto schmerzlicher wuchs die Sehnsucht nach Freiheit; es trieb ihn hinaus in das Land,
das schon in den Ahnungen seiner Jugend sich für
ihn mit zauberhaft lockenden Reizen geschmückt hatte
und ihm jetzt ein neues frisches Geistesleben verhieß.
Durch raschen Entschluß machte er sich los und eilte
gegen den Herbst 1786 über die Alpen.

Italien gab dem Dichter die Jugend noch einmal
zurück. Ueber sein Gemüth breitete sich die schönste
Harmonie des Daseins, dem heiteren von sanftem
Farbenduft umwebten Himmel des Südens vergleichbar.
Der Reiz der Natur und des bewegten Volkslebens
sowie die Betrachtung der dort aufgehäuften Schöpfungen der Kunst, Alles wirkte zusammen, seinen Geist
zum Urquell des Schönen hinzuführen. Am Ufer des
Gardasees begann er die Umarbeitung seiner Iphigenie, und manche Stunde dichterischer Weihe war

dieser seelenvollen Dichtung während des Aufenthalts
in Venedig und auf dem Wege nach Rom, wo sie
ihre Vollendung erhielt, gewidmet. Nach den römischen Studien, die ihm das Heiligthum der Musen-
künste des Alterthums eröffnet hatten, führten ihn
Neapels Umgebungen und die Insel Sicilien, die er
im schönsten Schmucke des Frühlings betrachtete, in
die Fülle der Naturgenüsse. Seine Betrachtung der
Pflanzenwelt entdeckte die Grundgesetze der Bildung
der Pflanze, welche nachmals seine Naturforschung
leiteten. Wenngleich bei seinem zweiten Aufenthalt
in Rom sein Fleiß mehr den technischen Uebungen
in der Kunst als der Poesie gewidmet war, so wurde
doch zuletzt der größte Gewinn seinen Dichtungen zu
Theil. Egmont ward abgeschlossen, und die reizenden
Singspiele Erwin und Claudine wurden von neuem
bearbeitet. Den Schmerz des von Rom scheidenden
Dichters nahm das Drama Torquato Tasso in
sich auf, das ihm auf der Rückreise in die Heimat
begleitete und erst auf deutschem Boden abgeschlossen
ward.

Goethe war, als er 1788 aus Italien heim-
kehrte, ein anderer geworden. In den früheren Verhältnissen fühlte er sich nicht mehr mit alter Liebe
heimisch. Niemand verstand ihn, und die Sehnsucht
nach dem, was er in der Heimat schmerzlich entbehren mußte, verletzte. Auch das Band der Freundschaft mit Charlotte von Stein, das für ein ganzes
Leben geknüpft zu sein schien, wurde gelöst und endlich zerrissen. Goethe suchte die Anforderungen der
Welt mehr von sich abzulehnen und sich in die Stille

seines geistigen Schaffens zurückzuziehen. Das Amt
eines Kammerpräsidenten übernahm er nicht wieder,
sondern behielt nur die Leitung der Anstalten für
Wissenschaft und Kunst, besonders der Universität Jena.
In der Zeit häuslicher Zurückgezogenheit bildete sich
das Verhältniß zu Christiane Vulpius, welches er als
eine Ehe ansah, wenn er sich auch erst nach vielen
Jahren entschließen konnte, diesem Bunde die kirch=
liche Weihe ertheilen zu lassen. Das Glück dieser
Liebe, vereint mit Erinnerungen an die schönen in
Rom verlebten Tage, schildern die r ö m i s c h e n Ele=
gieen; von einem kurzen Ausfluge nach Venedig im
Frühling des Jahres 1790 brachte er eine Sammlung
von E p i g r a m m e n heim. Doch gestalteten sich keine
größeren dichterischen Entwürfe. Der Beginn der
französischen Revolution griff störend in den Kreis
seiner Ideen ein, er fühlte sich in seinem poetischen
Schaffen gehemmt. Bald zwangen auch ihn die ge=
waltigen Zeitbewegungen die ihm liebgewordene häus=
liche Stille zu verlassen. Das Feldlager in Schlesien,
bei welchem sich Goethe als Begleiter des Herzogs
befand, war ein Vorspiel der Campagne in Frank=
reich von 1792, durch welche die verbündeten deut=
schen Großmächte vergebens die Umwälzung im fran=
zösischen Staate unterdrücken zu können hofften. Goethe
war auf diesem Feldzuge im Gefolge des Herzogs
von Weimar, der eine Abtheilung der preußischen
Armee befehligte, und theilte treulich Gefahr und Mühe.
Ueber manche peinliche Lage half er sich hinweg, indem
er seine Farbenlehre, die sich seit seiner italienischen
Reise aus einzelnen Beobachtungen nach und nach in

seinem Geiste aufgebaut hatte, durch wiederholte Betrachtung der Naturphänomene ergänzte. Im nächsten
Jahre ward er Zeuge der Wiedereroberung der Festung
Mainz. Der Anblick der Verwirrung und Zerstörung
im eigenen Vaterlande erfüllte ihn mit trüben Ahnungen. In dieser Mißstimmung unternahm er die
Bearbeitung des Reinecke Fuchs, in welchem die
Verworrenheit der weltlichen Verhältnisse sich in die
heiteren Bilder des Thierlebens kleidet.

Goethe war froh, nach dieser kurzen Campagne
der ungestörten Muße seiner geistigen Beschäftigungen
wieder zurückgegeben zu sein. Er hatte inzwischen die
Leitung des Weimarer Hoftheaters übernommen; der
Zeitpunct war daher geeignet, den Roman Wilhelm
Meisters Lehrjahre, welcher die Bildungsgeschichte
des Jünglings von dem Drama und der Schauspielkunst
ausgehen läßt, zu Ende zu führen. Seine kunstvolle
Schilderung schöpfte aus dem Reichthum der eigenen
Erfahrungen und brachte in diesem vielseitigen Lebensgemälde zur Anschauung, wie ein begabtes Talent sich
unter dem Einflusse des Lebens und der Kunst zu
höherem Bewußtsein seiner Zwecke entfaltet und durch
eine unsichtbare Leitung zu edlerer Humanität er-
zogen wird.

Indem er mit diesem Werke aufs neue das Glück
einer freudigen poetischen Thätigkeit empfunden hatte,
ergriff er mit Wärme die dargebotene Freundeshand
Schiller's. Ein Bund der innigsten Geistesgemein-
schaft ward geschlossen, welcher beiden die jugendliche
Dichterkraft wieder belebte und dadurch an dem Er-
blühen des an unsterblichen Dichtungen ergiebigsten

Jahrzehends unserer Nationalliteratur den größten Antheil hatte. Im Bewußtsein des eigenen Werthes zu
groß zum Neide, suchte jeder den Andern in dem
Streben nach dem Höchsten zu fördern. Was sie in
dieser Zeit hervorbrachten, trägt nicht nur den Stempel
ihrer gereiften Dichtertalente, sondern zugleich einer
geistigen Gemeinschaft, die nur der uneigennützigsten
Freundschaft möglich ward. Gemeinsam verhängten
sie daher über die literarischen Zustände ihrer Zeit
die strengen Richtersprüche, womit die Xenien den
Tempel der Kritik und der Dichtkunst von unberech-
tigten Eindringlingen befreiten. Vereint begannen sie
das Heiligthum deutscher Poesie, als seine echten
Priester von neuem durch ihre vollendetsten Dichtungen zu weihen, Goethe durch das herrliche Epos
Hermann und Dorothea, Schiller durch den dramatischen Cyklus Wallenstein. Um diese Meisterwerke,
die letzten kostbaren Vermächtnisse der hohen geistigen
Cultur des scheidenden Jahrhunderts, schlangen Balladen
und lyrische Gedichte einen unverwelklichen Kranz der
schönsten Blüthen. Dies geistige Streben verbreitete
sich bei Goethe zugleich über die Gebiete der Naturwissenschaft und der bildenden Kunst. In den Pro-
pyläen und der kunstgeschichtlichen Schilderung „Winckelmann und sein Jahrhundert" wirkte Goethe in
Gemeinschaft mit seinem Freunde Heinrich Meyer
für die ideale Auffassung griechischer Kunst, während
Schiller seine letzten großen dramatischen Werke schuf
und im Verein mit Goethe das Weimarer Theater zu
einer Musterbühne für Deutschland machte. Dies zog
auch Goethe wiederholt zum Drama zurück; er brachte

den ersten Theil des Faust zum Abschluß und dichtete
das erste Drama der tragischen Trilogie, die natür=
liche Tochter.

Mit Schiller's Tode ging eine glanzvolle Literatur=
epoche zu Grabe. Nach der Jenaer Schlacht brach
1806 das politische Unglück auch über das nördliche
Deutschland herein: Weimar und die Universität Jena
waren schwer getroffen. Goethe zog sich von der
Poesie mehr in die Betrachtung der Natur zurück und
bereitete seine Farbenlehre, das Werk der an=
gestrengtesten Forschungen, zur Herausgabe vor. Die
Muse der Poesie besuchte ihn vorzugsweise während
des fast Jahr für Jahr wiederholten Aufenthalts in
den böhmischen Bädern, in denen Geist und Gemüth
durch die Schönheit der Naturumgebung wie durch
freundschaftliche Verhältnisse zu bedeutenden Männern
immer neue Anregungen fanden. Abgewendet von den
politischen Stürmen, welche Europa erschütternd durch=
zogen, richtete sich der Blick des Dichters auf die
einfachen Zustände des menschlichen Lebens. In einer
Reihe von Novellen und in dem Roman die Wahl=
verwandtschaften schilderte er den Widerstreit der
Neigungen, den Kampf zwischen Leidenschaft und Ent=
sagung. Dadurch traten ihm auch die Erlebnisse seiner
Jugend wieder näher. Er verfaßte seine biographi=
schen Selbstbekenntnisse, in denen er die Wahrheit
in das reizende Gewand der Dichtung kleidete, zugleich
das mit sicherer Hand ausgeführte Gemälde der Ent=
wickelung deutscher Bildung und Literatur von der
Mitte des Jahrhunderts bis gegen die Zeit seines
Eintritts in Weimar.

Rascher, als Goethe erwartet hatte, erkämpfte sich das deutsche Volk die Befreiung vom Joche der Fremdherrschaft. Das Festspiel, womit Goethe die Umgestaltung Deutschlands feierte, Epimenides Erwachen, schildert uns zugleich des Dichters Ueberraschung, nach dem Umschwunge der politischen Zustände sich plötzlich wie in eine neue Welt versetzt zu sehen. Auch ihn riß das allgemeine Gefühl der Freude und Hoffnung mit sich fort, es zog ihn an den deutsch gewordenen Rhein, er sah seine Vaterstadt wieder und feierte mit ihr das erste Jubelfest der Befreiung. Unter diesem frischen Hauch des freieren Lebens erlangen die Lieder des westöstlichen Divans, der schönsten Gabe der lyrischen Muse des Greises, worin er die sinnige Lebensweisheit des erfahrenen Alters in den Farbenglanz des Orients kleidete.

Durch den Wiener Congreß war der weimarische Staat vergrößert und zu einem Großherzogthum erhoben worden. Goethe behielt den Rang als erster Staatsminister und die Leitung der Landesanstalten für Wissenschaft und Kunst. Die Direction des Theaters, um das er sich große Verdienste erworben hatte, legte er 1817 nieder. Er erfreute sich der glücklichsten Muße, welche er mit aller Anstrengung seiner Kräfte auf die Förderung seiner geistigen Bildung verwandte, um von dem Abend des Lebens noch jeden möglichen Gewinn zu ziehen. Stets blieb sein reger Geist offen und empfänglich für alles Bedeutende, was Natur und Kunst, Leben und Poesie ihm darboten; überall suchte er fördernd einzugreifen und mitzuwirken. Seine Betrachtungen über die Probleme

des Lebens und Wissens faßte er außer in zahlreichen
Abhandlungen und Kritiken nochmals in größeren
dichterischen Werken zusammen, die ihn bis zu den
letzten Stufen des Daseins begleiteten. Wilhelm
Meisters Wanderjahre und der zweite Theil des
Faust waren die letzten Dichtungen des Greises, der
in ruhiger Betrachtung auf ein inhaltreiches Leben
zurückblickte; sie sind noch mit reicher Gedankenfülle
ausgestattet, wenn auch die schwächer gewordene poetische Productionskraft sie nicht mehr mit der Frische
und Lebendigkeit früherer Zeiten zu behandeln vermochte. Doch inmitten der Segnungen eines seltenen
Glücks war seinen letzten Lebenstagen auch der Schmerz
nicht erspart. Hatten ihm die Jubelfeste des Jahres
1825 noch vereint gezeigt, was ihn liebegebend und
liebeempfangend ins hohe Alter begleitet hatte, so
traf ihn rasch nacheinander der Schlag, seinen edlen
fürstlichen Freund und die hochherzige Großherzogin
Luise, das ideale Vorbild von manchen seiner dichterischen Gestalten, scheiden zu sehen. Auch sein einziger Sohn starb vor ihm dahin. Der unerwartete
Schlag des Geschicks warf ihn aufs Krankenlager:
doch siegte seine gesunde Natur auch über diese gefahr-
volle Krisis. Seitdem war er bis zu seiner letzten
kurzen Krankheit körperlich rüstig und erfreute sich
einer ununterbrochenen geistigen Thätigkeit. Sanft
war sein Scheiden von der Erde. Ein ruhiger
Schlummer, durch den noch heitere Phantasiebilder
zu spielen schienen, führte ihn hinüber zum Anschauen
höheren Lichtes. Den Kreis des irdischen Daseins
hatte er vollständig durchmessen; er vollendete am

13*

22. März 1832 in seinem zweiundachtzigsten Jahre im Beginn des ersehnten Frühlings.

––––––––––

Voilà un homme! waren die Worte, womit der Kaiser Napoleon nach der Audienz zu Erfurt den Eindruck bezeichnete, den die ausgezeichnete Persönlichkeit Goethe's auf ihn gemacht hatte. Die Natur hatte ihn stets als ihren Liebling behandelt und ihm zu den reichen Gaben des Geistes eine schöne, kräftige Gestalt verliehen. In der Blüthe der Jugend gewann ihm seine von Geist und Anmuth belebte Schönheit schnell die Herzen. Würdevoll und ehrfurchtgebietend blieb seine äußere Erscheinung bis ins höchste Alter; die Jahre furchten nicht die hohe, klare Stirn, noch löschten sie das Feuer seines geistbelebten Auges.

Wahrheit und Offenheit waren der Grundzug seines Charakters. Er verschmähte die Maske der Heuchelei und bemühte sich nicht, anders zu scheinen, als er war. Doch lehrten ihn früh die Erfahrungen des Lebens, daß seine vielfach und künstlich verschlungenen Verhältnisse oft die Pflicht auferlegen, mit Gefühlen und Ansichten zurückzuhalten und in Aeußerungen vorsichtig zu sein. Es konnte daher nicht fehlen, daß Goethe, so mittheilend er von Natur war, unter Umständen schweigsam und abgemessen erschien; er mochte lieber ablehnen als heucheln, lieber an sich halten als sich zur Unzeit öffnen. Wo er den künstlichen Zwang, den ihm seine öffentliche Stellung und die Verhältnisse auferlegten, abstreifen konnte, offenbarte sich die Tiefe und Wärme seines reichen Gemüths, das eben

so liebefähig als liebebedürftig war. Die Weichheit
und Erregbarkeit seines Innern riß ihn nicht selten
bis zur Leidenschaft fort; sie bereitete ihm manche
schmerzliche Erfahrung und reuige Selbstanklage. Es
zieht sich deshalb durch sein ganzes Leben der Kampf
männlicher Selbstbeherrschung gegen die leidenschaft-
lichen Aufwallungen des Herzens; wir begreifen, weshalb Entsagung ihm ein Wort voll tiefen Sinnes und die
Grundidee der meisten seiner größeren Dichtungen
ward. Für den Zauber weiblicher Schönheit und
Anmuth blieb er bis ins späte Alter empfänglich.
Frauenliebe ward ihm der edelste Gehalt seines
Seelenlebens; in der reinen Weiblichkeit schien ihm
nach seinem eigenen Ausspruche das Ideal des Menschlichen zur Erscheinung zu gelangen. Die Geschichte
seines Lebens ist mit vielen schönen Frauenbildnissen
geschmückt, und die Liebe des Dichters mit allem
Reiz der Poesie ausgestattet. Die sittliche Beurtheilung
kann freilich den Vorwurf nicht zurückhalten, daß
seine Liebesneigung allzuleicht den Gegenstand wechselte.
Charakteristisch ist dabei für ihn zugleich als Dichter,
daß er weit mehr von weiblicher Milde und Anmuth,
als von eigentlicher Schönheit angezogen ward. Im
eigentlichen Sinne des schönen Worts hat Goethe
jedoch nur einmal geliebt; es war die Liebe zu
Lili, die in ihren glücklichen Momenten das Gefühl
der Ewigkeit und die Hoffnung eines unendlichen
Lebensglücks in sich trug. Daß in Vergleich zu dieser
alle andern Neigungen flüchtig und oberflächlich gewesen seien, hat er nahe dem Ziele seines Lebens
selbst bekannt. Die Verbindung, welche er mit seiner

nachmaligen Gattin einging, wenn auch nicht ohne
Herzlichkeit und Anhänglichkeit, entbehrte jedoch der
höheren Weihe wahrer Seelengemeinschaft.

Die Freundschaft schätzte Goethe als eines der
theuersten Güter des Lebens. Hatte er den Kern im
Freunde mit Liebe und Vertrauen erfaßt, so ließ er
sich durch einzelne Verletzungen und Schwankungen nicht
irre machen. Die Duldsamkeit, womit er an Männern,
deren Geist und Charakter seine Anerkennung und
Achtung besaß, Launen und Härten ertrug, zeigt uns
sein Gemüth im Lichte der edelsten Humanität. Nur
wo diese Achtung aufhörte und die Lebensbahnen weit
und weiter aus einander gingen, mochte er lieber das
Band schonend auflösen, als künstliche Verhältnisse
fortsetzen, in denen man sich und Andere betrügt,
ohne Gewinn für Geist und Leben. Daher hielt er
sich auch möglichst von hohlen und oberflächlichen
Menschen fern, die weder etwas geben konnten noch
von ihm lernen wollten. Wo er aber eine tüchtige
Natur, ein strebsames Talent wahrnahm, bezeigte er
sich hülfreich und dienstfertig. Immer war er bereit,
das Gute zu fördern und das Vortreffliche anzuerkennen. Milde im Urtheil war ihm stets eigen; vor
Allem leuchtet sie gleich den sanften Strahlen der
Abendsonne über die letzten Abschnitte seines Lebens.
Neid war seiner Seele fremd. Die schönste Wonne
des Daseins dünkte ihm der Wetteifer und das Zu-
sammenwirken mit großen Geistern.

In dem engen Bereich, das seiner praktischen
Wirksamkeit angewiesen war, das Nützliche und Gute
zu schaffen, war Goethe stets bemüht, und das wei-

marische Land verdankt seiner Thätigkeit und dem
Einflusse seines Raths gar viel. Doch lag die
energische Vaterlandsliebe, die in gefahrvoller Lage
der öffentlichen Verhältnisse die Kräfte des Mannes zum
Dienst der Gesammtheit aufruft, nicht in Goethe's
Charakter. Als die Zeit der Erschütterungen und
Stürme über Teutschland kam, entzog er sich möglichst
der Berührung der Ereignisse. Zwar hat auch er
das Schicksal des deutschen Vaterlandes tief empfun=
den; allein er traute sich keinen Beruf zu, anders für
dessen Errettung und Befreiung thätig zu sein, als
auf dem Wege, der ihm durch seine Anlagen und
Talente vorgezeichnet war. Von der Geistescultur der
deutschen Nation versprach er sich deren schönere Zu=
kunft. Die Fortschritte der Völker in geistiger und
sittlicher Freiheit galten ihm mehr, als freie politische
Formen, wenn sie den Menschen nicht zugleich bilden,
indem sie ihn entfesseln. Anarchie erschien ihm als
die Zerstörung aller menschlichen Cultur und die Re=
volution als eine Abweichung von der Bahn natur=
gemäßer Entwickelung, von der einzig und allein er
das Heil der Völker erwartete. Obgleich er stets für
die Lage der untern Stände eine warme Theilnahme
fühlte und ihm in dieser Hinsicht der Vorwurf aristo=
kratischen Stolzes mit Unrecht gemacht worden ist, so
wollte er doch in allen, auch den politischen Verhält=
nissen die Aristokratie des Talents, des Geistes aner=
kannt wissen und war daher ein entschiedener Gegner
der Herrschaft der Menge, weil sie ohne Einsicht und
Willen meist von ehrgeizigen Führern und von den
Leidenschaften des Augenblicks geleitet werde.

In der Ausbildung der geistigen Anlagen sah
Goethe den höchsten Schatz des irdischen Daseins,
die Krone menschlicher Thätigkeit; sie galt ihm als
Bürgschaft eines unendlichen, unvergänglichen Fort-
wirkens. Wie er sich schon als Knabe und Jüngling
zur Erforschung der Geheimnisse der Natur und der
menschlichen Verhältnisse hingezogen fühlte, so wuchs
der Wissenstrieb mit der Erweiterung seines geistigen Gesichtskreises. Je weiter die Jahre vorrückten,
um so mehr erschien ihm die Zeit als das kostbarste
aller Besitzthümer. Die Flamme, die in der Prometheus-
seele des geisteskräftigen Jünglings zum Entzücken der
Welt emporloderte, durchleuchtete und erwärmte auch
die Brust des Mannes bis zum letzten Scheideblick
des Lebens. Die letzten Worte des Sterbenden:
Mehr Licht! erhalten eine sinnvolle Bedeutung für
einen Genius, dem das Streben nach Licht und Wahrheit eins mit seinem Dasein war, dem noch kurz vor
seiner irdischen Vollendung neue Gedanken aufzugehen
schienen, um derentwillen es sich lohne, das Leben
noch einmal von vorn anzufangen. Die letzte und
vollste Blüthe eines solchen Geistes, der überall in der
Welt der Erscheinung das Gesetz aufzufinden bemüht
war und in eine ideale Einheit die sinnliche und geistige Welt zusammenfaßte, mußte die Poesie der
Wahrheit sein, nicht der gemeinen, die nur die
äußere Erscheinung wahrnimmt, sondern der idealen,
welche, über das Zufällige erhaben, die Menschheit und das Individuum in ihrer reinen „gottgedach-
ten" Gestalt, in ihren ewigen Verhältnissen zu Gott
und Natur auffaßt. Diese Erkenntniß der Einheit des

Menschlichen und Göttlichen ward ihm zur Religion,
welche in letzter Instanz mit einer Poesie zusammen=
trifft, deren Aufgabe von unserm Dichter selbst als
die Darstellung eines harmonischen innern Lebens,
das die irdischen Conflicte löst und versöhnt, bezeich=
net wird.

Den Mitgenuß eines idealen Daseins gewährten
ihm auch die Meisterwerke der bildenden Kunst. Für
diese fühlte schon der Knabe ein lebhaftes Interesse. Durch
die Anschauung der Kunstschätze Italiens, durch gründliches
Eindringen in die Grundsätze der antiken Bildnerkunst
steigerte es sich zur Begeisterung: die Beschäftigung
mit der Kunst bereitete ihm nicht nur viele genußreiche
Stunden, sondern trieb ihn auch an, für die Ausbil=
dung des deutschen Kunstgeschmacks durch Wort und
Schrift thätig zu sein. Die Verehrung der idealen
Plastik leitete nicht nur sein Urtheil in Sachen der
Kunst: sie bestimmte auch mehr und mehr den Charakter
seiner poetischen Schöpfungen. Während Götz und
Egmont die Fülle individuellen Lebens vor uns aus=
breiten, wird in den spätern Dichtungen das Charak=
teristische mehr verflüchtigt, das Ideal wird zum
Symbol des Menschlichen und nimmt zuletzt zur Alle=
gorie seine Zuflucht, ein Entwickelungsgang, den die
beiden Theile der Faustdichtung vollständig veranschau=
lichen. Hält man neben Goethe's poetische Schöpfungen
seine vielseitigen naturhistorischen Untersuchungen, so
wird es klar, daß nicht eine zufällige Liebhaberei diese
als unterhaltende Nebenbeschäftigungen heterogener Art
hervorrief, sondern daß seine geistige Kraft in anschei=
nend abschweifender Bahn doch die gleiche Richtung

verfolgte. Das Buch der Natur ward ihm theuer,
weil es in demselben Maße, als sein Auge es tiefer
durchschaute, seinem Geiste desto mehr erhabene Gesetze
offenbarte und er auf allen Blättern einen großen
Gehalt erkannte. Wie seine Poesie die verworrenen menschlichen Leidenschaften und Bestrebungen
auf die höhere, versöhnende Idee der Menschheit
zurückzuführen suchte, so fühlte sich sein Geist in der
Erforschung der Natur gehoben, wenn es ihm gelang,
in der unendlichen Mannigfaltigkeit das einfache Grund-
gesetz zu entdecken, das die schaffende Kraft der Natur
auch dann noch leitet, wenn sie in verschwenderischer
Fülle gleichsam spielend ihre Bildungen ausschüttet.

Man könnte hinzufügen, es sei hiermit zugleich
der Charakter der künstlerischen Darstellung bezeichnet,
womit Goethe, sei es in Prosa oder in Versen, seine
Meisterwerke ausgestattet hat. In dem kleinsten lyrischen Gedichte wie in den umfassenden Schilderungen
bewegten Lebens stellte er sich stets die Forderung, daß
seine Darstellung „ein Bild gebe", daß die einzelnen
Theile sich um einen Mittelpunct zusammenschließen
und sich zu einem Ganzen runden. Dadurch erhalten
seine Werke das schöne Ebenmaß der Form, indem
alle Einzelheiten als nothwendige Glieder des Ganzen
erscheinen; dadurch jene unerreichte Klarheit des Ausdrucks, der sich dem anmuthigen Körper als ein zartes
durchsichtiges Gewand anschmiegt und durch seinen
bescheidenen Reiz tiefer in die Seele dringt, als der
mit künstlichem Flitterglanz geschmückte Stil, welcher
im ersten Momente blenden und entzücken mag, aber
wie Alles, was nicht aus der Wahrheit des Gemüths,

nicht aus innerster Bewegung der Seele hervorgeht, schnell seinen Effect verliert.

Die Wirkung eines Genius, wie dem deutschen Volke in Goethe geschenkt ward, beschränkt sich nicht auf den engen Raum eines Zeitalters. In vielen tausend Adern strömt das geistige Leben, von dem seine Werke erfüllt sind, der fernsten Nachwelt zu. Sein Name glänzt unter der Zahl der Wohlthäter und Lieblinge der Menschheit, welche in jedem neuen Geschlecht, das von den Früchten edler Geistesbildung vergangener Jahrhunderte sich nährt, ihr unsterbliches Dasein fortleben.

Goethe's Geistesentwickelung
während der Frankfurter Jugendepoche.

Goethe in den Jahren 1771—1775.

Von

Bernhard Rudolf Abeken.   1861.

Wer sich aus dem reichhaltigen Leben unsers großen Dichters einen Abschnitt für eine specielle ausführliche Schilderung auswählen will, kann keine für den Biographen günstigere Wahl treffen, als wenn er, wie B. R. Abeken in seinem jüngst erschienenen Werke, den Zeitraum von Goethe's Scheiden aus Straßburg bis zu seiner Reise nach Weimar zum Gegenstand seiner Darstellung macht. Goethe durchlebte damals seinen glücklichen, gefühlsseligen Lebensfrühling; die Welt umgiebt ihn mit Allem, was ein empfängliches Dichterherz anzuziehen und mit Entzücken zu erfüllen vermag. Offen und arglos steht er noch den Menschen und den Verhältnissen gegenüber; keine bitteren Erfahrungen haben sein warmes Herz gegen die Außenwelt verschlossener gemacht, keine fehlgeschlagenen Erwartungen seinen Muth geschwächt, kein Fürstenhof hat ihm das Verhältniß rücksichtsvoller Abhängigkeit ertragen gelehrt. Mit vollen Zügen genießt er das Glück unbegrenzter Freiheit, wie er es nur einmal noch als kurzen Sonnenblick des Lebens während der italienischen Reise genossen hat; die Bedrängnisse, durch die das jugendliche Dichtergemüth

sich hindurchzukämpfen hat, sind für ihn noch keine
andern, als die Sorgen der Liebe und die Schmerzen
der Entsagung. Nur darin besteht bis dahin der
Wechsel von Freud' und Leid, den die Dichtungen
jener Jahre uns in den mannigfachsten Tönen, welche,
so lange als es fühlende Herzen giebt, ein Echo finden
werden, vergegenwärtigen. Auch über trübe Stunden
trägt die den Schmerz verklärende Poesie ihn rasch
hinweg, und selbst der Sturm der Leidenschaft wirft
die kostbarsten Perlen der Poesie ans Ufer.

Und welch eine schöne Reihenfolge von Lebens=
bildern, welch eine Laufbahn eröffnet sich in jenen
Jahren vor unsern Blicken! Jeder Weiterschritt ist
eine neue Entdeckung, eine neue Errungenschaft seiner
dichterischen Welt. Nach Wetzlar kommt der zwei=
undzwanzigjährige Jüngling — als „ein gewisser Doctor
Goethe aus Frankfurt": so bezeichnet ihn ein Brief
Kestner's, mit dem sich eben ein Freundschaftsverhält=
niß anknüpfte; ein Jahr später begrüßte ganz Deutsch=
land den Dichter des Götz von Berlichingen als den
Meister des deutschen Drama's, und nicht lange, so
war der Verfasser des Werther die Bewunderung der
gebildeten Welt. Die ersten Männer Deutschlands
suchen seine Bekanntschaft, viele seine Freundschaft;
er steht mit einemmal in der Mitte der ganzen neuen
Literaturbewegung. Fürsten schenken dem Frankfurter
Bürgersohn ihre Gunst; in kurzem hat er die Freund=
schaft eines Herzogs in solchem Maße gewonnen, daß
er, an Einfluß weit über den dominirenden Hofadel
erhaben, der Leiter desselben, eine Zeitlang fast sein
Mitregent wurde. Aus dem Stillleben des Frank=

furter Bürgerhauses sind wir mit raschen Schritten
auf den Schauplatz einer neuen Epoche deutscher Na-
tionalcultur versetzt worden.

Wenn man an ein Dichterleben den Maßstab
welthistorischer Begebenheiten hält, so sind das allerdings keine sogenannten großen Ereignisse, und mit
Lesern, die nur diesen ein Interesse abgewinnen können
und Dante's Vita nuova langweilig finden würden,
ist nicht zu rechten. Man muß der Schilderung eines
Dichterlebens auch eine poetische Stimmung entgegen-
tragen, um an den einzelnen Miniaturbildern idyllischer
Lebenszustände, welche die Geistes- und Gemüths-
bildung unserer großen Dichter und damit die Neu-
gestaltung der nationalen Dichtung begleiteten, ein
reines Wohlgefallen zu empfinden. Solche Jahre der
Entwickelung eines hervorragenden Dichtergenius, in
denen eine auf Jahrhunderte sich erstreckende geistige
Verjüngung ihre Keime, ihr erstes Wachsthum erhalten hat, sind auch in ihrem kleinsten Detail nicht
minder anziehend, als die großen Epochen im politischen Leben der Völker. Mehr als von manchem gewaltigen Herrscher, dem bei all seiner Macht die
schaffende, menschenbeglückende Kraft fehlt, läßt sich
von einem Dichter, der nach Jahrhunderten noch mit
jedem neuen Geschlecht in unendlicher Kette fortwirkt,
das große Wort gebrauchen:

> Es kann die Spur von meinen Erdetagen
> Nicht in Aeonen untergehn.

Man könnte versucht sein zu glauben, eine ausführliche Schilderung der Jugendjahre Goethe's müsse das
Schicksal einer Ilias nach dem Homer haben und sei

zumal überflüssig, wenn sie, wie die des Herrn Abeken,
die Kritik der in denselben producirten Werke des
Dichters ausschließt und sich auf das rein menschliche
Interesse an den Lebensereignissen des Dichters be=
schränkt. Goethe's ausführliche autobiographische Dar=
stellung führt uns bekanntlich gerade bis zu der Wei=
marer Reise gegen Ende des Jahres 1775, wo die
Würfel über seine Zukunft geworfen wurden. „Dich=
tung und Wahrheit" wird stets einen eigenen unnach=
ahmlichen Reiz behalten, den kein Biograph wird über=
bieten wollen. Allein es bleibt doch immer das Werk
des Mannes, der an der Schwelle des Greisenalters
seine Lebenserinnerungen niederzuschreiben unternahm.
Nicht nur einzelne Umstände und Vorfälle waren seinem
Gedächtnisse entschwunden: er selbst war ein völlig
Anderer geworden; er kehrte gleichsam auf die Spiel=
plätze seiner Kindheit zurück, wo ihn eine Welt um=
gab, die nicht mehr die seinige war. Er hält sich
daher mehr an die hervorragenden Erscheinungen, die
auf die Zukunft des Lebens hinweisen oder mit seinen
bedeutenderen dichterischen Erzeugnissen in Beziehung
stehen. Daher erhalten seine Schilderungen eine in=
nere, durch die Kunstform vollendete Wahrheit, die
das Wesen selbst dann richtig erfaßt, wo sie der Wirk=
lichkeit in den Einzelheiten nicht genau entspricht.
Indeß sind diese darum keineswegs gleichgültig. Es
schlingt sich so viel anmuthiges Blüthen= und Blätter=
werk hindurch, daß es ein größerer Genuß ist, die
Frühlingslandschaft von Goethe's Jugendleben in ihrem
ganzen, reichen, mannigfaltigen Farbenschmuck zu be=
trachten. Seine eigene Erzählung reicht bei weitem

nicht an die Fülle im Einzelnen, wie sie uns in den zahlreichen brieflichen Urkunden aus der Periode seiner Frankfurt-Wetzlarer Jahre und in gleichzeitigen Aufzeichnungen seiner Zeitgenossen dargeboten wird. Auch wird das Lebensgemälde nicht bloß reicher an Detail: selbst die Farbe, die es dadurch erhält, ist wesentlich verschieden. Denn wie weit hatte der Dichter der Pandora sich vom Dichter des Göt entfernt!

Denn Goethe blieb nicht, wie so mancher Dichter, selbst Jean Paul, auf der früheren Stufe seiner Geistesbildung stehen, nicht in der jugendlichen Gemüthsrichtung befangen. Zwar wird der Zusammenhang der Stufenfolge nicht unterbrochen: nicht gewaltsam springt er von einem Extrem zum andern: sein Leben ist eine in gesetzmäßigem Proceß fortgehende organische Entwickelung, in der es bis zu dessen Grenze keinen Stillstand giebt. Daß nicht jede Umwandlung uns als ein Gewinn erscheint, wer wollte es verkennen? Ihm selbst erschien sie nur als ein Fortschritt auf einer unendlichen Bahn. In diesem Gefühl mochte er daher nahe dem Ziele des Daseins das Bekenntniß aussprechen, daß ihm noch Ideen aufgingen, weshalb sich's lohne, das Leben noch einmal zu durchleben. Es scheint uns daher stets ein verkehrtes Beginnen, das schon unendlich viel Verwirrung angerichtet hat, wenn man Goethe's Aussprüche aus verschiedenen Perioden seines Lebens in beliebiger Auswahl aus Briefen, Gesprächen, bald ernsten, bald humoristischen Schriften zusammenwirft, um danach etwa über Goethe's Christenthum, Vaterlandsliebe, und was nicht überhaupt für sittliche Eigenschaften

abzuurtheilen. Es müßte wunderlich zugehen, wenn
man in einem bis zu lichthellſter Oeffentlichkeit vor=
liegenden achtzigjährigen Leben eines großen Mannes
nicht ſo viel Schatten auftreiben ſollte, als man, in
welchem Genre es gerade verlangt wird oder zu den
Phraſen der Zeit paßt, zum Schwärzen braucht.

Abeken hat unſtreitig darin Recht, daß wir in
der Beurtheilung Goethe's weiter kommen, wenn wir
einzelne bedeutende Lebensperioden ſchärfer ins Auge
faſſen und zu ausführlicher Darſtellung verarbeiten.
„So war der Jüngling Goethe, als er von der Uni=
verſität ins Vaterhaus zurückkehrte bis zu ſeiner Reiſe
an den Weimarer Hof“: das zu zeigen war des Ver=
faſſers Aufgabe. Wiederholt ſpricht er ſein Bedauern
aus, bei dem beſten Willen ihrer Löſung nicht ge=
wachſen zu ſein, und wie ſollten wir eine ſo ſeltene
Beſcheidenheit nicht ehren? Allerdings legen wir das
Buch nicht mit voller Befriedigung unſerer Erwar=
tung aus der Hand. Es dient dem Buche nicht zum
Vortheil, daß die biographiſche Behandlung von vier
Lebensjahren unſers Dichters auf einen Band von
27 Bogen ausgedehnt worden iſt. Statt die Sache
reden zu laſſen, hat der Verfaſſer zu viel über die
Sache geſprochen: ſeine Betrachtungen und ſeine Pa=
rallelen führen uns oft in einem weiten Kreiſe herum,
ehe wir wieder in den Bereich der Thatſachen zurück=
gelangen, und dabei dienen die häufigen Vorausblicke
auf ſpätere Ausſprüche und Dichterworte keineswegs
zur Verdeutlichung. Weit mehr, als es geſchehen iſt,
ſollte die Jugend aus ſich ſelbſt erklärt werden, die
geiſtig=ſittliche Eigenthümlichkeit aus den Dichtungen

jener Jahre; diese mußten gründlicher benutzt werden,
um die biographische Charakteristik zu beleben und
zu vervollständigen. Bei Schiller, dem Dichter der
Idee, sind die dichterischen Productionen ohne erheb=
liche Bedeutung für die biographische Auffassung; wer
dies verkennt, gelangt zu falschen Voraussetzungen und
Folgerungen, denen freilich Schiller zum Theil jene
überschwängliche Apotheose verdankt, die dem Ver=
ständniß der Literatur nur nachtheilig sein kann. Goethe
ist groß als Dichter der zu idealer Kunstform ver=
klärten Wahrheit des Lebens; Leben und Dichten
ist bei ihm aufs engste verwebt; der innerste Kern
seiner dichterischen Schöpfungen wurzelt nicht in all=
gemeinen Ideen, sondern in der gehobenen, durch be=
deutende Momente erregten Stimmung des Gemüths.
Sie bewegen sich daher innerhalb des Kreises der
eigenen Lebenserfahrungen und erhalten dadurch ihre
Tiefe, ihre fesselnde und ergreifende Wirkung. Mag
auch für ihn als Dramatiker dadurch die Grenze enger
als für Schiller gezogen sein, so scheiterte er doch nie
an der Klippe rhetorischer Phrase. Dies realistische
Element der Poesie ist vornehmlich in den Dichtungen
herrschend, welche in jener Jugendepoche zur Sprache
kommen. Sie konnten mehr, als von Abeken gesche=
hen ist, herangezogen werden, um den Dualismus,
der in Goethe's Jugend unter den mannigfachsten
Formen erscheint, schärfer zu zeichnen, einmal die
weiche, bis zu düsterer Schwermuth versinkende Sen=
timentalität, bei der mitunter selbst die krankhafte
Empfindsamkeit, welche damals um sich gegriffen hatte,
sich nachtheilig eindrängte, andrerseits den schranken=

losen Uebermuth) des Humors, der noch in den ersten
Weimarer Jahren forttollte, bis jene innere Ver=
söhnung eintrat, von der die Conception der Iphigenie
Zeugniß giebt. Auf jener Seite liegen Werther,
Clavigo, Stella und die nachher völlig verworfenen
Singspiele, auf dieser das Jahrmarktsfest, Pater Brey,
Satyros, Götter Helden und Wieland; nur im Götz
ist der g a n z e Jüngling Goethe, sowohl in seiner
Kraft und derben Offenheit als in seiner Mäßigung,
Milde und Herzensgüte.

Der Biograph sollte sich den lebenvollen Farben=
wechsel nicht entgehen lassen, welchen seine Darstel=
lung gerade durch diese Doppelseitigkeit des jugend=
lichen Dichtergemüths erhalten kann. Heitere Bilder
des Lebens reihen sich an gefühlsschwärmende Liebes=
idyllen, die wie ein Kranz von lyrischen Gedichten
sich in einander schlingen. Hier sind die Quellen,
aus denen der Biograph zu schöpfen hat, schon an
und für sich eine so lebendige Poesie, daß sie wie von
selbst zu einem wirkungsvollen Ganzen zusammen=
fließen; der Kestner'sche Briefwechsel, das gehaltreichste
Document dieser Epoche, hat eben so wenig seines
gleichen, wie der Briefwechsel mit Schiller; beide sind
unvergängliche Ehrendenkmale von Goethe's sittlicher
Größe. Außerdem bieten sich der biographischen Schil=
derung eine Menge der anziehendsten Genrebilder,
der Verkehr im gastlichen elterlichen Hause, die Freundes=
kreise in Frankfurt, Darmstadt, Wetzlar und Hom=
burg, die vorüberziehenden Besuche ausgezeichneter
Zeitgenossen. Wie herrlich steht überall das Bild
des begabten Jünglings vor uns, der ebensosehr die

Bewunderung wie die Liebe derer war, die ihm nahe traten, mag er heiter mit Lavater und Basedow durch die schöne Sommerlandschaft dahinziehen, „Prophete rechts, Prophete links, das Weltkind in der Mitten", oder an der Seite seines Jacobi in durchwachter Nacht, entzückt von dem im Spiegel des Rheins zitternden Mondlicht, die tiefsten Fragen der Philosophie erörtern, oder einem Klopstock mit der Pietät des angehenden Dichters die größte Dichtung des Jahrhunderts, den ersten Theil seines Faust (die wichtigsten Abschnitte waren bereits vollendet) vorlesen; der enge Rahmen weniger Jugendjahre umspannt viele schöne Lebensbilder, und hier deuten sie auf eine große Zukunft.

Wie Goethe in allen diesen mannigfachen, vielfarbigen Lebensbildern in jugendlicher Frische und Unbefangenheit vor uns steht, so trägt auch die Umgebung, in der er sich bewegt und die er zu sich heranzieht, ein jugendliches Angesicht, und die Sonne der Jugend leuchtet über die ganze Landschaft. Es liegt in dem Wesen seiner im Werden begriffenen Bildungsepoche, daß Vieles noch vereint wirkt, was sich nachmals trennt, das um den Einen Mittelpunct einer hoffnungsreichen geistigen Bewegung sich verschieden geartete, strebende Naturen versammeln, welche die Radien der weiteren Lebensrichtung und schärferen Charakterentwicklung weit und weiter auseinander führen. So war es im Beginn der Reformationsbewegung, so in der Zeit des geistigen Umschwungs, welcher der französischen Staatsumwälzung voranging und in die neue Bildungsperiode unsers Jahrhunderts hinüberleitet.

Wenige Abschnitte in Goethe's Leben möchten

sich in der Darstellung des Erzählers dramatisch so
beleben lassen, oft schon durch die bloße Gruppirung
— und das ist unverkennbar die schwächere Seite in
Abeken's Behandlung —, wie jene Frankfurter Jahre,
wo die neue Literatur gleichsam in Scene gesetzt wird.
Da stürmt es in Poesie und Philosophie, Kirchenglauben
und Pädagogik; überall sucht die geniale Subjectivität
aus den verknöcherten Zuständen einer geistlosen Ueber=
lieferung den Weg zu Natur und Wahrheit und macht
ihr Recht gegen das Hergebrachte geltend. Lavater,
Herder, Merck, Jacobi, Zimmermann, Basedow, Jung=
Stilling, Fritz Stolberg, welch eine Reihe weithin
bedeutungsvoller Namen! alle scharf ausgeprägte, in
ihren Grundzügen durchaus heterogene Charaktere,
aber damals noch durch gleiches Streben vereinigt,
noch friedlich zusammenwandelnd und alle in freund=
lichem Verkehr mit dem genialen lebensmuthigen
Dichterjünglinge. Zwischen diese schlingt sich eine
Reihe anmuthiger Frauengestalten hindurch, Charlotte
und Lili, die in Goethe's Liedern leben, die Schwester
Cornelia, Auguste Stolberg, die Jacobi's, Gerock's,
Caroline Flachsland, die Braut Herder's, mit ihren
empfindsamen Freundinnen, sie alle vielfach anregend
für die tiefe Wahrheit und Zartheit der Lyrik unsers
Dichters, dem das Ideal der Poesie stets in der Form
weiblicher Anmuth erschien. Wir wollten im Obigen
nur auf den überreichen Stoff hinweisen, der für
eine auf die Zeichnung des Einzelnen eingehende Dar=
stellung der Frankfurter Jahre Goethe's vorhanden ist.

Wenn wir auch Manches gern noch sorgfältiger
und klarer ausgeführt sähen und die ganze Art der

Darstellung im Einzelnen lebendiger und abgerundeter wünschen möchten, so freuen wir uns doch, daß Abeken eine Eigenschaft in hohem Maße besitzt, ohne die niemand das Leben eines großen Mannes zu schreiben unternehmen sollte: er ist warm und voll freudiger Anerkennung des vielen Schönen, das seine Schilderung unsern Blicken darzulegen hat; in der innigen Liebe, mit der der Verfasser zu dem verehrten Meister emporblickt, gewinnt man ihn selbst lieb. Mit Recht konnte er seinem Werke als Motto die Worte Goethe's voraussetzen: „Wenn man von Schriften wie von Handlungen nicht mit einer liebevollen Theilnahme, nicht mit einem gewissen parteiischen Enthusiasmus spricht, so bleibt so wenig daran, daß es der Rede gar nicht werth ist; Lust, Freude, Theilnahme an den Dingen ist das einzige Reelle und was wieder Realität hervorbringt; alles Andere ist eitel und vereitelt nur." Schon aus diesem Grunde begrüßen wir Abeken's Werk als eine anerkennenswerthe Erscheinung, weil es auch seinerseits dazu beitragen wird, die Nation vor dem Schatze an Geist und Bildung, den sie durch Goethe erhalten hat, Achtung zu lehren. Denn wenn Schelling nach dem Hinscheiden des Dichters feierlich auszusprechen berechtigt war: „Deutschland war nicht verwaist, nicht verarmt; es war in aller Schwäche und inneren Zerrüttung groß, reich und mächtig von Geist, so lange — Goethe lebte": so dürfen auch wir Nachlebenden mit gleicher Wahrheit hinzufügen: so lange Goethe in Ehren gehalten wird!

Goethe und Reinhold Lenz.

Reinhold Lenz, Leben und Werke, mit Ergänzungen
der Tieck'schen Ausgabe.

Von

O. F. Gruppe. 1861.

Wir begegnen in der Geschichte der Kunst und Literatur häufig jenen problematischen, halbentwickelten Talenten, die durch geniale Anlagen, durch die stets erneuten Versuche, das ihnen vorschwebende Ideal in entsprechenden Formen zur Darstellung zu bringen, uns mächtig anziehen, denen aber das Eine und Letzte aller künstlerischen Gestaltung unerreichbar bleibt, wodurch ihre Leistungen ein Anrecht erhielten, in die Reihe jener Kunstschöpfungen gestellt zu werden, welche für alle Zeiten Wirkung und Bedeutung haben. Es giebt viele geistvolle Versuche und Entwürfe, die, weil sie momentan die geistige Entwickelung unterstützten, zu eingehender Betrachtung zu reizen, Achtung und Theilnahme zu verdienen vermögen, ohne hinreichend zu sein, der Nachwelt zur Bewunderung und zum Studium zu dienen. Wenig mehr als ein historisches Interesse flößen uns jetzt die Dichtungen der jungen Stürmer und Dränger ein, deren stolze Hoffnungen durch Goethe's Jugend sich schlingen. Ihre Namen erhält mehr der unvergängliche Reiz, mit welchem er die Schilderung seiner Jünglingsjahre ausgestattet, in lebendiger Erinnerung, als die Anziehungskraft

ihrer dichterischen Werke, mochte gleich theilweise deren
Erfolg im ersten Moment ihres Erscheinens sie in
der Täuschung erhalten können, nicht kleiner zu sein,
als der „Bruder auf dem Parnaß." Wie es eine
Zeit gab, in der man alles Ernstes Bürger für ein
größeres Dichtertalent hielt, als seinen strengen Beurtheiler, der noch keinen Wallenstein verfaßt hatte, so
gab es auch für Reinhold Lenz eine goldene Zeit
der Bewunderung, wo selbst ein Klopstock eines seiner
anonym erschienenen Dramen für ein Werk Goethe's
halten konnte, und der einsichtsvolle Schröder in Hamburg, der die Dramen Shakspeare's zuerst auf die
deutsche Bühne brachte, sie vor allen andern als
„theatralisch" auszeichnete. Der Nation ist Lenz ziemlich fremd geblieben. Selbst nachdem durch die von
Ludwig Tieck im Jahre 1828 veranstaltete Sammlung seiner Werke aufs neue die Aufmerksamkeit auf
ihn gelenkt war, blieb doch die eingehendere Beschäftigung mit ihnen auf die historische Literaturforschung
beschränkt, und das Urtheil der Literatoren war eben
so wenig, wie das von Goethe in „Dichtung und
Wahrheit" ausgesprochene, besonders geeignet, ihnen
eine allgemeinere Theilnahme zuzuwenden.

Ein neuer Versuch, den unglücklichen Dichter in
der Schätzung der jetzigen Zeit zu restituiren, nicht
allein seinen Lebensschicksalen unser Mitgefühl, sondern
auch seinen Dichtungen eine größere Anerkennung zu
verschaffen, ist vor kurzem von O. F. Gruppe gemacht: Reinhold Lenz, Leben und Werke.
Mit Ergänzungen der Tieckschen Ausgabe. (Berlin,
A. Charisius, 1861). Ich will es dahin gestellt sein

lassen, ob nicht der Verfasser durch eine kürzere Fas=
sung der Untersuchungen und durch planmäßigere An=
ordnung seinem Buche einen günstigeren Erfolg ge=
sichert hätte. Die philologische Gründlichkeit, mit der
die spärlichen Mittheilungen über Lenz zusammen=
gestellt, im Einzelnen, nicht ohne manche Wiederho=
lungen, abgewogen und durch Stellen und Auszüge
aus seinen Werken beleuchtet werden, wird für Leser,
die nicht mit ähnlichen Untersuchungen beschäftigt sind
— und der Verfasser hat ein weit größeres Publicum
im Auge — im Verlauf des Buches ermüdend sein.
Das dramatische Interesse der Biographie hört schon
mit dem Ende des achten Abschnitts auf; zwei Drittel
des Buches enthalten die dazu gehörenden, überaus
breit angelegten Excurse. Gleichwohl ist die aufrich=
tige Forschung nach Wahrheit unter allen Umständen
etwas werth. Die biographischen Nachrichten über
Lenz sind mit einer Vollständigkeit gegeben, wie wir
sie noch nirgends zusammengestellt finden, und auch
in den psychologischen Erörterungen, die sich vornehm=
lich an Lenz' Dichtungen anlehnen, folgen wir dem
Verfasser gern, wenn auch mitunter die Vorliebe
für den in den Vordergrund gezogenen Schützling
das ruhige Urtheil über Andere beeinträchtigt hat.

Weniger vermag ich Herrn Gruppe in dem bei=
zustimmen, wo sie sein ästhetisches Urtheil über Lenz
als Dichter geleitet hat. Nach meiner Ansicht — und
ich glaube, daß die meisten Beurtheiler auch nach dem
Erscheinen von Gruppe's Schrift sie theilen werden,
— hat Lenz auf die hohe Stellung, die ihm der
Verfasser in unserer Literatur anweisen möchte, kein

Anrecht. Wer wollte in seinen Dichtungen den mächtigen poetischen Drang eines begabten Jünglings verkennen? Allein die kühnen, überall hervorleuchtenden
Blitze der Genialität gleichen doch nur einzelnen
Streiflichtern, die mit der Sonnenklarheit des echten
Künstlergeistes wenig gemein haben. Man sagt wohl
von solchen früh zu Grunde gegangenen Talenten,
sie seien in ihrer Entwickelung gehemmt, sowie Bürger
von sich selbst urtheilt, seines Lebens Keime seien
gestorben, werth eines besseren Lenzes. Allein so
wenig Bürger in einer glücklicheren Lebenslage etwas
Höheres erreicht hätte, als da er mit seiner Lenore
sich die Herzen in ganz Deutschland eroberte, eben so
wenig würde aus Lenz' dramatischen Jugendarbeiten
eine Iphigenie, ein Wallenstein sich entwickelt haben;
die Grenzen waren ihm früh genug gezogen. Hierüber
will ich mit unserm Biographen nicht weiter rechten,
im Gegentheil anerkennen, daß er in einzelnen Fällen
oberflächlich absprechende Urtheile nach Gebühr zurück-
gewiesen und zu einer richtigeren Würdigung wesentlich beigetragen hat. Vorzugsweise halte ich mich an
den biographischen Inhalt seines Werkes und hoffe
es am besten zu empfehlen, wenn ich das Ergebniß
seiner Untersuchung in kurzer Darstellung zusammen-
fasse.

Jacob Michael Reinhold Lenz war am 12. Ja-
nuar 1750 zu Seßwegen in Liefland geboren, der
zweite Sohn des dortigen Geistlichen. In Dorpat,
wohin sein Vater einige Jahre später als Prediger
der deutschen Gemeinde berufen war, besuchte er die
lateinische Schule. Sein poetisches Talent, zuerst an-

geregt von Klopstock's Messiade, dem trojanischen Roß der damaligen Dichterliteratur, entwickelte sich frühzeitig. Ein uns erhaltenes Bruchstück eines religiösen Gedichts in Hexametern, „Gedanken von dem Versöhnungstode Christi", giebt uns Nachklänge jener Dichtung mit einer anerkennenswerthen Sprachgewandtheit. Durch Lessing erhielt Lenz die erste Richtung auf das Drama. Unter dem frischen Eindrucke der kurz zuvor bekannt gewordenen Minna von Barnhelm verfaßte er als sechzehnjähriger Jüngling bei Gelegenheit der Hochzeitsfeier eines Barons Igelström das kleine Lustspiel „Der verwundete Bräutigam" (erst 1845 bekannt geworden); es war ein Beweis von seiner Naturanlage für dramatische Poesie wie von dem Vertrauen, das man bereits in sein jugendliches Talent setzte, indem man ihm eine solche Arbeit übertrug.

Die Neigung zur Poesie begleitete ihn 1768 auf die Universität Königsberg, wo er sich theologischen Studien widmete. Das umfassende Gedicht „Die Land= plagen" in sechs Gesängen, womit er 1769 an die Oeffentlichkeit trat, hält sich in der bis dahin beliebten Bahn poetischer Beschreibung, welche von Klop= stock, Kleist und Thomson Form und Farbe entlehnte. Die Beschäftigung mit Lessing's Laokoon und Herder's theoretischen Schriften mochte ihm bald diese Dicht= gattung für immer verleiden. Schon hier ist der Einfluß der englischen Poesie bemerkenswerth. Eine Uebersetzung von Pope's Essay on criticism fällt noch in die Periode seiner akademischen Jahre. Das theo= logische Studium scheint dabei zu kurz gekommen zu

sein, ward auch vor der Zeit abgebrochen, da Lenz
im Jahre 1770 zwei Herren von Kleist, die in französische Kriegsdienste zu treten wünschten, als Hofmeister und Gesellschafter nach Straßburg begleitete.
Der vielseitige Umgang, in welchem er hier lebte,
die geistigen Anregungen, die er in den literarischen
Kreisen der damals noch deutscheren Universität erhielt, und die Muße, die ihm mehrere Jahre hindurch
die freie Wahl seiner Beschäftigungen möglich machte,
alles dies vereinigte sich aufs günstigste, um seiner
poetischen Production förderlich zu sein. Diese richtete sich jetzt fast ausschließlich auf das Drama. Vor
einer Hinneigung zu den beschränkten französischen
Formen hatte die Bekanntschaft mit Lessing's Schriften
ihn von vornherein bewahrt. Naturwahrheit, kühner
Griff in wirkliche Lebensverhältnisse, freie Behandlung
der äußern Form war sein Augenmerk; Plautus und
Shakspeare, die er, ihrer Sprache mächtig, an der
Quelle studiren konnte, wurden seine Vorbilder. Wieland's Uebersetzung, die den Shakspeare zuerst bei uns
einführte, bot ihm kein Genüge mehr; er übertraf
ihn in der Kunst, Shakspeare's humoristische Darstellung wiederzugeben, durch die für jene Zeit vortreffliche Uebertragung von Love's labour's lost.

Hieran arbeitete er grade zu der Zeit, als Goethe
mit ihm in nähere Bekanntschaft trat. Die Beschäftigung mit Shakspeare ward ein mächtiges Band der
Freundschaft; hier konnte Goethe von Lenz lernen,
wie er von Herder gelernt hatte. Doch auch Lenzens
angenehme Persönlichkeit gab der kurzen Zeit ihres
Umgangs einen bedeutenderen Gehalt. „Klein, aber

nett von Gestalt" — so schildert ihn Goethe in Dichtung und Wahrheit —, „ein allerliebstes Köpfchen,
dessen zierlicher Form niedliche, etwas abgestumpfte
Züge [die Bezeichnung ist nicht außer Acht zu lassen]
vollkommen entsprachen; blaue Augen, blonde Haare,
kurz ein Persönchen, wie mir unter nordischen Jünglingen von Zeit zu Zeit eines begegnet ist; einen
sanften, gleichsam vorsichtigen Schritt, eine angenehme,
nicht ganz fließende Sprache, und ein Betragen, das,
zwischen Zurückhaltung und Schüchternheit sich bewe-
gend, einem jungen Mann gar wohl anstand."

Goethe war nach seiner Vaterstadt zurückgekehrt
und arbeitete am Götz von Berlichingen. Lenz versuchte die Conflicte des modernen socialen Lebens zu
schildern; er verfaßte den Hofmeister, ein „Lustspiel" oder vielmehr bürgerliches Schauspiel, das erst
nach dem Götz ans Licht trat, so daß seine Wirkung
abgeschwächt war, gleichwohl noch effectvoll genug,
um den jungen Dichter in die Reihe derjenigen zu
stellen, welche allen herkömmlichen Formen den Krieg
erklärten und vom Drama vor Allem „nackte Natur"
verlangten, die hier allerdings unverschleiert genug
vor uns hintritt. Rastlos fuhr er nach dem ersten
glücklichen Wurf fort zu schaffen, so daß sich in wenig
Jahre die bedeutendsten Erfolge seiner dramatischen
Muse zusammendrängen, der neue Menoza, die
Soldaten, die Freunde machen den Philosophen. Andere waren entworfen und, nach Lenz'
Angaben zu schließen, theilweise schon 1776 vollendet.
Daneben erschien 1774 seine Bearbeitung von fünf
Stücke des Plautus, welche er modernen Verhält-

nissen anpaßte — wie schon Lessing in seinem Lustspiele „Der Schatz" versucht hatte — und ausdrücklich
„fürs deutsche Theater" bestimmte; Goethe, dem
man einigen Antheil an der Bearbeitung zuschreibt,
beförderte sie zum Druck *).

Zu gleicher Zeit war Lenz ein eifriges Mitglied
der unter Salzmann's Leitung 1775 gestifteten literarischen Gesellschaft, zu deren Secretär er gewählt
wurde. Die Gegenstände seiner Vorträge, deren Titel
uns aus den in Straßburg aufbewahrten Protokollen
mitgetheilt sind, deuten auf vielseitige literarische Interessen. Aus dem, was wir von seinen „Briefen
über Werthers Moralität" erfahren, müssen wir auf
seine offenherzige Zustimmung zu dem Urtheil der
Verehrer seines vom Ruhme schneller emporgetragenen
Freundes schließen, welcher, durch spätere Vorfälle
gegen Lenz eingenommen, mit Unrecht die Beschuldi-
gung ausgesprochen hat, Lenz habe ihm in der Mei-

---

*) Sie enthalten fünf Plautinische Stücke: das Bäterchen
Asinaria); die Aussteuer (Aulularia); die Entführungen (Miles
gloriosus); die Buhlschwester (Truculentus); die Türkensklavin
(Curculio). Bei dieser Gelegenheit kann ich nicht umhin, die
Freunde der Literatur auf die 1861 im Verlage der Metz-
ler'schen Buchhandlung in Stuttgart erschienene Uebersetzung der
vier anziehendsten Lustspiele des Plautus (Trinummus, der Bra-
marbas, die Gefangenen, das Schiffstau), aufmerksam zu machen,
durch die W. A. B. Herzberg aufs neue einen Beweis von
seiner formgewandten und geistvollen Uebersetzungskunst gegeben
hat. Die deutsche Bearbeitung ist so treu, selbst in Beobachtung
der metrischen Formen des Originals, als es die Eigenthümlichkeit unserer Sprache nur irgend gestattet, und in jeder Hinsicht
den besten Uebertragungen antiker Dramen ebenbürtig.

nung des Publicums zu schaden gesucht. Wenn er
dahin auch den Umstand zählt, daß Lenz die gegen
Wieland gerichtete geniale Satire „Götter, Helden
und Wieland" habe drucken lassen, so wissen wir, daß
Goethe dieser Druck keineswegs unerwartet und so
ganz ungelegen kam, wenn er gleich ein Jahr später,
als er mit dem weimarischen Hofe in Berührung trat,
ihn hinwegwünschte, ferner daß Lenz zu gleicher Zeit
nahe daran war, das Nämliche zu wagen und mit
demselben scharfen Urtheil gegen Wieland's Poesie an
die Oeffentlichkeit zu treten. Sein satirisches Drama
„Die Wolken", namentlich gegen Wieland gerichtet,
wurde jedoch von ihm noch kurz vor dem Drucke
wegen seiner Pläne auf Weimar zurückgezogen. Es ist
entweder verloren gegangen oder, wie Gruppe vermuthet, eins mit der Humoreske Pandaemonium ger-
manicum, das erst 1819 nach dem Originalmanuscripte
abgedruckt worden ist.

In eben jenen Jahren des dramatischen Schaffens entfaltete sich für Lenz ein bewegtes Gemüthsleben, das für den Augenblick seiner Dichterkraft neue
Schwingen verlieh, aber bald mehr zerstörend als
heilend und belebend wirkte. Eine leicht entzündliche
Dichterseele, wie die seinige, welche, unbesorgt um die
Zukunft, sich ganz den Träumen der Phantasie hingab,
zumal in einer Zeit, wo die Werther-Schwärmereien
als ein idealisches Dasein galten, konnte dem Reiz
weiblicher Anmuth nicht gefahrlos nahen; seine Dichtungen lassen auch auf die Macht sinnlicher Erregbarkeit schließen, die zu der sittlichen Haltung, die
Gruppe seinem Helden zuschreiben möchte, gar wenig

paßt. Goethe besaß die Energie, sich aus den stür=
mischen Fluthen der Leidenschaft zu retten, und, wenn
die Wogen sich gelegt, der poetischen Perlen sich zu
erfreuen, die sie ans Ufer geworfen hatten. Lenz
hatte den Stürmen, die sein Jugendleben bewegten,
nicht eine gleiche Kraft entgegenzusetzen.

Das Vorspiel beginnt, so viel uns bekannt ist,
— ähnliche Liebeständeleien mochten schon vorausge=
gangen sein — in Sesenheim, wo jeder Leser
von Goethe's Dichtung und Wahrheit durch den Zau=
ber seines jugendlichen Liebesidylls heimisch geworden
ist. Daß Lenz sein Nebenbuhler und Nachfolger in
Friederikens Liebe geworden ist, hat Goethe dort
absichtlich verschwiegen, um den dichterischen Eindruck
nicht zu beeinträchtigen, obwohl wir anderweitig er=
fahren, daß Goethe, selbst aus Friederikens eigenem
Munde, von Lenzens Liebeswerbung wußte.

Es war ein Jahr nach Goethe's Abreise von
Straßburg, als Lenz, während eines mehrmonatlichen
Aufenthalts in Fort Louis, in dem Pfarrhause des
nahegelegenen Sesenheim zu häufigen Besuchen sich
einfand. Als ein junger Mann von gewinnender
Persönlichkeit, dazu Candidat der Theologie, hatte er
es leicht, sich das Zutrauen des alten Pfarrers zu
erwerben, dessen Amt er mehrmals auf der Kanzel
versah. Seine Bewerbung um Friederike konnte von
den Eltern nur mit günstigen Augen angesehen
werden. Eine aufrichtige Herzensneigung scheint es mir
(Gruppe ist anderer Ansicht) weder von seiner noch
von Friederikens Seite zu sein. Für ihn war es,
trotz seiner im schwärmerischen Modestil geschriebenen

Briefe an Salzmann, doch nur ein eitles Spiel zu vor-
übergehender Unterhaltung eines flatterhaften Dichter-
genie's: er dachte nicht an eheliche Verbindung,
noch an ein Pfarramt, das ihm zuwider war. Wenn
Friederike den Wünschen der Eltern und seiner, wie
es anfangs scheinen mußte, treugemeinten Bewerbung
so weit nachgab, daß Lenz sich selbstgefällig eines
Veni, vidi, vici! rühmen konnte, so war es nicht Leicht-
sinn, noch war darum Goethe's Bild so schnell in
ihrem Herzen erloschen, sondern wir gedenken ent-
schuldigend der eigenen Worte Goethe's im Götz:
„Bei Mädchen, die durch Liebeunglück gebeizt sind,
wird ein Heirathsvorschlag bald gar." Die Eltern
scheinen bald selbst eingesehen zu haben, daß der un-
ruhige Lenz sein Vertrauen verdiene; denn nach seiner
Rückkehr nach Straßburg ist der Verkehr mit ihm
völlig abgebrochen. Daher können Friederikens Worte
an Goethe, daß Lenz sich um sie beworben habe,
aber abgewiesen worden sei, der Hauptsache nach mit
der Wahrheit recht gut bestehen.

In Straßburg fand Lenz ein anderes weibliches
Ideal, das ihn mit der glühendsten Leidenschaft erfüllte. Während uns kein einziges Lied von seiner
Liebe zu Friederike Kunde giebt — kaum möchten
wir, wie Gruppe thut, uns rasch zu der Vermuthung
entschließen, diese Gedichte seien von ihm absichtlich
vernichtet worden — so macht ihn nunmehr die Liebe
zum Lyriker. Der Gegenstand dieser Leidenschaft, die
für sein Leben verhängnißvoll werden sollte, ist A d e -
l a i d e B a r o n i n v o n W a l d n e r, deren Bekanntschaft er gegen das Jahr 1774 machte. Ihr sind

die beseeltesten Töne seiner lyrischen Poesie gewidmet,
so daß Gruppe, der in allen Theilen seiner Biographie der Bewunderung für seinen Schützling Ausdruck
giebt, bei diesen erotischen Poesieen zu dem extrava-
ganten Ausspruch greift, daß wir es hier mit einem
der größten Lyriker nicht nur Deutschlands, sondern
aller Zeiten zu thun haben. Zu einem solchen Range
berechtigen nach meinem Dafürhalten die Gedichte
auf Adelaide keineswegs, und ich glaube doch nicht
zu den „fühllosen" Kritikern zu gehören, gegen die
der Verfasser wiederholt seine Entrüstung ausdrückt.
Einzelne Stellen treten mit ergreifender Gewalt hervor, aber dann zerfließt die Empfindung wieder im
Verlauf des Gedichts. Das treffliche Lied „Mit
schönen Steinen ausgeschmückt" (Gruppe, S. 91) hat
doch seinen Werth nur durch die beiden Anfangsstro-
phen; die folgenden sind ein schwächerer Nachhall des
in ergreifenden Tönen angeschlagenen Accords.

Das pathologische Interesse, mit dem uns das
Werden und Aufflammen dieser Liebesleidenschaft erfüllt, steigert sich, wenn wir gegen den Frühling 1776
den jungen Dichter von Straßburg nach Weimar begleiten. Hier war inzwischen Goethe als Freund und
Rathgeber eines Fürsten zu Einfluß und Ansehen gelangt, Fräulein von Waldner lebte als Hofdame in
der Nähe der Herzogin Luise. Mit was für Zukunfts-
träumen mochte er sich auf den Weg machen! Aber
er langte an „die Todeswunde tief in der Brust" —
denn unterwegs hatte er erfahren, daß Adelaide ver-
lobt sei, und so erklären sich die melancholischen Worte,
womit er Goethe von seiner Ankunft in Weimar in

Kenntniß setzte! „Der lahme Kranich ist angekommen,
er sucht, wo er seinen Fuß hinsetze. Lenz."

Die freundliche Aufnahme, die er in der weimarischen Gesellschaft fand, that ihm wohl; er war
in mannigfachem Verkehr mit der herzoglichen Familie
und den literarischen Notabilitäten; selbst mit Wieland,
dem sonst gehaßten und verfolgten, stand er im besten
Einvernehmen. An Lavater, der damals der Ver-
traute seines Herzens war, schreibt er einige Wochen
nach seiner Ankunft in seiner gewöhnlichen überschwäng-
lichen Weise: „Ich bin hier verschlungen vom ange-
nehmen Strudel des Hofes, der mich fast nicht zu
Gedanken kommen läßt, weil ich den ganzen Tag oben
beim Herzog bin." Gleichwohl hatte Lenz, der nur
gewohnt war, sich bequem gehen zu lassen, sich nicht
jene besonnene Haltung zu eigen gemacht, welche er-
forderlich war, um auf dem glatten Boden fürstlicher
Salons nicht zu straucheln, und die leidenschaftliche
Erregtheit, in die er durch die Nähe der im Kreise
des Hofes lebenden Geliebten gerieth, erhöhte die
Gefahr für ihn. Sein Erscheinen in einer Domino-
maske auf einem Hofball, zu dem er nicht geladen
war, gab nach Goethe's Ausdruck „ein Lachfieber";
Böttiger und Falk haben den Vorfall so erzählt, wie
ihn die Klatschlust boshaft vergrößert hatte. Wieland
schreibt am 13. Mai: „Lenz am Hofe! — Was dünkt
euch dazu? Seit er hier ist, ist kaum ein Tag vergangen, wo er nicht einen oder den andern Streich
ausgeführt, der jeden anderen als ihn in die Luft
gesprengt hätte. Dafür wird er nun freilich auch
was Rechts geschoren; aber das ficht ihn nicht an,

er geht seinen Weg fort." Man sah über Manches hinweg, und behielt ihn lieb. Auch Goethe bestätigt es, indem er im Juli an Merck schreibt: „Lenz ward endlich gar lieb und gut in unserem Wesen, sitzt jetzt in Wäldern und Bergen allein, so glücklich, als er sein kann."

Damals weilte Lenz längere Zeit in Berka, nicht, wie Goethe meinte, in einer glücklichen Stimmung, sondern in der Einsamkeit versank er tiefer in sich selbst. Zu viel hatte in kurzer Zeit auf ihn eingestürmt; auch das kam noch hinzu, daß er mit Vater und Bruder zerfallen war. Sein Gemüth hatte gelitten, der Geist konnte, obwohl er sich noch vielfach in poetischen Productionen versuchte, das Seelenleid nicht mehr bewältigen. Als er gegen den Herbst nach Weimar zurückkehrte, war er ein anderer geworden, „ein krankes Kind", wie Goethe an Merck schreibt; „wir wiegen und tänzeln ihn, und geben und lassen ihm vom Spielzeug, was er will."

Das Spielen hatte indeß bald ernstlichere Vorfälle zur Folge. Gruppe hat über „die Katastrophe zu Weimar" alle Briefstellen und auch die leisesten Hindeutungen in Lenz' Dichtungen, die darauf Bezug haben können, zu einem weitläufigen Zeugenverhör zusammengebracht, als gälte es eine Wallenstein'sche Haupt- und Staatsaction, „die eine Welt im Sturze nach sich reißt." Trotzdem gewinnen wir nur ganz winzige Resultate. Lenz, dem man bisher Vieles verziehen hatte, verletzte mehr und mehr die Grenzen conventioneller Gesellschaftssitte, die selbst unter dem genialen Treiben des Weimarer Hofes ihr Ansehen

nicht ganz verloren hatte. Seine Leidenschaft für
Adelaide mußte hier Alles verderben; er hielt ihre
Verlobung für eine nur der Convention angehörige,
und war in dem festen Glauben, daß ihm eigentlich
dies Herz gehöre, ganz der Standpunct Werther's.
Nun erfolgten Zurechtweisungen ernster Art, und wohl
auch aus Goethe's Munde. Dadurch wurde sein Ehr-
gefühl erregt; er meinte denn noch nicht mehr die
gute Sitte zu verletzen, als die ihn zur Rede stellten,
und vergaß nur, daß er weder der Herzog noch Goethe
war, denen er sich im Dichterselbstgefühl an die Seite
setzte. Er ließ seiner Zunge freien Lauf und scheint
namentlich Goethe beleidigt zu haben, indem er sich
über dessen Verhältniß zu Frau von Stein ausließ.
Wieland, der ihn sonst harmlos genannt hatte, hält
jetzt die Bezeichnung von „boshaft" und „impertinent"
nicht zurück: kurz er hatte Viele in der Gesellschaft
des Hofes gegen sich aufgebracht. Der entscheidende
Auftritt erfolgte am 29. November, wo er wahrscheinlich vor den Augen mehrerer Personen des Hofes
seine Geliebte mit einer anstößigen Zudringlichkeit über-
rascht und dadurch die sittenstrenge Herzogin persönlich
beleidigt hatte.

Lenz erhielt herzoglichen Befehl, Weimar auf
der Stelle zu verlassen; ein Tag Aufschub, um
den er durch Herder bitten ließ, wurde ihm stillschwei-
gend gewährt. Der Vorfall war der Art, daß die
sonst so schwatzhafte weimarische Gesellschaft in den
uns bekannt gewordenen Briefschaften wie auf ein ge-
gebenes Wort über das Einzelne ein völliges Stillschweigen beobachtet hat; selbst von einem in Herder's

Nachlaß befindlichen Briefe Lenzens, worin sich dieser
gegen Herder zu rechtfertigen sucht, ist das Blatt,
worin die näheren Umstände zu lesen sein würden,
abgerissen und vernichtet. Goethe schreibt an Frau
von Stein die kurzen Worte: „Lenz hat mir weg-
gehend noch diesen Brief an Herzogin Luise zugeschickt,
übergeben Sie ihn, liebe Frau. Die Sache reißt
wieder so an meinem Innersten, daß ich erst da dran
wieder spüre, wie tüchtig es ist und was aushalten
kann." Goethe war bei diesen Vorgängen schwer beleidigt, aber zu der Vermuthung, daß gerade er seine
Wegweisung betrieben habe, ist auch nicht der leiseste
Grund. Mich dünkt, Goethe ist in seinem ganzen
Verhalten gegen Lenz nicht der geringste Vorwurf zu
machen, und von Neid und Eifersucht in der Liebe
und im Ruhm kann keine Rede sein. Ob jene Vorgänge in der weimarischen Hofsphäre auf Goethe's
Tasso influirt habe, wie Gruppe annimmt, muß dahin-
gestellt bleiben. Die Grundzüge zu der Darstellung
eines leidenden, mit der Welt zerfallenen Dichtergemüths fand Goethe in seinen Jugenderlebnissen so
vielfach vor und waren schon in Tasso's Lebensereignissen so deutlich vorgezeichnet, daß nicht grade Lenz,
dem zum Tasso doch allzuviel fehlte, zu diesem Bilde
gesessen zu haben braucht.

Von der Abreise aus Weimar hatte Lenz nicht
mehr weit bis zum Wahnsinn. Zunächst arbeitete er
noch rastlos fort. Vieles von ihm wurde in den
nächsten Jahren zum Druck befördert, so daß er nicht
Mangel kann gelitten haben. Den Winter verlebte
er in Emmendingen bei Schlosser, Goethe's Schwager,

oder in dessen Nähe. Das ruhige klare Gemüth seiner
Gattin übte auf Lenz eine heilende Wirkung; er selbst
hat es dankbar bekannt:

Ihr zart Gefühl, das jeden Mißlaut spürte,
Litt auch kein Wort, auch keinen Blick,
Der nicht der Wahrheit Stempel führte.

Im nächsten Frühling (1777) ging er wieder auf
Reisen, hielt sich an verschiedenen Orten der deutschen Schweiz auf, verweilte lange bei Lavater, dessen
milder Zuspruch ihm besonders jetzt erquickend sein
mußte, und machte die Bekanntschaft mit vielen in
der Literatur hervorragenden Männern, an denen die
Schweiz damals reich war. Die Wirkung war anders,
als man hätte erwarten mögen. Verstörten Geistes
kam er im folgenden Winter in die oberen Rhein-
gegenden zurück. Im Hause des Pfarrers Oberlin
zu Waldbach im Steinthal hatte er Anfälle von Wahnsinn; nur mit Mühe hielt man ihn vom Selbstmorde
zurück. Dazwischen hatte er wieder Perioden, wo sein
Geist klar und heiter war, so daß er mehrmals den
Pfarrer, in dessen Pflege er war, auf der Kanzel vertrat. Bei dem Besuche in Schlosser's Hause zu
Emmendingen, wo er Cornelia nicht mehr fand, brach
die Krankheit des Gemüths aufs neue hervor und
steigerte sich bis zur Tobsucht, so daß man ihm Ketten
anlegen mußte! Einigermaßen geheilt, wurde er von
Schlosser in dem Hause eines Schuhmachers unter-
gebracht. Er war jetzt mit seinem Loos und seiner
Umgebung so zufrieden, betrieb sein Handwerk mit
solcher Lust, als wäre jede Erinnerung an all seine
Zukunftsträume, an Dichterglorie und Frauenhuld, an

Hoffäle und Fürstenumgang auf immer verschwunden. Hier wie demnächst durch einen Landaufenthalt zu Wyswyhl war er so weit wieder hergestellt, daß er im Sommer 1779 in Begleitung seines Bruders in die Heimat zurückkehren konnte. Aber der Geist war für immer gebrochen, und von jenem Lenz, auf dem die Hoffnungen Deutschlands geruht hatten, war wenig mehr übrig geblieben.

Lenz lebte anfangs zu Riga, wohin sein Vater als Generalsuperintendent berufen war. Er bemühte sich um ein Lehramt, aber vergebens. Eine Sammlung seiner Werke, für die er seine weimarischen Gönner, mit denen er wieder in Correspondenz trat, zu interessiren suchte, — auch der Herzog hatte seine Hand nicht ganz von ihm gezogen — kam nicht zu Stande, wie es scheint, in Folge seiner Unentschlossenheit. Einige Jahre darauf begab er sich nach Petersburg, und da hier sich keine besseren Aussichten für ihn eröffnen wollten, nach Moskau. Einiges erwarb er sich durch mechanisches Uebersetzen; doch konnte der Erwerb nicht hinreichen, ihn vor Dürftigkeit zu schützen. Größere Dichtungen brachte er nicht mehr zu Stande, und selbst die kleineren sind matt und unklar. Gleichwohl verlor er nicht das Gefühl seines Werthes, das durch unzählige Demüthigungen nur noch mehr zum Trotz gesteigert ward. Obschon er von Unterstützungen, beinah von Almosen lebte, so war er doch beleidigt, wenn man ihm unaufgefordert Gaben anbot. Der Tod machte am 24. Mai 1792 seinem traurigen Dasein ein Ende. Ein russischer Edelmann, in dessen Hause er lange Zeit gelebt hatte, sorgte für sein Begräbniß.

Das ist der tragische Verlauf eines Dichterlebens, von dem Gruppe nicht mit Unrecht sagt, daß es „das vollständige Romaninteresse" besitze. Es ist kaum zu zweifeln, daß uns bald ein Roman in üblicher Ausführlichkeit ein um Reinhold Lenz gruppirtes farbenreiches Zeit- und Charaltergemälde vorführen wird. Hier sind die vielfachen Räthsel in Lenzens Leben, bei denen die Geschichte der Literatur sich mit Vermuthungen begnügen muß, bequemer und leichter zu deuten und zu lösen.

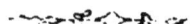

Goethe und Plessing.

1861.

Sdiaelet. aur d. Yücraturgcld.

Den Lesern Goethe's ist aus des Dichters eigener Schilderung*) sein erstes abenteuerliches Zusammentreffen mit dem nachmaligen Duisburger Professor Friedrich Victor Leberecht Plessing, während der Harzreise im December des Jahres 1777, bekannt. Er hat diese Erzählung als Episode in die Schilderung der Campagne von 1792 auf Anlaß der kurzen Erwähnung seines letzten Besuchs bei Plessing einge-

*) Auf diesen Aufsatz (Deutsches Museum, 1861. Nr. 19) erfolgte eine Entgegnung von Dünzer (Bremer Sonntagsblatt, 1861. Nr. 38. 39), worin der verdienstvolle Kritiker ausführlich zusammenstellte, was wir in den bis jetzt veröffentlichten Briefen und Berichten über Plessing und sein Verhältniß zu Goethe aufgezeichnet finden, und zugleich, obschon das Unrichtige in einzelnen Angaben Goethe's einräumend, doch dessen Bericht in der Hauptsache als wahrheitsgemäß zu vertheidigen und die Widersprüche durch anderweitige Deutung und Zusammenstellung auszugleichen suchte. In einer kurzen Erwiderung (Br. Sonntagsblatt, 1861. Nr. 42) legte ich die Gründe dar, weshalb ich meine Ansicht glaubte aufrecht erhalten zu müssen. Da eine Erneuerung dieser Polemik unstatthaft sein würde, so habe ich nur Einiges aus dem letzten Aufsatze hier einschalten können, und verweise für die, welche Dünzer's Ansicht näher kennen zu lernen wünschen, auf die oben angeführte Abhandlung.

16*

schaltet. Die Grundzüge, um die es sich handelt, will
ich, um sie in Rücksicht auf die nachfolgenden kritischen
Bemerkungen dem Leser klar zu vergegenwärtigen, in
kurzem Auszuge andeuten.

Im Jahre 1776 erhält Goethe — ich folge ge=
nau seinem Berichte — von einem jungen Gelehrten
Namens Plessing, dem Sohne des Superintendenten
in Werningerode, einen Brief, fast ein Heft, worin
ihn derselbe, um sich von dem Dichter des Werther
Rath und Trost zu erbitten, in ausführlichster Weise
mit seinem selbstquälerischen Gemüthszustande vertraut
machte. (Ein fast zwölf Jahre später geschriebener
Brief Plessing's an den Oberconsistorialrath von Ir=
ving in Berlin (s. „Neue berlinische Monatsschrift"
herausgegeben von Biester, Bd. 21, S. 5—28) be=
lehrt uns einigermaßen über die Sturm= und Drang=
periode, welche der damals einundzwanzigjährige Jüng=
ling gleich so vielen andern in jener empfindsamen
Zeit durchzumachen hatte. Er sagt in dem Rückblicke
auf jene Jahre unter Anderm: Von meinen Jünglings=
jahren an war ein gewisses dunkles Gefühl in mir,
das mich von den gewöhnlichen jugendlichen Freuden
ableitete, hingegen hinriß, andere Arten derselben —
die ich mit mehr Gluth und Leidenschaft umfassen
konnte — aufzusuchen, wodurch ich aber immer ins
Romantische gerieth. Dies dunkle Gefühl spiegelte
mir ein glänzendes Ideal vor, das ich mit blinder
Leidenschaft, als eine Geliebte, immer verfolgte. Allein
ich fand sie in dem mich umgebenden gewöhnlichen
Menschenleben nicht, konnte sie also nicht genießen,
und doch war meine Leidenschaft unbegrenzt gegen sie.

Hierdurch wurde ich auch unter anderem in dem Sol-
datenstande zu den ausschweifendsten Begeisterungen
und Bedürfnissen in der höheren Liebe und hernach
zu einem gänzlichen Ueberdruß des Lebens gebracht,
weil ich nunmehr verzweifelte, das Geliebte, welches
ich suchte, je gewinnen zu können. Nur seit der Zeit,
da ich einige Ahnungen erhielt, daß ich auf irgend
eine Art zu dem gewünschten Zwecke kommen könnte,
verlor sich dieser Ueberdruß zum Leben etwas.)

Da eine Antwort von Goethe ausblieb, erfolgte
ein zweiter und dringenderer Brief, worin Plessing
ihn feierlichst beschwor, ihm eine Antwort nicht zu
versagen. Gleichwohl schreibt Goethe nicht an ihn,
sondern entschließt sich, den seltsamen jungen Mann
von Angesicht zu sehen und zu versuchen, was durch
mündlichen Zuspruch auszurichten sein möchte. Zu einer
Reise in den Harz treibt ihn zugleich das Verlangen,
sich mit dem Bergbau, wenn auch nur flüchtig, bekannt zu machen, weil man in Weimar mit der Wiederaufnahme des Ilmenauer Bergbaus umgeht, obgleich
von ihm, „dem damaligen Gast in Weimar", weder
Gutachten noch Meinung verlangt ward.

Im November 1777 wird eine große Jagd bei
Eisenach gehalten, zu der auch Goethe eingeladen ist. Er
macht sich auf einige Wochen von der Jagdgesellschaft
los, schlägt zu Pferde den Weg über Sondershausen,
wo er die erste Nacht zubringt, nach Ilfeld ein, wo
er für die nächste Nacht nur mit Mühe ein Unter-
kommen findet, besucht folgenden Tages die Baumannshöhle und gelangt am Abend nach Werningerode.
Nachdem er vom Kellner des Gasthofes eine treffende

Charakteristik des jungen Superintendentensohnes erhalten hat, läßt er sich noch selbigen Abend im Pfarrhause als einen Fremden, der dessen Bekanntschaft
zu machen wünsche, anmelden. Bei seinem Eintreten
giebt er sich Plessing gegenüber für einen Zeichenkünstler
aus Gotha aus, der in Familienangelegenheiten nach
Braunschweig zu reisen beabsichtige. Alsbald lenkt
jener darauf das Gespräch auf Weimar und auf
Goethe. Da der fremde Maler diesen zu kennen vor-
giebt, so läßt er sich von ihm die Persönlichkeit
des jungen Dichters, der so viel von sich reden mache,
schildern, beklagt sich über dessen Schweigen auf seine
offenherzigen und dringenden Briefe, holt diese selbst
im Concept herbei und liest das erste Schreiben des
Ausführlichen vor, um schließlich zu fragen, ob eine
so herzliche Zuschrift keine Antwort verdient habe.
Aus dem weiteren Gespräche, worin Goethe seine
Denkweise dem trostbedürftigen Jünglinge einigermaßen
explicirt, soweit die angenommene Maske eine Bezug-
nahme auf Goethe's Lebensansichten gestattet, gewinnt
er die Ueberzeugung, daß dem Seelenzustande des
armen Jünglings nicht beizukommen sei, läßt in
der Frühe des folgenden Morgens sein Pferd satteln
und lehnt mit einem anonymen Bleistiftblättchen,
das er dem Kellner zur Besorgung übergiebt, die Einladung zum Mittag ab.

Längere Zeit erfährt Goethe von Plessing nichts.
Da wird ihm eines Tages ein Billet mit dessen
Unterschrift ins Gartenhaus gebracht, worin er
sich zu einem Besuche anmeldet. Er schreibt ihm
einige Zeilen zurück: er werde willkommen sein. An

der Handschrift dieses Billetchens hat Plessing erkannt,
daß er in Goethe jenen geheimnißvollen Reisenden
wiedersehen werde, der ihm bei der Abreise von Werningerode das Bleistiftblättchen zurückgelassen. Statt
eines „seltsamen Erkennungsauftritts", den Goethe erwartet hatte, erfolgt ein trauliches Gespräch; er läßt
sich von seinem Gaste seine gegenwärtige, nicht eben
erfreuliche Lage schildern; sie scheiden freundlich —
„nur daß ich sein heftiges Begehren nach leidenschaftlicher Freundschaft und innigster Verbindung nicht erwidern konnte". Plessing erlangt nachmals einen Ruf
als gelehrter Schriftsteller und sendet an Goethe seine
Bücher, sowie sie erschienen sind. Er wird als Professor der Philosophie an die Universität Duisburg
berufen. Goethe kommt wiederholt in den Fall, ihm
„reelle Dienste zu leisten"; er besucht ihn auf der
Rückreise von dem Feldzuge 1792, wo das Zurückschauen in jene frühern Tage beiden Theilen einige
angenehme Stunden gewährt; sie scheiden im besten
Vernehmen, Goethe nicht ohne Besorgniß für ihn
wegen der drohenden Zeitverhältnisse.

In dieser kurzen Zusammenstellung der Umstände
tritt die Seltsamkeit von Goethe's erstem Besuch klar
in die Augen; so wie der Bericht ihn darstellt, möchte
er schwer zu rechtfertigen sein. In Bezug darauf
macht Gutzkow zu einer in den „Unterhaltungen am
häuslichen Herde" erschienenen, mit jener Harzreise
in Verbindung gesetzten novellistischen Schilderung einer
edlen Handlung unsers großen Dichters die Bemerkung: „Wir möchten gerade im Gegentheil die Möglichkeit eines solchen detaillirten Eingehens Goethe's

in Abrede stellen, vielmehr umgekehrt bewiesen finden, daß sich Goethe, wenn auch nicht Nothständen, doch äußersten Verirrungen und ihren Folgen gern entzog. . . . Wer Plessing . . . nicht durch sein Bekenntniß: Ich bin Goethe! erquicken und aufrichten konnte oder mochte, wäre wohl auch kaum jener Rolle fähig, die er im obigen . . . mythischen Bilde spielt".

Wir kommen hier in den Fall, Goethe, wie in manchen andern Puncten seiner Lebensgeschichte, gegen seine eigene Erzählung in Schutz nehmen zu müssen; sein Bericht ist eben auch „ein mythisches Bild", dem ich, wie ich nach meiner jetzigen Ueberzeugung bekennen muß, in meinem „Leben Goethe's" noch allzuviel Glauben geschenkt habe.

Der Leser darf sich von der Anmuth der auto=biographischen Schilderungen unsers Dichters niemals so bestechen lassen, daß ihm Alles und Jedes darin historische Wahrheit dünke. Gar häufig spielt die Kunst der Poesie sehr frei mit dem Material, theils mit absichtlicher Dichtung, theils weil sein Gedächtniß bei so vielfachem Zudrange des Erlebten das Einzelne nicht mehr treu bewahrte. Dem Phantasiebilde fehlt aber nie der künstlerische Zusammenhang, um die Täu-schung zu vollenden.

Es ändert nichts an der Sache, daß die in Rede stehende Erzählung nicht in den „Dichtung und Wahr-heit" betitelten Bänden, sondern in der Schilderung der Campagne in Frankreich enthalten ist. Denn auch in jenen später erschienenen Lebensberichten tragen alle Erzählungen, die nicht, wie bekanntlich meistens ge-schehen, aus gleichzeitig niedergeschriebenen Tagebü-

chern und Briefen redigirt oder doch geſchöpft ſind,
ganz den nämlichen Charakter, wie jene früheren, ja
um ſo mehr, da ſie in den letzten Lebensjahren des
Dichters aufgezeichnet ſind, als die Erinnerung noch
mehr verblaßt war und die Dichtung ſich unwillkürlich
unterſchob. Geben uns die neben den Briefen fort-
laufenden Berichte über den zweiten Aufenthalt in
Rom die v o l l e Wahrheit? ſollte es nicht erlaubt ſein
bei der Erzählung von der jungen Mailänderin, bei
der Deutung des Liedes: „Cupido, loſer, eigenſinniger
Knabe"! ein abſichtliches Verhüllen des wahren That-
beſtandes anzunehmen?

Bemerkenswerth iſt dabei, daß Goethe es ver-
ſchmäht, ſeine Kunſt dazu anzuwenden, ſich wärmer,
reiner, edler darzuſtellen, als er in Wirklichkeit ſich
gezeigt hatte. Im Gegentheil hat die genaue Aufklärung über ſein Verhältniß zu den Freunden und
Freundinnen ſeiner Jugendjahre, wie ſie namentlich
durch gleichzeitige Briefe gegeben iſt, ihn ſtets in
einem vortheilhafteren Lichte erſcheinen laſſen, als in
ſeinen eigenen Berichten. Ich erinnere nur an den
Briefwechſel mit Keſtner und Charlotte, mit Auguſte
Stolberg, mit Merck, Lavater und Herder. Erſt
dadurch haben wir das herrliche Bild des alle Herzen
gewinnenden Jünglings, der den Götz und den
Werther ſchuf, ganz kennen gelernt, ſeine Offenheit,
Herzenswärme und Hochſinnigkeit. Trotz glänzender
Schilderungen im Einzelnen breitet ſich doch über
Goethe's Darſtellung in „Dichtung und Wahrheit" der
Abendhauch der Ironie einer ſpätern Lebensepoche,
wodurch uns oft der reine Genuß des ſchönen

Frühlingsmorgens, der seiner Jugend leuchtete, verkümmert wird.

Die Erzählung von der winterlichen Harzreise,
flüchtig als Episode behandelt, ist so dürftig und enthält nachweisbar in den einzelnen Angaben so viel
Unrichtiges, daß nicht anzunehmen ist, Goethe habe
dabei die Aufzeichnungen eines Tagebuchs oder Reise-
journals zur Hand gehabt. Er verwechselt die Tage
und übergeht Reiseerlebnisse, welche in seinen Briefen
an Frau von Stein als die Gipfelpuncte seiner Wander-
freuden erscheinen, ja sogar solche, die seinem Gedächtnisse unmöglich entschwunden sein konnten, wie denn auch
seine Schilderung nicht im entferntesten die Erhebung
des Gemüths ahnen läßt, die in der großartigen
winterlichen Bergnatur, vornehmlich bei Besteigung
des Brockens, ihn um so erquickender durchströmte,
je mehr die Langeweile des Hoflebens und der fürstlichen Jagdvergnügungen, aus denen er sich in die
Bergeinsamkeit flüchtete, ihn kurz zuvor niedergedrückt
hatte. Plessing zu besuchen, dem lebensmüden Jünglinge, dessen trostbegehrende Briefe er bisher unbeant-
wortet gelassen hatte, durch persönliche Zurede und
Theilnahme Trost zu bringen, das bezeichnet er selbst
in den in spätem Alter geschriebenen Erläuterungen
seiner Ode „Harzreise im Winter" als das haupt-
sächlichste Motiv seines improvisirten Ausflugs.
Freilich durfte er so offen nicht gestehen, daß zugleich
der Widerwille, an der Eisenacher Saujagd wochen-
lang Theil zu nehmen, ihn gerade um diese Zeit fort-
trieb. Daß er sich übrigens nach einer zweijäh-
rigen Anwesenheit in Weimar noch „als damaligen

Gast — von dem weder Gutachten noch Meinung
verlangt ward" dem Leser vorstellt, ist denn doch
wenigstens eine Gedächtnißschwäche, die gegen Anderes in dem Berichte von vornherein mißtrauisch
machen darf.

Gewichtiger sind die, wenn auch nur kurzen, Angaben, die wir in den Briefen an Frau von Stein
finden.   Am Abend des dritten Reisetags (2. Dec.)
gelangte Goethe, nachdem er „den ganzen Tag in der
Baumannshöhle" zugebracht hatte, nach Elbingerode.
Nach Wernigerode gelangte er erst am Morgen
des nächsten Tags und spazierte „mit Plessing auf
die Berge", brachte also den ganzen Tag in Plessing's
Gesellschaft zu; denn erst am nächsten Tage (4. Dec.)
reiste er über Ilsenburg nach Goslar. Von hier
schreibt er an die Freundin, was sich nur auf den
Besuch bei Plessing beziehen kann: „Mein Abenteuer
habe ich bestanden, schön, ganz wie ich mir's voraus-
erzählt, wie Sie's sehr vergnügen wird zu hören,
denn Sie allein dürfen's hören, auch der Herzog,
und so muß es Geheimniß sein. Es ist niedrig, aber
schön, es ist nichts und viel — die Götter wissen
allein, was sie wollen und was sie mit uns wollen,
ihr Wille geschehe". Auch nach der Rückkehr von der
Reise zeigt sich bei beiden das fortdauernde Interesse
für Plessing's Gemüthszustand; daher schickt Goethe
seiner Freundin dessen Papiere zu (s. Briefe Bd. 1.
S. 143.)

Vergleicht man damit Goethe's Bericht von
seinem späten Abendbesuche und schleunigen Abreise,
so bleibt wenig von ihm übrig. Namentlich glaube

ich noch aus andern Gründen berechtigt zu sein, Zweifel
zu erheben gegen den Hauptpunct, daß er die ganze
Besuchsscene in der Incognitomaske eines Malers
aus Gotha durchgespielt habe. Ich finde die Gründe
theils in der ganzen Situation und der Handlungs-
weise, wie sich sein Charakter gleichzeitig bei ähnlichen Vorfällen bewährt hat, theils in den Beziehungen, in denen er später zu Plessing steht.

Das Ereigniß fällt in eine Zeit, wo Goethe,
weit entfernt, sich gegen die Menschen mehr und mehr
zu verschließen, für das Leiden Anderer das wärmste
Mitgefühl empfindet. Es ist die Zeit, wo das „Edel
sei der Mensch, hülfreich und gut" bei ihm in vollem
Maße zur Wahrheit geworden war. Unter vielen
Beweisen seiner in jenen Jahren überaus menschen-
freundlichen Gesinnung erwähne ich nur sein Benehmen gegen den Unglücklichen, der in Ilmenau unter
dem Namen Kraft von seiner Unterstützung lebte, auch
ein Lebensüberdrüssiger; ein Jahr nach seiner Harzreise schrieb er an diesen die Trostesworte: „Dem,
der sich mit den Wellen herumarbeitet, ist's wohl der
schlimmste Herzensstoß, wenn der Willige nicht Kräfte
genug hat, Alle zu retten, die der Sturm an seine
Küste treibt" — und in einem andern Briefe: „Der,
der hat, darf nicht segnen, er muß geben . . . . es
ist mehr eine Wohlthat von Gott, wenn er uns, da
man selten was thun kann, einmal einen wirklich
Elenden erleichtern heißt!" In solch einer sanften
Seelenstimmung, die bald nach der stürmischen Erregtheit des ersten weimarischen Jahrs eintrat und den
Weg zu einer Iphigenie bahnte, treffen ihn die Briefe

Plessing's „frisch und brav aus dem Herzen geschrieben", wie er sie selbst bezeichnet, worin sich
das dringendste Verlangen aussprach, von ihm, und
nur von ihm, dem mit düsteren Gemüthszuständen
vertrauten Dichter des Werther, beruhigende Worte
zu vernehmen. Daß es in dem väterlichen Pfarrhause
an anderweitigen Trostreden nicht werde gefehlt
haben, versteht sich von selbst. Statt einer schrift-
lichen Antwort entschließt sich Goethe zu einem persönlichen Besuche in Werningerode. „Ist auf deinem
Psalter, Vater der Liebe, ein Ton, seinem Ohre ver-
nehmlich, so erquicke sein Herz"! mit so sehnlichem
Wunsche will er zu ihm und widmet ihm einen Tag
seiner Reise. Und nun wird uns zugemuthet zu glauben,
er habe seine Aufgabe für erledigt angesehen, weil
er durch ein Gespräch, daß er mit Plessing als ein
durchreisender Maler gepflogen, von der Unmöglichkeit überzeugt worden sei, auf seinen Gemüthszustand
einzuwirken? Mag Riemer, auf dessen Urtheil in solchen Sachen wenig zu geben ist, kurzweg behaupten,
Goethe habe „durch den frommen Betrug mehr
gewirkt, als er durch die Wahrheit erreicht haben
würde", es widerstreitet der Natur der Sache. Ob
einem Trostbedürftigen „beizukommen" ist, kann ich
nicht wissen, so lange ich mich hinter dem Namen
einer völlig gleichgültigen unbekannten Person ver-
stecke; der Lebenshauch des Trostes ist Vertrauen und
Wahrheit.

Ebenso wenig kann ich als Motiv annehmen,
Goethe hätte fürchten müssen, durch ein offenes Her-
vortreten gegen Plessing werde er sich eine Last auf-

bürden. Eingebildete „Genie's," die ihn in Weimar aufsuchten, um bei ihrem vom Glück begünstigten Bruder im Lande Gosen zu wohnen, und bei Hofe compromittirten, wie Lenz, der eine „Eselei" beging. so daß seines Bleibens nicht lange war, mochten ihm durch ihre Gegenwart lästig werden. Hülfsbedürftige hat er nicht von sich gewiesen. „Sie sind mir nicht zur Last!" schreibt er an Kraft; „und glauben Sie denn, daß Ihre Thränen und Ihr Segen nichts sind?" Plessing konnte ihm weder in der einen noch in der andern Hinsicht zur Last fallen.

Wenn ich demnach vollgültige Gründe zu haben glaube, zu behaupten, daß Goethe bei seiner Erzäh= lung von der Incognitoscene im Irrthum sei oder aus was immer für einem Grunde die volle Wahr= heit nicht habe berichten wollen, so möchte ich, wenn eine Vermuthung gewagt werden darf, einige Ver= anlassung zu einer Täuschung der Erinnerung in dem Umstande finden, daß er auf seinem winterlichen Aus= fluge — wie wir aus seinen Briefen an Frau von Stein erfahren, um von neugierigen Fragen nicht be= lästigt zu werden, unter einem angenommenen Namen als Maler reiste und sich vielleicht im Plessing'schen Hause, um eine Ueberraschung zu bereiten, als solcher anmelden ließ und introducirte. Die Vorfälle mit Höpfner in Gießen, bei dem er als schüchterner Stu= dent eintrat, um ihm bald darauf mit den Worten: „Ich bin Goethe!" um den Hals zu fallen, mit Jung=Stilling in Elberfeld, den er als ein fremder Patient an sein Bette rufen ließ, um den bedächtig ihm an den Puls fühlenden Doctor „in einer unbe=

schreiblichen Freude des Wiedersehens" in seine Arme
zu schließen, und ähnliche Versteckspiele seines jugendlichen Humors berechtigen zu jener Annahme.

Daß Goethe offen und wahr, wie sich's gebührte,
gegen Plessing gehandelt und auf seinen Gemüthszustand — was er nur als Goethe vermochte —
einzuwirken versucht habe, ist auch aus seinem spätern
Verhältniß zu ihm zu schließen. Aus dem Wenigen,
was wir darüber erfahren, geht doch soviel hervor,
daß Plessing lange vor dem Wiedersehen in Weimar
in Erfahrung gebracht hatte, der fremde Gast in
Wernigerode sei Goethe gewesen. Woher? wenn
nicht von diesem selbst. Plessing macht vor seiner
Abreise nach Königsberg im Herbst 1779 einen Besuch in Weimar, sicherlich nur, um Goethe noch einmal zu sehen, der jedoch kurz zuvor mit dem Herzoge
nach der Schweiz abgereist war. Von Königsberg
schreibt er an Goethe, wir wissen nicht, wie oft. Eine
Antwort Goethe's vom 26. Juli 1782 ist uns durch
einen glücklichen Zufall erhalten; in Plessing's Nachlaß fand sich ein Packet von Briefen Goethe's, das
leider verloren gegangen zu sein scheint. Wir erfahren
aus Goethe's Schreiben, daß Plessing ihm mitgetheilt
hat, er leiste seiner Weisung Folge und sei auf dem
Wege, sich durch Fleiß einen nützlichen Wirkungskreis
zu schaffen; dankbar erkennt er jetzt Goethe's Benehmen, der seiner Excentricität eine ruhige Haltung ent-
gegengesetzt hatte, als heilsam an. Goethe's Erzählung von Plessing's nachmaligem Besuch in Weimar
und einer angeblichen Ueberraschungsscene ist daher
ein Irrthum, und das dabei angezogene Bleistift-

blättchen eben so apokryph, wie das dem Kellner in
Werningerode übergebene.

Zwischen beiden besteht nachmals das beste Vernehmen. Goethe übersendet an Plessing ein Exemplar
der ersten Sammlung seiner Werke und erhält von
ihm dessen wissenschaftliche Schriften, sowie sie ver-
öffentlicht werden. Er versichert, Gelegenheit gehabt
zu haben, ihm reelle Dienste zu leisten, worunter
vielleicht Geldunterstützungen zu verstehen sind, da
Plessing in Duisburg sich in sehr dürftigen Verhältnissen befand. Daß er ihn auf der Rheinreise von
1792 in Duisburg aufsucht und „das Zurückschauen
in jene früheren Tage beiden Theilen einige angenehme
Stunden gewährt", gestattet einen Rückblick auf die
Theilnahme, mit der er den Lebensgang des viel-
geprüften Mannes begleitet hatte.

Schließlich sei noch bemerkt, daß Goethe's Erläuterungen zu der Ode „Harzreise im Winter" sowohl in seinem Bericht als in der später geschriebenen
Abhandlung nicht ganz genau sind. Das Gedicht soll,
etwa wie „Wanderers Sturmlied", während der Reise
entstanden und stückweise frisch niedergeschrieben sein.
Es hat aber einen so kunstvollen Bau, den besten
Klopstockschen Oden gleich (man denke an dessen „Zür-
chersee"), daß sich in der Einsamkeit nur die einzelnen
Bilder zu einem Ganzen zusammenreihen mochten —
das Erscheinen des Geiers nach der Abreise von Elbingerode (nicht am Ettersberg, wo Goethe schon
den Anfang des Gedichts entstehen läßt), der Besuch
bei Plessing, von dem der ganze mittlere Theil der
Ode als der Hauptsache handelt, das Besteigen des

Brockens, die nächtlichen Abenteuer auf grundlosen Wegen, worüber er gerade in den letzten Tagen der Reise am meisten zu klagen hatte. Da er das fertige Gedicht erst im August des folgenden Jahres als „fliegende Streifen von den tausend Gedanken in der Einsamkeit" seinem Freunde Merck übersandte, so mag es unser Dichter seiner Gewohnheit gemäß erst lange im Geiste mit sich herumgetragen haben, ehe er es in seiner jetzigen Form niederschrieb.

Ueber
Goethe's römische Elegieen und venetianische Epigramme.

1851.

⟶⟡⟵

17 *

So sehr auch der Aesthetiker sich gedrungen fühlt, Goethe's Dichtungen vom Standpuncte der Idee aus zu betrachten und nach dem Maßstabe des Idealbegriffs der Schönheit ihren Werth und ihre Bedeutung zu messen, gewinnt doch die Ansicht mehr und mehr Boden, daß das feinere Gewebe derselben nur mit Hülfe eines gründlichen, selbst mikrologische Untersuchungen nicht scheuenden Eindringens in die Lebensverhältnisse, in die Entwicklungsphasen der Individualität unsers Dichters sich unserm Auge enthüllt. Mehr oder minder wurzeln sie alle in eigenthümlichen Situationen seines Lebens und fixiren irgend eine entschieden hervortretende Anschauungsweise, irgend einen gehaltvollen Conflict seiner innern Natur mit den Erscheinungen der äußern Welt. Es machte daher von seinem ersten jugendfrischen Auftreten an sich gleichsam instinctmäßig der Takt geltend, überall nur das zu ergreifen und poetisch zu gestalten, was seiner individuellen Lage und Stimmung gemäß war, und auch dies wieder sogleich fallen zu lassen, sobald die Dichtung in seinem Innern ihre anfängliche Basis verloren hatte. Ward die eine oder andere solcher

unvollendet gebliebenen Dichtungen wieder aufgenommen und fortgesponnen oder überarbeitet, so lag der
Grund nicht in einem energischen Entschluß des seiner
Kunst jederzeit sichern Dichters, der „die Poesie com-
mandirt" (was sich zum Theil von Schiller's letzten
dramatischen Arbeiten behaupten lassen möchte), sondern in der Wiederkehr der Situation, in der sie begonnen war. Iphigenie konnte umgearbeitet werden, als der Dichter, fern von den Geliebten in der
Heimat, als ein einsamer, in sich verschlossener Pil-
ger durch Italien zog und seine Sehnsucht nach dem
Genuß des Höchsten, was die Kunst hervorgebracht,
sich in die Sprache der reinsten weiblichen Idealität
kleidete. Tasso wäre Fragment geblieben, wenn nicht
die elegische Empfindung, womit er von einer glücklichen Lebensepoche schied, die Klagen eines leidenden
Dichtergemüths aufs neue in seiner eigenen Brust
lebhaft hervorgerufen hätte. Dagegen mußten El-
penor, über dessen zunächstliegende Veranlassung
wir noch nicht hinlänglich aufgeklärt sind, und Nau-
sikaa, das Kind der sicilianischen Wanderfahrt, unvollendet bleiben, weil die darin niedergelegte poetische
Idee allein nicht Anziehungskraft genug hatte, um in
veränderter Lebenslage zur Fortsetzung einzuladen. Die
Bearbeitung der natürlichen Tochter mußte in
demselben Moment ein Ende finden, wo der Kreis-
lauf der Revolutionsereignisse, aus denen diese Trilogie ihren Inhalt entnahm, durch die Wiederherstellung
der französischen Monarchie als abgeschlossen erschien.
Das eben ist der Hauptunterschied zwischen Goethescher und Schiller'scher Poesie, daß Schiller durch die

Idee, welche er zu sinnlicher Anschaulichkeit hervor-
treten lassen will, an seine Dichtungen gefesselt wird,
Goethe dagegen durch die innige Beziehung, in der
sie zu einem prägnanten Momente seiner individuellen
Entwicklungsgeschichte steht. Zum Verständniß der
Dichterwerke Schiller's trägt die Kenntniß seiner eigenen Lebensvorgänge sehr wenig bei. Goethe's Dichtungen dagegen sind poetische Spiegelungen seines eigenen Daseins, das sie in allen Wandlungen und Ueber-
gängen, in allen Abstufungen, bald bis zum Höchsten
hinauf, bald bis zum Niveau des Gewöhnlichen herab,
begleiten, und den Schlüssel zum Eingang in ihr
Geheimstes reicht uns nur die Kenntniß des Details
seines Lebens.

Während Goethe durch seine autobiographischen
Berichte manches dahin Bezügliche aufgehellt hat, ist
er doch in manchen Fällen durch den offen eingestan-
denen „Tic", dem Publicum gegenüber sich geheim-
nißvoll zu verstecken, zurückgehalten worden, uns einen
klaren Einblick in das Entstehen seiner Dichtungen
zu gewähren. In seinen Briefen an Herrn von Rein-
hard findet sich in Bezug darauf ein merkwürdiges
Geständniß (S. 33): „So viel hab' ich überhaupt
in meinem Lebensgange bemerken können, daß das
Publicum nicht immer weiß, wie es mit den Gedichten,
sehr selten aber, wie es mit dem Dichter daran ist.
Ja, ich läugne nicht, daß, weil ich dieses sehr früh
gewahr wurde, es mir von jeher Spaß gemacht hat,
Versteckens zu spielen."

Dies Versteckenspielen hat Goethe mit besonderem
Glück bei seinen römischen Elegieen und venetia-

nischen Epigrammen in Anwendung gebracht.
Es lenkt unsere Aufmerksamkeit von Weimar weg nach
dem Boden Italiens, und es ist daher die Annahme
ziemlich allgemein, daß diese beiden Sammlungen in
Rom und Venedig entstanden seien. Wie irrig diese
in Betreff der römischen Elegieen sei, hat bereits
Viehoff nachgewiesen, indem er an den wenig beach-
teten Fingerzeig erinnert, den Goethe selbst über die
Entstehung und nähere Veranlassung dieser Gedichte
in dem, den Schilderungen der Campagne angehängten,
biographischen Berichte uns gegeben hat. Nachdem
der Dichter von der Zurückgezogenheit, in die er nach
der Rückkehr aus Italien durch seine Kunst= und
Naturstudien versetzt worden sei, geredet hat, fügt er
hinzu: „In der Einsamkeit der Wälder und Gärten,
in den Finsternissen der dunklen Kammer (der optischen
Studien wegen) wär' ich ganz einzeln geblieben, hätte
mich nicht ein glückliches häusliches Verhältniß in
dieser wunderlichen Epoche zu erquicken gewußt. Die
römischen Elegieen, die venetianischen
Epigramme fallen in diese Zeit."
    Durch diese Angabe ward Viehoff veranlaßt, die
Elegieen, statt mit einer beglückenden römischen Liebe,
in unmittelbare Verbindung mit dem bald nach der
italienischen Reise angeknüpften Verhältniß zu Christiane
Vulpius in Verbindung zu bringen und sie, im Widerspruch mit der den Goethe'schen Werken angehängten
„Chronologie," in das Jahr 1789 oder den Anfang
des nächsten Jahres zu setzen. Diese Deutung wird
uns, abgesehen von dem Selbstgeständniß des Dichters,
durch den Inhalt der Elegieen so nahe gelegt, daß

es schwer zu begreifen ist, weshalb man lieber zu einem römischen Liebesabenteuer seine Zuflucht nahm, als an das ganz bekannte häusliche Verhältniß Goethe's anzuknüpfen. Der Grund war kein anderer, als daß Christiane Vulpius, Goethe's nachmalige Gattin, in späteren Jahren zu sehr als unliebenswürdig bekannt war, um fähig zu scheinen, ein Dichtergemüth zu begeistern; man dachte sich zwischen ihr und Goethe's Dichtungen so wenig eine Beziehung, daß man geradezu behauptete, sie sei von dem Dichter, der so manche frühere Geliebte mit dem Kranz der Muse bedacht hatte, übergangen worden! Niemand mochte sie dem anmuthigen Bilde unterschieben, das die dichterische Phantasie als römische Faustine vor uns hinstellt. Wir haben es jedoch hier nur zu thun mit den ersten Jahren jener „Ehe," wie Goethe diese Verbindung schon damals zu nennen liebte, als er zu einer kirchlichen Weihe derselben sich noch nicht entschließen konnte. Damals fühlte sich Goethe wirklich durch sie „beglückt," und es fehlte daher dieser Verbindung auch der poetische Reiz nicht. Der gewöhnlichen Ansicht, daß sie nicht über das sinnliche Bedürfniß hinausgegangen sei, lassen sich unter Anderm, was auszuführen hier zu weitläufig sein würde, die Schlußverse der an Christiane gerichteten didaktischen Elegie „Metamorphose der Pflanze" entgegenhalten.

Da sich Goethe durch sein Liebesbündniß mit der modernen Sitte in Widerspruch gesetzt hatte und es nur auf dem Standpuncte der antiken Sittenbegriffe vor sich selbst rechtfertigte, so nöthigte ihn die Natur dieses Verhältnisses, sobald es in die poetische Dar-

stellung übergehen sollte, zu der Form der römischen
Elegie, welche ähnliche Liebesfreuden mit dem höchsten
Glanze, womit die poetische Kunst sie zu schmücken
vermag, umgeben hat. Daß Knebel sich mit der
Nachbildung römischer Elegiker beschäftigte, mag nicht
ohne Einfluß geblieben sein. Auch Goethe hatte sich
in Rom viel mit den römischen Dichtern beschäftigt
und sich wahrscheinlich in Uebersetzungen und Nachbildungen versucht. Eine Elegie Ovid's trug er im
Geiste mit sich, „als ihm in Rom des Theuern so
viel zurückblieb." Also die Vorbilder lagen ihm
nahe genug.

Wiewohl ich nun in der Hauptsache der Inter-
pretation Viehoff's beipflichte, glaube ich doch den
Zeitraum des Entstehens der römischen Elegieen weiter
ausdehnen zu müssen. Der erste Ansatz reicht wahrscheinlich schon in das letzte zu Rom verlebte Halb-
jahr hinein, wo leidenschaftliche Liebesneigungen, über
die wir nur unvollkommene Aufschlüsse erhalten, das
Gemüth des Dichters beschäftigten und ihm den Abschied von Rom so schwer und schmerzlich machten.
Die flüchtige Aeußerung in einem Briefe von dort:
„Auch habe ich einige Idyllen gefunden," deutet die
Idee an, aus der die römischen Elegieen hervor-
gingen, und in dieser Beziehung möchte das chronolo-
gische Verzeichniß der Goethe'schen Werke nicht so
ganz Unrecht haben. Allein damals scheint Goethe
sich zu seinen erotisch-elegischen Gedichten mehr der
dem Antiken sich nähernden kürzeren reimlosen Verse
bedient zu haben, wie sie in „Amor als Landschafts-
maler," „Cupido loser eigensinniger Knabe" und zuletzt

noch in den „Morgenklagen (vom Jahre 1789) angewandt sind. Letzteres Gedicht stellt sich durch seinen
Inhalt so nahe an die römischen Elegieen, daß man
zu der Annahme berechtigt ist, es würde zu einer
antik gemessenen Elegie geworden sein, wenn ihm diese
Form schon so geläufig, wie später, gewesen wäre.
Die siebente Elegie, welche n i c h t zu den erotischen
gehört, hat am meisten römisches Colorit; sie gedenkt
der düsteren Wege des unbefriedigten Geistes, jener
Epoche der Schwermuth, der er durch den rasch aus-
geführten Entschluß der Reise sich entwand, und ist
von keiner spätern Stimmung influenzirt; sie dürfte
die älteste in der Reihe sein, vielleicht die Umarbeitung
eines in Rom verfaßten Gedichtes. Auch die erste
Hälfte der dreizehnten dürfte dahin zu rechnen sein.
Die zweite dagegen ist wohl erst in die Zeit zu setzen,
wo der Dichter froh ist, wenn er vor dem leeren
Gespräch der gewöhnlichen Gesellschaft, vor dem politischen Hin= und Herreden sich in die Arme der Liebe
flüchten kann. Das Distichon:

„Und so mußt' ich bis jetzt auf allen Tritten und Schritten
      Schelten hören das Volk, schelten der Könige Rath."

erinnert uns an eine analoge Aeußerung in einem
Briefe an Jacobi vom 18. August 1792: „Es kann
nicht fehlen, daß man nicht in allen Gesellschaften
lange Weile habe; denn wo Zwei oder Drei zusammen=
kommen, hört man gleich das vierjährige Lied pro
und contra wieder heraborgeln und nicht einmal mit
Variationen, sondern das crude Thema." Dies politische Gespräch ist das „Marlbrough=Lied," „das den
Wanderer überall hin durch Europa verfolgt." Da

auch der „wüthenden Gallier" gedacht wird, so dürfte
diese Elegie erst nach der Rückkehr von der Campagne
des Jahres 1792 gedichtet sein. Die Elegie, welche
er vom Feldlager vor Mainz (1793) an Jacobi zu
senden verspricht, gehörte ohne Zweifel dem Cyklus an.

Hinsichtlich der Kritik und Beurtheilung der
venetianischen Epigramme sind wir in gleichem
Falle. Der gewöhnlichen Meinung zufolge, der auch
noch Viehoff sich anschließt, wäre diese Sammlung
von 103 Epigrammen (nach der Zählung der neuesten
Ausgaben 104 oder 107) während der zweiten italienischen Reise im Frühling des Jahres 1790 entstanden,
als Goethe in Venedig mehrere Wochen auf die Ankunft der aus dem Süden zurückkehrenden Herzogin
Amalia wartete und darauf mit ihr und ihrem Gefolge
noch einige Zeit daselbst zubrachte. Die Aufschrift
„Venedig 1790," das Motto: „wie man Geld und
Zeit verthan, zeigt das Büchlein lustig an" und das
Schlußepigramm scheinen auch die Ansicht zu rechtfertigen, daß diese Sammlung ein in sich abgeschlossener
Cyclus poetischer Lichtblicke der Reisetage sei. Dennoch glaube ich zu der Annahme berechtigt zu sein,
daß wir eine Sammlung der kleineren Elegieen und
Epigramme vor uns haben, welche seit der Rückkehr von der ersten italienischen Reise bis
zum Erscheinen der Epigramme im Musen-
almanach von 1795 bei verschiedenen Anlässen entstanden sind.

Ein ansehnlicher Theil weist uns allerdings nach
Venedig; sie sind leicht an den Localbeziehungen
kenntlich. Diese enthalten flüchtig hingeworfene Bilder

aus dem venetianischen Volksleben, Anspielungen
auf venetianische Gemälde, deren Betrachtung sein
hauptsächlichster Zeitvertreib während des Aufenthaltes
in Venedig war. Diese Gruppe der Epigramme
wendet sich nur theilweise zu dem tiefern Gehalte des
Lebens; sie verräth eine gewisse Erschlaffung des
Geistes und contrastirt auffallend mit der geistigen
Elasticität und der Jugendlichkeit, die uns aus den
Briefen von dem ersten Aufenthalt in Venedig, wo die
Umdichtung der Iphigenie ihn in einsamen Stunden
beschäftigte, entgegenhaucht. Durch diese Gedichtchen
wird es uns begreiflich, daß sich Goethe bei seinem
nächsten Aufenthalt am Rhein wieder so lebhaft für
die Werke der niederländischen Malerschule interessiren
konnte, während kurz zuvor die italienischen Meister
ihn ganz hinzunehmen schienen. Bettinens Gaukel=
tänze, die schöne Bettlerin, die sich schlängelnden Schliche
der Lacerten, wobei gelegentlich sogar in die Spelunke
ein Blick geworfen wird — alles dieses sind Genre=
bilder in niederländischer Manier.

In der Gruppe der erotischen Epigramme,
welche zwischen jene eingefügt worden sind, haben wir
nicht die Geschichte eines venetianischen Liebesaben=
teuers zu suchen — denn „das Glück, den Busen
der Schäferin mit Blumen zu schmücken, läßt ihn der
Mai entbehren" — sondern sie sind, wie schon die
obenerwähnte Aeußerung des Dichters andeutet, die
epigrammatischen Beigaben zu den römischen Elegieen,
deren achte und zehnte schon dieselbe Form angenommen
haben, so daß es uns nicht auffallen würde, wenn
diese unter der letzten Dekade der Sammlung eine

Stelle gefunden hätten. Sie haben eine ganz gleiche Beziehung auf das glückliche häusliche Verhältniß und schildern uns mit demselben Tone des Entzückens das Glück des gegenwärtigen Liebesgenusses. Die Epigramme der Trennungszeit fließen aus derselben Quelle, indem sie das Mißvergnügen des von dem Liebchen Entfernten ausbrücken und auf den „Magnet im Norden" hinweisen. Die letzten in der Reihe dieser Epigramme scheinen dem Jahr vor der venetianischen Reise anzugehören, wo ihm die Geliebte die willkommene Aussicht auf Vaterfreuden gab.

Vereinzelt steht das elegische Epigramm:

Eine Liebe hatt' ich; sie war mir lieber als Alles!
    Aber ich hab' sie nicht mehr! Schweig und ertrag den Verlust!

In diesem hat man seltsamer Weise eine Beziehung auf Friederike Brion finden wollen. Am einfachsten jedoch bezieht man es auf die Auflösung der einst sein ganzes Wesen beherrschenden Liebe zu Charlotte von Stein.

Zwei andere Gruppen dieser Epigrammensammlung, die literarischen und die politischen, sind unstreitig spätern Ursprungs und betreffen zum Theil Dinge, die ihm in dem heitern Müssiggang in Venedig nicht in den Sinn kommen konnten. Die literarischen leiten bis zu den Xenien hin, deren schroff abfertigenden Ton sie bereits anschlagen. Das Epigramm:

„Mit Botanik giebst Du Dich ab? Mit Optik? Was thust Du?
    Ist es nicht schönrer Gewinn, rühren ein zärtliches Herz?
Ach die zärtlichen Herzen! Ein Pfuscher vermag sie zu rühren;
    Sei es mein einziges Glück, dich zu berühren, Natur!"

würde, in zwei Distichen vertheilt, aufs treffendste
in Reihe und Glied mit den Xenien stehen. Die Hin=
weisung auf die optischen Studien, die xenienartigen
Angriffe auf Newton konnten erst in den Jahren
ausgesprochen werden, wo Goethe seine Farbentheorie
der Newton'schen entgegenzusetzen begann. Die misan=
thropischen Aussprüche, z. B. daß der Mensch gleich
dem Hunde ein erbärmlicher Schuft sei, datiren aus
jenen Tagen der Verstimmung, wo er den Reineke
Fuchs als Spiegel der „ungeheuchelten Thierheit der
Menschenwelt" willkommen hieß.

Aus derselben Zeit politischer Aufregung, gerade
aus der Mitte der Revolutionsbewegung, stammen
die politischen Epigramme, welche wahrscheinlich mit
dem politischen Drama „die Aufgeregten" gleichzeitig
sind, indem sie dasselbe Juste=Milieu zwischen aristokra=
tischer Willkürherrschaft und revolutionärer Volks=
erhebung vertreten. Sie können, gleich wie jenes
Drama, beweisen, daß Goethe, trotz seiner Abneigung
gegen anarchische Selbsthülfe des Volkes, recht gut
wußte, was noth that. Wenn er gleich die „Freiheits=
apostel" abfertigt, „die am Ende doch nur jeder Willkür
für sich suchen", und von der Menge, „die nie ver=
steht für sich zu wollen" und zuletzt gegen die eigene
Tyrannei eines Beschützers bedarf, kein Heil erwartet,
so beklagt er doch zugleich das arme Blech, das unter
dem herrschenden, willkürlich zuschlagenden Hammer
sich krümmt, ermahnt zur Redlichkeit gegen die Menge,
wodurch man sie zum Menschlichen anführen würde,
während alle rohen Betrogenen ungeschickt und wild
seien, und erkennt es noch an, daß ein Toller in

Freiheit oft weise Sprüche rede, wenn Weisheit in Sklaven verstumme.

Das Gedicht zum Preise des Herzogs Karl August ist weit spätern Ursprungs und nachher dem Epigramm der Dichterwünsche als das Lied der Erfüllung angereiht. Daher haben sich die neuesten Herausgeber der Goethe'schen Werke auch berechtigt geglaubt, noch einige andere Epigramme geeigneten Orts nachträglich einzuschalten.

Hierdurch dürfte hinreichend die Behauptung erwiesen sein, daß wir in diesem Epigrammencyklus nicht das Product einiger venetianischen Wochen besitzen, sondern eine bunt zusammengelesene, aus mehreren Gruppen bestehende Sammlung von Epigrammen verschiedener Jahre, „wie sie der gute, wie sie der böse Geist gezeugt hat,‟ und der Dichter, dieses verschiedenartigen Ursprungs sich bewußt, konnte daher mit Recht sagen:

Wie dem hohen Apostel ein Tuch voll Thiere gezeigt ward,
  Rein und unrein, zeigt, Lieber, das Büchlein sich Dir.

Schiller und Margarete Schwan.

1858.

Wenn ich gleich weit davon entfernt bin, Schiller's Liebesneigungen in seiner Jugendperiode mit Julian Schmidt kurzweg als Faseleien zu bezeichnen, so kann ich ihnen doch keineswegs die Bedeutung oder gar den poetischen Schimmer zugestehen, womit sie in der Erzählung sentimentaler Biographen ausgestattet werden, welche, verlegen um romantische Verzierungen eines an poetischen Momenten nur dürftigen Lebensganges, in jenen flüchtigen Verhältnissen ein leidenschaftliches Gefühl oder eine tragische Wendung der Lebensgeschicke unsers großen Dichters zu erkennen meinen. Schiller's Jugend verfloß in stürmischem Drange, der nirgends eine friedliche Stätte, nirgends ein bestimmtes Ziel fand. Mit einer Charlotte von Kalb mochte er damals schwärmen und sich in Lauraphantasieen ergehen, jener exentrischen Liebeslyrik, die wenig Vertrautheit mit der Sprache des Herzens verräth: die stille Anmuth einer einfachen weiblichen Natur vermochte seinen unruhigen Geist nicht dauernd zu fesseln. In Beziehung darauf möchte es nicht überflüssig sein, Schiller's Verhältniß zu Margarete Schwan mit einigen Worten zu beleuchten, da es die Sucht, aus nichts etwas zu machen, wiederholt

18 *

in einem falschen Lichte dargestellt hat, um die Jugend-
geschichte des Dichters mit einer unglücklichen Liebe
auszuschmücken, die in That und Wahrheit gar nicht
vorhanden war.

Margarete war die älteste Tochter des angesehenen
und wohlhabenden Buchhändlers Schwan in Mannheim, der gleich beim Erscheinen der „Räuber" Schiller's
poetisches Talent zu schätzen wußte und der Verleger
seiner beiden nächstfolgenden dramatischen Werke ward.
Während seines Aufenthalts in Mannheim stand Schiller
in vertrautem Verkehr mit Schwan, in dessen gast-
lichem Hause sich die literarischen Notabilitäten Mann-
heims häufig zu versammeln pflegten. Margareten
widmete der junge Dichter einige Aufmerksamkeit,
welche indeß über die Grenzen conventioneller Galan-
terie nicht hinausging. Er las ihr Scenen aus seinen
Stücken vor und recitirte ihr Verse mit besonderem
Ausdruck. Uebrigens war sein Benehmen gegen sie
ernst und zurückhaltend. Sie war, wie Caroline von
Wolzogen berichtet, ein sehr schönes Mädchen mit
großen ausdrucksvollen Augen und von sehr lebhaftem
Geiste, welcher sie mehr zur Welt, Literatur und
Kunst als zur stillen Häuslichkeit hinzog. Schon in
früher Jugend gewann sie eine ausgezeichnete Bildung,
lernte aber auch die Kunst sie geltend zu machen. In
dem Bildniß, das sich in dem wenig bekannt gewordenen Werke von Götz „Geliebte Schatten" befindet
(nach einem in der Schwan'schen Familie aufbewahrten
Oelgemälde), hat ihr Gesicht regelmäßige Formen,
doch strenge Züge mit einem Anflug von Stolz, mehr
schön, als anmuthig.

Wenn man bedenkt, daß Schiller nachmals seiner Braut gesteht, Mannheim erinnere ihn an eine miserable Leidenschaft, die er dort im Herzen getragen — hätte er dabei an eine reine Jugendliebe gedacht, so würde er sich des Geständnisses nicht zu schämen gehabt haben — wenn man ferner eine Stelle in einem Briefe an Frau Wolzogen vergleicht, wo er bei der Klage über die „Unbedeutendheit der Frauenzimmer" in Mannheim nur eine Schauspielerin hervorhebt, mit der er gern und oft verkehre, endlich wenn man auf die Scene des Abschieds von Charlotte von Kalb blickt, wo die Heftigkeit des Schmerzes sich von beiden Seiten in Ausdrücken der höchsten Leidenschaft Luft macht, bis zuletzt „Mund und Blick verstummen und jeder zagt des Andern Wort zu vernehmen" (Charlottens eigene Worte), wenn man alles das zusammenfaßt, was will der Abschied von Margareten bedeuten, wo sie sich ein Andenken überreichen und sich das Versprechen geben — einander zu schreiben! Nicht ihr, sondern Charlottens Bild steht vor seiner Seele, wenn er beim Scheiden aus Mannheim an Körner die Worte schreibt: „Ich habe keine Seele hier, keine einzige, die die Leere meines Herzens füllte, keine Freundin, keinen Freund, und was mir vielleicht noch theuer sein könnte, davon scheiden mich Convenienz und Situation."

In den ersten Frühlingstagen des Jahres 1785 verließ Schiller das ihm unleidlich gewordene Mannheim und langte am 14. April in Leipzig an, begleitet von hochfliegenden Entwürfen für die Zukunft. Bei der Abreise aus Mannheim hatte ihm der Gedanke

geschmeichelt, sich in Leipzig zur Rechtswissenschaft zu
wenden und an einem der kleinen sächsischen Höfe eine
Anstellung zu suchen; es war mehr als Scherz, wenn
er seinem Freunde Streicher beim Abschied die Hoff=
nung aussprach, einmal Minister zu werden. In
Leipzig verschwand dieser Traum, von dem Marquis
Posa noch die Spur trägt. Er dachte an die Mög=
lichkeit, sich als Arzt eine bürgerliche Existenz zu
gründen, und kaum war dieser Plan ergriffen — zur
Ausführung war noch nicht der erste Schritt gethan —,
als er am 24. April an Schwan einen ausführlichen
Brief schrieb, aus dem der auf Margarete bezügliche
Theil hier eine Stelle finden muß. Nachdem er die
Reise und den ersten Eintritt in Leipzig geschildert
hat, fährt er fort: „Hier bin ich Willens sehr fleißig
zu sein, an dem Carlos und der Thalia zu arbeiten,
um, was Ihnen das Angenehmste zu hören sein wird,
unvermerkt mich wieder zu meiner Medicin zu bekehren.
Ich sehne mich ungeduldig nach dieser Epoche meines
Lebens, wo meine Aussichten gegründet oder entschieden
sein werden, und wo ich meiner Lieblingsneigung bloß
zum Vergnügen nachhängen kann. Ueberhaupt hab'
ich ja die Medicin ehemals con amore studirt — sollt'
ich das jetzt nicht um so mehr können? Sehen Sie,
bester Freund, das könnte Sie allenfalls von der
Wahrheit und Festigkeit meines Vorsatzes überzeugen;
dasjenige aber, was Ihnen die vollkommenste Bürg=
schaft darüber leisten dürfte, was alle Ihre Zweifel
an meiner Standhaftigkeit verbannen muß, hab' ich
noch bis auf diese Minute verschwiegen. Jetzt oder
nie muß es gesagt sein. Nur meine Entfernung von

Ihnen giebt mir den Muth, den Wunsch meines Herzens
zu gestehen. Oft genug, da ich noch so glücklich war,
um Sie zu sein, oft genug trat dies Geständniß auf
meine Zunge, aber immer verließ mich meine Herz-
haftigkeit es herauszusagen. Ihre Güte, Ihre Theilnahme, Ihr vortreffliches Herz haben eine Hoffnung
in mir begünstigt, die ich durch nichts als Ihre Nach-
sicht und Freundschaft zu rechtfertigen weiß. Mein
freier zwangloser Zutritt in Ihrem Hause gab mir
Gelegenheit, Ihre liebenswürdige Tochter ganz kennen
zu lernen, und die freimüthige gütige Behandlung,
deren Sie beide mich würdigten, verführte mein Herz
zu dem kühnen Wunsch, Ihr Sohn sein zu dürfen.
Meine Aussichten sind bis jetzt unbestimmt und dunkel
geblieben; nunmehr fangen sie an, sich zu meinem
Vortheil zu verändern. Ich werde mit jeder Anstrengung meines Geistes dem gewissen Ziel entgegen gehen.
Urtheilen Sie selbst, ob ich es erreichen kann, wenn
der angenehmste Wunsch meines Herzens meinen Eifer
unterstützen wird. Noch zwei Jahre, und mein ganzes
Glück wird entschieden sein. Ich fühl' es, wie viel
ich begehre, wie kühn und mit wie wenigem Recht
ich es begehre. Ein Jahr schon ist es, daß dieser
Gedanke meine Seele beschäftigte; aber meine Hochachtung für Sie und Ihre vortreffliche Tochter war
zu groß, als daß ich einem Wunsche hätte Raum geben
sollen, den ich damals durch nichts unterstützen konnte.
Ich legte mir die Pflicht auf, Ihr Haus seltner zu
besuchen und in der Entfernung Zerstreuung zu finden!
aber dieser armselige Kunstgriff gelang meinem Herzen
nicht. — Ich setze nichts mehr hinzu, als die Ver-

ficherung, daß vielleicht hundert Andere Ihrer guten
Tochter ein glänzenderes Schickſal verſchaffen können,
als ich in dieſem Augenblick ihr verſchaffen kann:
aber ich läugne, daß eines Andern Herz ihrer wür=
diger ſein wird. Von Ihrer Entſcheidung, der ich
mit Ungeduld und furchtſamer Erwartung entgegen
ſehe, hängt es ab, ob ich es wagen darf, ſelbſt an
Ihre Tochter zu ſchreiben.‟

In Bezug auf dieſen Brief berichten uns Körner
und Caroline von Wolzogen, Schwan habe, ohne Vor=
wiſſen Margaretens, Schiller eine ablehnende Antwort
ertheilt und dieſe durch die Bemerkung zu mildern
geſucht, ſeine Tochter eigne ſich wegen der Eigenthüm=
lichkeit ihres Charakters nicht für Schiller. Allein
erweislich verhält die Sache ſich anders. Dem Briefe
Schiller's, der ſich noch im Beſitz der Schwan'ſchen
Familie befindet und in Götz' „Geliebten Schatten‟
im Facſimile abgedruckt iſt, hat Schwan die Notiz
beigeſchrieben: „Laura und Schiller's Reſignation
iſt niemand anders als meine älteſte Tochter. Ich gab
derſelben dieſen Brief zu leſen und ſagte Schillern,
er möchte ſich gerade an meine Tochter wenden. Warum
aus der Sache nichts geworden, iſt mir ein Räthſel
geblieben.‟ Die erſtere Behauptung iſt ein Irrthum,
wozu Schwan verleitet wurde, weil er auf Schiller's
Worte hin, die doch nur eine etwas ſophiſtiſche Ent=
ſchuldigung ſeines früheren Benehmens ſind, an eine
jahrelang genährte und gewaltſam bekämpfte Leiden=
ſchaft glauben mochte. Dem, der die Gedichte an
Laura, zumal in ihrer älteſten Geſtalt, geleſen hat,
braucht man das nicht erſt zu beweiſen: was hat wohl

das unschuldige Mädchen mit der „Entzückung" oder
dem „Geheimniß der Reminiscenz" oder gar mit einer
„Freigeisterei der Leidenschaft" zu schaffen? An Margarete hat Schiller niemals geschrieben. Sie fühlte
jedoch eine warme Zuneigung für ihn und hat dessen
gegen ihre Vertrauten kein Hehl gehabt, daß ihr
Schiller's Schweigen sehr wehe gethan hat. Schiller
selbst fühlte sein Unrecht, wenn er einige Jahre später,
als ein Brief Schwan's einen Gruß der Tochter ent-
hielt, die Worte erwidert: „Also stehe ich doch noch
bei ihr in einigem Andenken? In der That, ich muß
erröthen, daß ich es durch mein langes Stillschweigen
so wenig verdiene."

Als er im Jahre 1793 in seine Heimat reiste,
besuchte Margarete ihn und seine Gattin; diese fand
sie sehr liebenswürdig und erzählte ihrer Schwester,
Margarete sowohl als Schiller seien beim Wiedersehen
sehr bewegt gewesen. Sie verheirathete sich später
und starb im 36. Jahre an den Folgen einer Nieder-
kunft. In Schiller's Dichtungen ist ihre Spur nicht
zu finden, und von einer „vereitelten Liebes- und
Lebenshoffnung" kann also gar nicht die Rede sein.

Das „Räthsel" dürfte indeß ganz einfach zu lösen
sein. Der Brief war eine Uebereilung. Es war dem
noch rathlos hin und her schwankenden Jüngling mit
seiner Bewerbung ebenso wenig Ernst wie mit der
Wiederaufnahme der medicinischen Studien; es war
keine Herzenssache. Er sehnte sich jedoch nach einer
unabhängigen, sorgenfreien Existenz, und in dem Briefe
an Schwan liegt die Erwartung verschleiert ausgesprochen, daß dieser ihm mit der Einwilligung in

ein Verlöbniß dazu auf eine reellere Weise die Hand
bieten möge, als dessen Antwortschreiben hoffen ließ.
Daher sein Schweigen auf Schwan's Vorschlag, weil
die Freundschaft mit Körner ihm über Erwarten alles
das gewährte, was er wünschte, sorgenlose Muße zum
Dichten, zum freien geistigen Schaffen. In diesem
einzigen, höchsten Verlangen vereinigt sich Alles, was
Schiller vom irdischen Dasein begehrt. Nur dann
ist er unglücklich, wenn ihm die Befriedigung desselben
durch die Schranken des Irdischen, durch den Druck
der Lebensverhältnisse verkümmert wird. Frauenliebe
nahm, bis er sie durch seine Braut und Gattin kennen
lernte, in der Scala seiner Wünsche eine so unter=
geordnete Stellung ein, daß er nicht lange vor seiner
Verlobung noch an seinen Körner das offenherzige
Bekenntniß aussprach: „Könntest du mir innerhalb
eines Jahres eine Frau von 1200 Thalern verschaffen,
mit der ich leben, an die ich mich attachiren könnte,
so wollte ich dir in fünf Jahren eine Fridericiade,
eine classische Tragödie und ein halbes Dutzend schöner
Oden liefern.“

Das glückliche Geschick, welches Schiller's Leben
so leitete, daß er von Stufe zu Stufe mehr veredelt
ward und zu immer reinerer Harmonie seiner geistigen
und sittlichen Kräfte gelangte, führte ihm in Charlotte
von Lengefeld eine Lebensgefährtin zu, durch die er
den Werth einer schönen weiblichen Seele ganz er=
kennen und verstehen lernte. Der Antheil, den sie an
Schiller's dichterischer und sittlicher Größe hat, ist
noch lange nicht nach Gebühr gewürdigt worden.

Zur

Erinnerung an Ludwig Uhland.

1862

Nicht ohne schmerzliche Bewegung sehen wir die letzten Zeugen einer inhaltsvollen Geschichts- und Culturperiode unserer Nation aus unserer Mitte scheiden, zumal wenn es ein Ludwig Uhland ist, ein Mann, in dessen offenem, reinem Herzen Alles, was unser geistiges und nationales Leben Großes und Erhebendes hatte, eine theilnehmende Stätte fand, ein Dichter, dessen Lieder durch unsere schönsten Jugenderinnerungen hindurchklingen und mit dem tiefsten Wesen unseres Volkes aufs engste verschlungen sind. Auch diese Sonne, deren mildleuchtende Strahlen den Liederfrühling in mancher deutschen Brust geweckt haben, ist nun hinabgesunken und gehört einem vergangenen Tage an.

Im Jahre 1787 geboren, erhielt Uhland die erste Dichterweihe zu der Zeit, als Schiller's Augen sich schlossen, in einer Zeit, wo die edelsten Geister in die „mondbeglänzte Zaubernacht" der Romantik oder in die metaphysische Welt der Idealphilosophie flüchteten, um den Blick vor der wachsenden Schmach des Vaterlandes und dem Verfall aller nationalen Lebensthätigkeit zu verhüllen.

Mit Widerstreben hatte er sich der Rechtswissen-

schaft widmen müssen; allein die Poesie, mit der frühzeitig literarhistorische Forschungen Hand in Hand
gingen, behielt seine Neigung, und der Romantik, wie
sie von Tieck, nicht ohne einen Grundzug Goethescher
Kunst festzuhalten, wieder erweckt war, gehörten seine
ersten Liederklänge. Allein von vornherein bewahrte
ihn sein klarer, vaterländischer Sinn, sein tiefes sitt-
liches Gefühl vor der verworrenen Mystik, Zerflossen-
heit und Formlosigkeit, womit die dazumal hochge-
feierten Vertreter dieser Richtung über ihre innere Armuth und Leere zu täuschen wußten. Er macht sich
nicht eine phantastische Welt künstlich zurecht, um sich,
wie Novalis, aus dem poesielosen Leben der Gegenwart dahin zu sehnen und das Gefühl des unlösbaren
Contrastes in elegischen Klagen auszusprechen, sondern
er stellt sich auf den Boden des Echtmenschlichen; es
ist eine gesunde Natur, die sich immer klar bleibt und
in die Träume der Phantasie die Wahrheit des Lebens
zu legen weiß. Nur einer so reinen und wahren
Individualität bot sich ungesucht die schöne, plastische
Form dar, durch die Uhland alle seine romantischen
Zeitgenossen, selbst Ludwig Tieck, weit übertrifft; keiner
unter ihnen reicht so nahe, wie er, an die harmonischen
Formen der Goethe'schen Lyrik.

Diese Eigenschaften sind es, welche Uhland's Gedichte so populär gemacht haben; kein anderer unter
den Epigonen der Heroen unserer Literatur ist so tief
ins Volk gedrungen. Für einen solchen Dichter ist
auch die Zeit eines lebendigen Einwirkens auf die
Nation nicht auf eine gewisse Reihe von Jahren beschränkt; man verweist ihn nicht, sobald neue geistige

Bewegungen auch neue Ziele und Richtungen hervor=
rufen, in das Gedächtnißrepertorium literarhistorischer
Handbücher, sondern was so wahr und lebendig aus
dem tiefsten Innern eines reinen Dichtergemüths ge=
flossen ist, trifft immer wieder verwandte und empfäng=
liche Herzen; der Frühling weckt stets aufs neue Freude
und Hoffnung; der grüne Wald mit seinem tausend=
stimmigen Leben beseligt das Herz des einsamen Wan=
derers, und die Lieder vom Glück der Liebenden, vom
Scheiden und Wiedersehen, vom Grabe und von
gebrochenen Herzen sind unvergänglich wie das mensch=
liche Geschlecht. Ein Zeitalter müßte im Materialismus
ganz untergegangen sein, das für die zartesten Blüthen
menschlicher Empfindung keinen Sinn mehr hätte.

Das eben zeichnet Uhland's Lieder aus, daß sie
überall an die einfachsten und natürlichsten mensch=
lichen Verhältnisse anknüpfen. Selbst wenn er die
Natur in ihrem Feiertagsschmuck besingt, wird sie ihm
ein Spiegelbild des freudeseligen Menschenherzens.
Seine Liebeslieder, mehr innig als leidenschaftlich, haben
eine Objectivität, die an die einfachen, kindlichen Töne
altdeutscher Volkslieder erinnert. Gleichwie Goethe, hat
er diesen die gedrängte Form abgelauscht, die mit
wenigen Zügen ein lebenvolles Bild hervorruft und in
der schlagenden Kürze die mächtigste Wirkung erreicht.

Dasselbe gilt von seinen Balladen und Romanzen,
von denen die besten längst ein Gemeingut des Volkes
geworden sind und bleiben werden. Seine volks=
thümliche Auffassung, sein zarter Sinn für die edelsten
Regungen menschlichen Gefühls haben ihn die seltene
Kunst der Behandlung der Stoffe gelehrt, durch welche

sie, woher sie auch entlehnt sein mögen, das Fremd=
artige verlieren und als ewig=wahre Bilder mensch=
lichen Lebens an uns herantreten. Wie viele Roman=
tiker neben ihm mühten sich ab, dem poesievollen
Leben der Ritterzeiten des Mittelalters in ihren Dich=
tungen Gestalt zu geben; allein wem ist es wie Uhland
gelungen, die verfallenen Ruinen der Burgen und
Kapellen in unserer Phantasie wieder aufzubauen und
mit dem Reiz eines idealen Lebens zu schmücken, so
daß in dem Heldenthum der Vorzeit die Macht der
Liebe, der Ehre und des Gesanges verklärt erscheint!
Der Sänger in der Königshalle oder an den Pforten
der ihn gastlich empfangenden Burg, die Jungfrauen,
die von der Burgzinne ins Thal winken, Knaben,
welche die Weihe zu Heldenthaten empfangen, und
Ritter, die in den schwersten Proben Muth und That=
kraft des Mannes bewähren, während dieselben von
Kampfeslust glühenden Herzen den zärtlichsten Gefühlen
geöffnet sind — es hat Alles eine ideale innere Wahr=
heit, die zu keiner Zeit ihre Berechtigung verliert; es
ist Charakter, es ist echtdeutsches Gemüth in Allem.

Gleichwohl macht sich das patriotische Gefühl, das
seine späteren Dichtungen durchdringt, auf seiner ersten
Entwickelungsstufe nur in schwachen Anklängen geltend.
So lange die Napoleonische Zeit auf Deutschland
lastete, schwiegen in ihm alle patriotischen Regungen,
nicht als ob er den Haß gegen die Fremdherrschaft
tief in der Seele verschlossen und in fernabliegenden
Gebieten geistiger Thätigkeit die Gegenwart zu ver=
gessen gesucht hätte, sondern er war ganz und gar
ein sehnsuchts= und hoffnungsvoller Wallfahrer nach

der „verlorenen Kirche"; Sage und Dichtung der
Romantik füllte sein Inneres aus. Auf diesem Gebiete
bewegen sich daher seine Dichtungen, und die Oppo-
sitionsgedichte richten ihre humoristischen Pfeile wider
die Gegner der Romantik, besonders den nüchternen
Antiromantiker Weißer, der den Lesern von Uhland's
Gedichten als „Spindelmann" bekannt ist. In seinen
Briefen aus jener Zeit findet sich kaum die leiseste
Hindeutung auf die politischen Zeitereignisse, nicht,
als die Tyroler in Waffen standen, selbst da nicht,
als seine Landsleute mit den Trümmern der großen
Armee von dem grausenvollen Leichenfelde Rußlands
heimkehrten. Allein in dem Jahre der Erhebung
Deutschlands aus seiner tiefen Schmach und des in
allen seinen Einzelheiten unvergeßlichen Heldenkampfes
des deutschen Volkes für seine Befreiung ergriff auch
ihn jene Begeisterung, von der er selbst gestand, er
habe eine ähnliche nie erlebt. Jetzt, da der Ruf fürs
Vaterland erging, dünkte ihn „Alles, was er bisher
von Minne, Mai und Wein gesungen, Tand"; dir,
rief er dem Vaterlande zu, dir dem neuerstandenen,
freien ist all mein Sinnen zugewandt! Auf ihn finden
die Worte Anwendung, die er seinem Werner von
Kyburg in den Mund legt, daß oft mitten ins Leben
ein Tag tritt, der für alle Zeit ergreift, der unsrer
Zukunft, allem unsern Thun die unabänderliche Richtung giebt. Das war für ihn der Moment, wo sein
deutsches Vaterland sich aus dem Staube erhob und
eine Zeit begann, wo das Edelste, was unsere Nation
besitzt, zur herrlichsten Erscheinung kam — zwar kurz,
doch groß genug zu unvergänglichem Andenken.

Wäre Uhland in Norddeutschland geboren, hätte
ihn der Sturm der Zeit und der Drang des jugend=
lichen Enthusiasmus wie einen Theodor Körner in die
Reihen der Kämpfer geführt, so würde er noch andere
Weisen für den Ausdruck seines Vaterlandsgefühls
gefunden haben, als jetzt, wo er, ein Würtemberger,
dem Lauf der Ereignisse von fern zusah.   Die Dich=
tungen, in denen er den Kampf um Freiheit und
nationale Selbstständigkeit feierte, drangen nicht so tief
ins Volk; allein sie zeichnen uns den edlen Charakter
des vaterländischen Dichters in seinen schönsten Zügen.

Nur allzu rasch war ihm dieser zweite Lieder=
frühling verblüht.   In Würtemberg begann mit der
neuen Ordnung der Zustände der Streit um die Ver=
fassung, dem Uhland sich mit ganzer Seele hingab.
Er ward politischer Dichter.   Es ist ein wackerer
Charakter in den „Vaterländischen Gedichten" aus=
geprägt.   Der Dichter verfolgt nicht träumerische
Phantasiebilder, sondern er mahnt zu einträchtigem
Wiederaufbauen, warnt die Mächtigen und ist bemüht
mit ernstem Zuruf „das alte gute Recht" zu schirmen.
Allein was man auch nach dieser Seite hin Rühm=
liches von jenen Dichtungen sagen mag, man kann
sich doch beim Lesen derselben der Ueberzeugung nicht
verschließen, daß die kalte Hand politischer Debatte
allmählich den zarten Duft von Uhland's Poesie ab=
gestreift hat.   Es ist ein vergebliches Bemühen, den
Inhalt eines Zeitungs=Leitartikels in ein poetisches
Gewand zu kleiden, und nur, wo das vaterländische
Gefühl als Mahnruf im Aufschwung thatenschwangerer
Begeisterung oder als elegische Resignation erscheint,

gehört es der Poesie an. Uhland ist trefflich, wo er diese Saite anschlägt; sein „Wenn jetzt ein Geist herniederstiege" ist die ergreifendste Elegie, die an dem Grabe vaterländischer Hoffnungen, durch welche die Befreiungsjahre ihre poetische Weihe erhalten hatten, gesungen worden ist.

Wenn Uhland in dem poetischen „Vorwort", womit er 1815 die erste Auflage seiner Gedichte einleitete, die Hoffnung aussprach, daß jetzt, wo die Freiheit Deutschlands frisch aufgelodert sei, auch das Lied kräftig ans Licht steigen werde und die Gedichte seiner Jugendzeit — es war ihm schwer geworden für sie einen Verleger zu gewinnen — die Verkünder einer jüngern Brüderschaar sein würden, gesünder von Bau und Wuchs, so gedachte er ohne Zweifel Dichtungen von größerm Umfange und Gehalt zu schaffen, zu denen er sich ermuthigt fühlte. Eine glückliche Wahl wäre vielleicht ein epischer Stoff aus der vaterländi-schen Geschichte gewesen; denn zum Epos zog ihn seine dichterische Begabung mehr hin, als zum Drama. Gerade das, was seine Stärke ausmachte, das im Volksleben wurzelnde sittliche Gefühl, das gern beim sinnigen Ausmalen des Einzelnen verweilt, beschränkte ihn in der dramatischen Gestaltung welthistorischer Verwickelungen und in der Darstellung der in der dramatischen Handlung zusammenwirkenden Charaktere. Seine schaffende Kraft wird nur da erwärmt und belebt, wo seine lyrische Individualität sich innerhalb der ihr scharf gezogenen Grenzen bewegen kann, wo er, wie im „Ernst von Schwaben", Freundestreue, Aufopferung und Heldenthat, oder im „Ludwig der

Baier" Edelmuth und Bruderliebe verherrlicht. Diese
beide Dramen — seine einzigen, abgesehen von einigen
dramatischen Fragmenten, mit denen man unnöthiger-
weise die Sammlung seiner Gedichte beschwert —
führen uns einzelne glänzende Bilder vor, doch mehr
in einer lyrisch-epischen Schilderung; die dramatische
Kunst des Dichters hat sie nicht durch die Handlung
und den Dialog zu lebensvoller Anschauung zu bringen
vermocht. Der edle Geist des Dichters weht uns
gleichwohl auch in diesen Dichtungen erquickend an;
die Hauptcharaktere, einen Ernst von Schwaben und
Werner von Kyburg, einen Ludwig von Baiern und
Friedrich von Oestreich, beseelt jener hohe sittliche
Ernst, durch den mehrere seiner Romanzen — wir
erinnern nur an Bertran de Born und den Castellan
von Couci — von so erhebender Wirkung sind. Die
keusche, lyrisch erwärmte Sprache fließt in ruhigem
Gleichmaß dahin; der Dichter verschmäht alles Haschen
nach künstlichen Effecten, mitunter zum Nachtheil der
dramatischen Wirkung; denn wer könnte verkennen,
wie sehr, um nur Eines zu erwähnen, die Liebe des
jugendlichen Herzogs Ernst zu Hugo's Tochter, auf
die jetzt nur im Vorübergehen hingedeutet wird, zur
Belebung der dramatischen Handlung hätte verwandt werden können? Immerhin bleiben auch Uhland's
Dramen ein würdiges Seitenstück zu der Perlenschnur
seiner Lieder und Romanzen und sollten, wenn sie
auch selten über unsere Bühne gehen, doch allen denen
theuer bleiben, welche an der Hand der Poesie Erhebung über das Gemeine und die kleinlichen Interessen
des Lebens suchen oder, um mit Hartmann von

Aue zu reden, sich schwere Stunden sanfter machen
wollen.

Mit dem Jahre 1819, wo das Drama „Ludwig
der Baier" erschien, ist Uhland's poetische Laufbahn
als abgeschlossen anzusehen. Wenn man für sein
Verstummen als Grund anführt, es habe die Zeit der
Reaction seinen Flug gehemmt, durch seine Wirksam=
keit in der würtembergischen Ständeversammlung sei
dem Dichter die nöthige Ruhe und Muße entzogen,
so ist das eine jener wohlfeilen Erklärungen, mit denen
man in neuester Zeit stets bei der Hand ist, um den
Mangel dichterischer Productionskraft zu entschuldigen.
Zu einer Zeit, wo die Wolken schwer auf Deutschland
herabhingen, hat Schiller seine größten Meisterwerke
geschaffen. Wir müssen vielmehr Goethe's Urtheil,
das er in einem Briefe an Zelter, wenn auch allzu
herbe, aussprach, in der Hauptsache als richtig aner=
kennen, daß Uhland jenes Prometheusfeuer, das die
Menschheit bezwingt, nicht zu Theil geworden war;
es fehlte ihm der schöpferische Drang des Genius,
der zu immer neuen Geistesschöpfungen treibt; über=
dies verschlangen die politischen Interessen den poetischen
Trieb. Er hatte den Kreis seines Gemüthslebens mit
seinen Dichtungen ausgefüllt und genug gelebt für die
Unsterblichkeit. Und wenn Horaz sich damit tröstete,
daß, ob auch Homer die erste Stelle behaupte, neben
ihm doch Pindar's und Alcäus' Gesänge unvergessen
seien, und in den Liedern der Sappho die Gluth der
Liebe noch die Herzen einer späten Nachwelt rühre,
so konnte auch Uhland seine Lieder getrost an den
Busen des deutschen Volkes legen mit der Ueberzeu=

gung, ihm sein Bestes gegeben zu haben und in den
Herzen der Besten fortzuleben. Wo er später noch
das Schweigen brach, reihen sich die kleinen Dichtungen, wie „Tells Tod", „das Glück von Edenhall",
„die Bidassoabrücke", in Gehalt und Form den werth-
vollsten der früheren Jahre an.

Nicht als Dichter allein, auch als Forscher auf
dem Gebiet der poetischen Literatur und der germa-
nischen Mythologie nimmt Uhland einen Ehrenplatz
ein. Wie er als Anhänger der Romantik das Wesen
und die culturhistorische Bedeutung des französischen
Epos erforschte, so stellte er, seit er sich ganz der
vaterländischen Dichtung zugewandt hatte, in „Walther
von der Vogelweide" ein Dichterleben der Vorzeit so
klar vor uns hin, daß der Kritiker und der geistes-
verwandte Dichter sich in der Auffassung des deut-
schesten aller Minnesänger die Hand zu reichen schienen.
Die kleine, anspruchslos auftretende Schrift hat mehr
als lange Abhandlungen zum richtigen Verständniß
des poesievollen Zeitalters der höfischen Gesangeskunst
beigetragen.

Eine ähnliche Wahlverwandschaft zog ihn zu der
Erforschung des älteren deutschen Volksliedes, wovon
die kritische Sammlung, deren Herausgabe ihn in den
letzten Jahren seines Lebens beschäftigte, ein bleibendes
Denkmal ist. Fast möchten wir bedauern, daß hier
der Dichter hinter den Kritiker ganz zurücktritt, und
es ihm nicht gefallen hat, mit dem ihm verliehenen
Zauberstabe der Dichtung die alten Weisen wieder zu
beleben und, wie einst seine Jugendpoesie in „des
Knaben Wunderhorn" gegriffen hatte, jene noch nicht

ausgeschöpfte Quelle echter Poesie auch für unsere
Lyrik wieder fließen zu laffen. Wo der Literarhisto-
riker gewinnt, geht die nationale Bildung, die auf
der weitverbreiteten Maffe productiver und empfänglicher Geifter beruht, oft leer aus; wie Viele find es
denn, die nach den Urtexten unferer Volkslieder fragen?

Als Lehrer der Literaturgeschichte war Uhland
ganz an seinem Platze; allein nur kurze Zeit nahm
der ihm 1829 eröffnete Lehrftuhl an der Univerfität
zu Tübingen feine Thätigkeit in Anfpruch: er verzich-
tete darauf, als ihm auf Grund feiner Staatsanftellung
der Eintritt in die würtembergifche Kammer verwei-
gert ward. Wie bei diefem Anlaß, fo erfcheint uns
fein Charakter überall, auch in feiner ganzen politifchen
Wirkfamkeit, feft und ehrenhaft, wenn auch das Urtheil
nicht zurückgehalten werden kann, daß fein warmes
patriotifches Gefühl nicht von ftaatsmännifcher Ein-
ficht und politifchem Blick geleitet war. Seine Ge-
fühlspolitik, die mit fchwäbifcher Zähigkeit an das
„gute alte Recht“ fich feftklammerte und in den be-
fchränkten Verhältniffen feines Heimatlandes von Werth
und Wirkung fein konnte, mußte ihrer Ohnmacht fich
bewußt werden, als fie 1848 auf dem Frankfurter
Parlamente fich mit der Aufgabe einer Umgeftaltung
der deutfchen Reichsverfaffung zu befchäftigen hatte.
Doch blieb Uhland fich felbft getreu, ein Ritter ohne
Furcht und ohne Tadel, als er den Trümmern des
Parlaments nach Stuttgart folgte, wo er und feine
wenigen Genoffen von dem Militär auseinander ge-
trieben wurden. Indeß war es ihm gewährt, in feinem
geliebten, friedlichen Tübingen den Abend feines Lebens,

von treuen Freunden umgeben, hinzubringen, von den
Leiden des Alters nicht heimgesucht außer in dem
letzten Jahre.

Das deutsche Volk hat seinen Dichter nie ver=
kannt. Festaufzüge sind oft zu seinem freundlichen
Hause an der Neckarbrücke gewallt, Freudenschüsse haben
das Schiff begrüßt, auf dem er auf dem Rhein vor=
überfuhr, er war überall eine willkommene, verehrte
Erscheinung. Wo irgend ein Pfeil des Neides oder
der Verleumdung auf seinen Ehrennamen abgedrückt
wurde, sprang er, wie es Heine hat erfahren müssen,
auf den Urheber zurück. Ein Ehrengefolge, wie es
Tübingen selten in seinen Mauern sah, hat dem vater=
ländischen Sänger die letzte Ehre erwiesen. Trauernd
und segnend steht ein ganzes Volk an einer Gruft,
welche die irdische Hülle eines seiner Edelsten und
Besten barg, mit ihm des Wunsches Erfüllung hoffend,
den der greise Dichter in einem seiner letzten Lieder
aussprach:

> Wohl werd' ich's nicht erleben,
> Doch an der Sehnsucht Hand
> Als Schatten noch durchschweben
> Mein freies Vaterland.

Bremen. Druck von J. C. Diercksen.